1일 10분 생활 속 일본어 초급 독해

Human
휴먼아카데미 일본어학교
쓰지 카즈코 , 가쓰라 미호 지음

S 시원스쿨닷컴

이 교재를 사용하시는 분들께 この本を使う方へ

본 교재는 일본어 문장의 '읽는 힘'을 기르기 위한 책입니다.
この本は、日本語の文を「読む力」をつけるための本です。

❶ 히라가나·가타카나를 읽을 수 있다면 학습을 시작해 봅시다!
ひらがな・カタカナが読めるようになったら、始めましょう！

❷ 본문은 Day 1 ~ Day 120으로 구성되어 있습니다. 매일 읽어 봅시다! 모두 읽었다면 '읽은 날'과 '걸린 시간'을 적어 봅시다! 술술 읽히지 않는다면 몇 번을 읽어도 괜찮습니다.
Day 1 から Day 120 まであります。毎日読みましょう！ 読みおわったら、「読んだ日」や「かかった時間」を書きましょう。すらすら読めなかったら、何回読んでもいいです。

☑ Day 4 13
11／10 → 11／13 → ／
(01：00) (00：50) (：)

❸ 일상 생활에 필요한 여러 문장(메일, 메모, SNS, 뉴스 기사, 에세이, 안내문, 공지문 등)이 수록되어 있습니다.
生活に必要ないろいろな文章（メール、メモ、SNS、記事、エッセイ、案内、お知らせなど）があります。

❹ 혼자서 모두 읽었다면 이번엔 함께 공부하는 친구와 읽고 알게 된 것에 대해 말해 봅시다!
読み終わったら、友だちと「読んでわかったこと」について話し合ってみましょう。

❺ 안내문이나 공지문 등을 눈으로 보면서 대화를 듣고 필요한 정보를 찾아 내는 청독해 문제(🎧)에는 음원이 있습니다. QR코드로 원어민의 음성을 들으며 문제에 도전해 보세요.
案内やお知らせなどを見ながら会話を聞いて、必要な情報を読み取る問題（🎧）には音声があります。音声はダウンロードして使ってください。

독해 음원은 이 곳에서!

청독해 문제 외에 다른 독해 문제의 음원 파일도 있습니다.
목차에 삽입된 QR코드 혹은 아래 경로로 다운로드하셔서 음독 연습에 활용해 보세요.
そのほかの読解問題の音声もあります。音読用に使ってください。

※ 시원스쿨 일본어 홈페이지(japan.siwonschool.com)의 수강신청 탭 > 교재/MP3에서 확인하실 수 있습니다.

목차 もくじ

Ⓠ … 정보 검색 문제 情報検索の問題　　Ⓗ … 청독해 문제 聴読解の問題

이 교재를 사용하시는 분들께 この本を使う方へ ··· 2

□ Day 1-1 ··· 8
□ Day 1-2 ··· 9
□ Day 2-1 ··· 10
□ Day 2-2 ··· 11
□ Day 3 ··· 12

Chapter 1 MP3 ▹

□ Day 4 ··· 13
／ → ／ → ／
(:) (:) (:)

□ Day 5 ··· 14
／ → ／ → ／
(:) (:) (:)

□ Day 6 ··· 15
／ → ／ → ／
(:) (:) (:)

□ Day 7 ··· 16
／ → ／ → ／
(:) (:) (:)

□ Day 8 ··· 17
／ → ／ → ／
(:) (:) (:)

□ Day 9 ··· 18
／ → ／ → ／
(:) (:) (:)

□ Day 10 ··· 19
／ → ／ → ／
(:) (:) (:)

□ Day 11 Ⓠ ··· 20
／ → ／ → ／
(:) (:) (:)

□ Day 12 Ⓗ ··· 21
／ → ／ → ／
(:) (:) (:)

Chapter 2 MP3 ▹

□ Day 13 ··· 22
／ → ／ → ／
(:) (:) (:)

□ Day 14 ··· 23
／ → ／ → ／
(:) (:) (:)

□ Day 15 ··· 24
／ → ／ → ／
(:) (:) (:)

□ Day 16 ··· 25
／ → ／ → ／
(:) (:) (:)

□ Day 17 ··· 26
／ → ／ → ／
(:) (:) (:)

□ Day 18 ··· 27
／ → ／ → ／
(:) (:) (:)

□ Day 19 ··· 28
／ → ／ → ／
(:) (:) (:)

□ Day 20 ··· 29
／ → ／ → ／
(:) (:) (:)

□ Day 21 ··· 30
／ → ／ → ／
(:) (:) (:)

□ Day 22 ··· 31
／ → ／ → ／
(:) (:) (:)

□ Day 23 Ⓠ ··· 32
／ → ／ → ／
(:) (:) (:)

□ Day 24 Ⓗ ··· 33
／ → ／ → ／
(:) (:) (:)

Chapter 3 MP3 ▹

□ Day 25 ········ 34
/ → / → /
(:) (:) (:)

□ Day 26 ········ 35
/ → / → /
(:) (:) (:)

□ Day 27 ········ 36
/ → / → /
(:) (:) (:)

□ Day 28 ········ 37
/ → / → /
(:) (:) (:)

□ Day 29 ········ 38
/ → / → /
(:) (:) (:)

□ Day 30 ········ 39
/ → / → /
(:) (:) (:)

□ Day 31 ········ 40
/ → / → /
(:) (:) (:)

□ Day 32 ········ 41
/ → / → /
(:) (:) (:)

□ Day 33 ········ 42
/ → / → /
(:) (:) (:)

□ Day 34 ········ 43
/ → / → /
(:) (:) (:)

□ Day 35 ········ 44
/ → / → /
(:) (:) (:)

□ Day 36 ········ 45
/ → / → /
(:) (:) (:)

Chapter 4 MP3 ▹

□ Day 37 ········ 46
/ → / → /
(:) (:) (:)

□ Day 38 ········ 47
/ → / → /
(:) (:) (:)

□ Day 39 ········ 48
/ → / → /
(:) (:) (:)

□ Day 40 ········ 49
/ → / → /
(:) (:) (:)

□ Day 41 ········ 50
/ → / → /
(:) (:) (:)

□ Day 42 ········ 51
/ → / → /
(:) (:) (:)

□ Day 43 ········ 52
/ → / → /
(:) (:) (:)

□ Day 44 ········ 53
/ → / → /
(:) (:) (:)

□ Day 45 ········ 54
/ → / → /
(:) (:) (:)

□ Day 46 ········ 55
/ → / → /
(:) (:) (:)

□ Day 47 ········ 56
/ → / → /
(:) (:) (:)

□ Day 48 ········ 57
/ → / → /
(:) (:) (:)

Chapter 5 MP3 ▹

☐ Day 49 58
/ → / → /
(:) (:) (:)

☐ Day 50 59
/ → / → /
(:) (:) (:)

☐ Day 51 60
/ → / → /
(:) (:) (:)

☐ Day 52 61
/ → / → /
(:) (:) (:)

☐ Day 53 62
/ → / → /
(:) (:) (:)

☐ Day 54 63
/ → / → /
(:) (:) (:)

☐ Day 55 64
/ → / → /
(:) (:) (:)

☐ Day 56 65
/ → / → /
(:) (:) (:)

☐ Day 57 66
/ → / → /
(:) (:) (:)

☐ Day 58 67
/ → / → /
(:) (:) (:)

☐ Day 59 68
/ → / → /
(:) (:) (:)

☐ Day 60 69
/ → / → /
(:) (:) (:)

Chapter 6 MP3 ▹

☐ Day 61 70
/ → / → /
(:) (:) (:)

☐ Day 62 71
/ → / → /
(:) (:) (:)

☐ Day 63 72
/ → / → /
(:) (:) (:)

☐ Day 64 73
/ → / → /
(:) (:) (:)

☐ Day 65 74
/ → / → /
(:) (:) (:)

☐ Day 66 75
/ → / → /
(:) (:) (:)

☐ Day 67 76
/ → / → /
(:) (:) (:)

☐ Day 68 77
/ → / → /
(:) (:) (:)

☐ Day 69 78
/ → / → /
(:) (:) (:)

☐ Day 70 79
/ → / → /
(:) (:) (:)

☐ Day 71 80
/ → / → /
(:) (:) (:)

☐ Day 72 81
/ → / → /
(:) (:) (:)

Chapter 7 MP3 ▸

□ Day 73 ········ 82
/ → / → /
(:) (:) (:)

□ Day 74 ········ 83
/ → / → /
(:) (:) (:)

□ Day 75 ········ 84
/ → / → /
(:) (:) (:)

□ Day 76 ········ 85
/ → / → /
(:) (:) (:)

□ Day 77 ········ 86
/ → / → /
(:) (:) (:)

□ Day 78 ········ 87
/ → / → /
(:) (:) (:)

□ Day 79 ········ 88
/ → / → /
(:) (:) (:)

□ Day 80 ········ 89
/ → / → /
(:) (:) (:)

□ Day 81 ········ 90
/ → / → /
(:) (:) (:)

□ Day 82 ········ 91
/ → / → /
(:) (:) (:)

□ Day 83 ········ 92
/ → / → /
(:) (:) (:)

□ Day 84 ········ 93
/ → / → /
(:) (:) (:)

Chapter 8 MP3 ▸

□ Day 85 ········ 94
/ → / → /
(:) (:) (:)

□ Day 86 ········ 95
/ → / → /
(:) (:) (:)

□ Day 87 ········ 96
/ → / → /
(:) (:) (:)

□ Day 88 ········ 97
/ → / → /
(:) (:) (:)

□ Day 89 ········ 98
/ → / → /
(:) (:) (:)

□ Day 90 ········ 99
/ → / → /
(:) (:) (:)

□ Day 91 ········ 100
/ → / → /
(:) (:) (:)

□ Day 92 ········ 101
/ → / → /
(:) (:) (:)

□ Day 93 ········ 102
/ → / → /
(:) (:) (:)

□ Day 94 ········ 103
/ → / → /
(:) (:) (:)

□ Day 95 ········ 104
/ → / → /
(:) (:) (:)

□ Day 96 ········ 105
/ → / → /
(:) (:) (:)

Chapter 9 MP3 ▹

□ Day 97 ······ 106
/ → / → /
(:) (:) (:)

□ Day 98 ······ 107
/ → / → /
(:) (:) (:)

□ Day 99 ······ 108
/ → / → /
(:) (:) (:)

□ Day 100 ······ 109
/ → / → /
(:) (:) (:)

□ Day 101 ······ 110
/ → / → /
(:) (:) (:)

□ Day 102 ······ 111
/ → / → /
(:) (:) (:)

□ Day 103 ······ 112
/ → / → /
(:) (:) (:)

□ Day 104 ······ 113
/ → / → /
(:) (:) (:)

□ Day 105 ······ 114
/ → / → /
(:) (:) (:)

□ Day 106 ······ 115
/ → / → /
(:) (:) (:)

□ Day 107 ······ 116
/ → / → /
(:) (:) (:)

□ Day 108 ······ 117
/ → / → /
(:) (:) (:)

Chapter 10 MP3 ▹

□ Day 109 ······ 118
/ → / → /
(:) (:) (:)

□ Day 110 ······ 119
/ → / → /
(:) (:) (:)

□ Day 111 ······ 120
/ → / → /
(:) (:) (:)

□ Day 112 ······ 121
/ → / → /
(:) (:) (:)

□ Day 113 ······ 122
/ → / → /
(:) (:) (:)

□ Day 114 ······ 123
/ → / → /
(:) (:) (:)

□ Day 115 ······ 124
/ → / → /
(:) (:) (:)

□ Day 116 ······ 126
/ → / → /
(:) (:) (:)

□ Day 117 ······ 127
/ → / → /
(:) (:) (:)

□ Day 118 ······ 128
/ → / → /
(:) (:) (:)

□ Day 119 ······ 129
/ → / → /
(:) (:) (:)

□ Day 120 ······ 130
/ → / → /
(:) (:) (:)

부가자료
문형 셀프 체크 리스트 ······ 132
어휘 셀프 체크 리스트 ······ 155
이 교재를 사용하시는 선생님들께 この本(ほん)を使(つか)う先生方(せんせいがた)へ ······ 191
사용 문형·단어·표현 리스트 [교사용] 使用文型(しようぶんけい)・ことば・表現(ひょうげん)リスト ······ 193

별책부록 1. 퀴즈 도전하기 정답 & 청독해 스크립트 2. 본문 해석

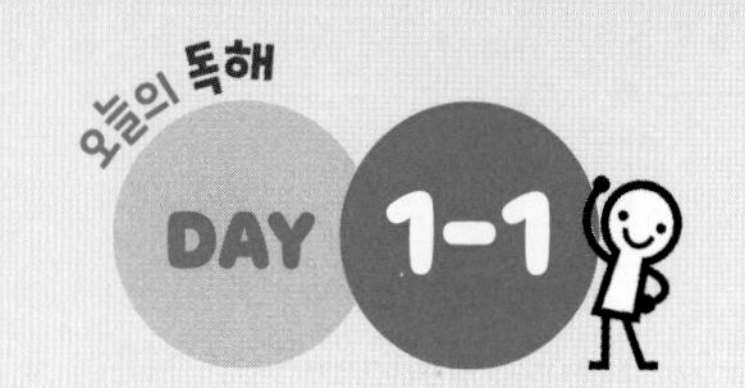

\できた!/ □

か	さ	お	い	し	い
あ	り	が	と	う	ま
し	お	ん	せ	ん	せ
た	こ	ば	ご	は	ん
く	す	り	た	さ	せ
る	し	ま	ね	み	い
ま	ご	す	き	で	す
い	と	も	だ	ち	か

Q 워밍업 하기!

れい①) くるま

れい②) くすり

れい③) りんご

①かさ

②あした

③ごはん

④ともだち

⑤ありがとう

⑥せんせい

⑦おんせん

⑧すし

レ	ス	ト	ラ	ン	ア
ニ	ユ	ー	ス	コ	ル
ヤ	メ	エ	ト	ン	バ
ン	ジ	ア	カ	サ	イ
チ	ヨ	コ	レ	ー	ト
キ	ギ	ン	ン	ト	ヌ
ン	ン	タ	ダ	ン	ス
ウ	グ	メ	ー	ル	エ

⑨レストラン

⑩ニュース

⑪チョコレート

⑫メール

⑬ダンス

⑭アルバイト

⑮ジョギング

⑯ギター

\できた!/

Q 워밍업 하기!

れい) 北海道(ほっかいどう)

①東京(とうきょう)　⑥広島(ひろしま)

②大阪(おおさか)　⑦新潟(にいがた)

③佐賀(さが)　⑧沖縄(おきなわ)

④京都(きょうと)　⑨愛知(あいち)

⑤宮城(みやぎ)　⑩高知(こうち)

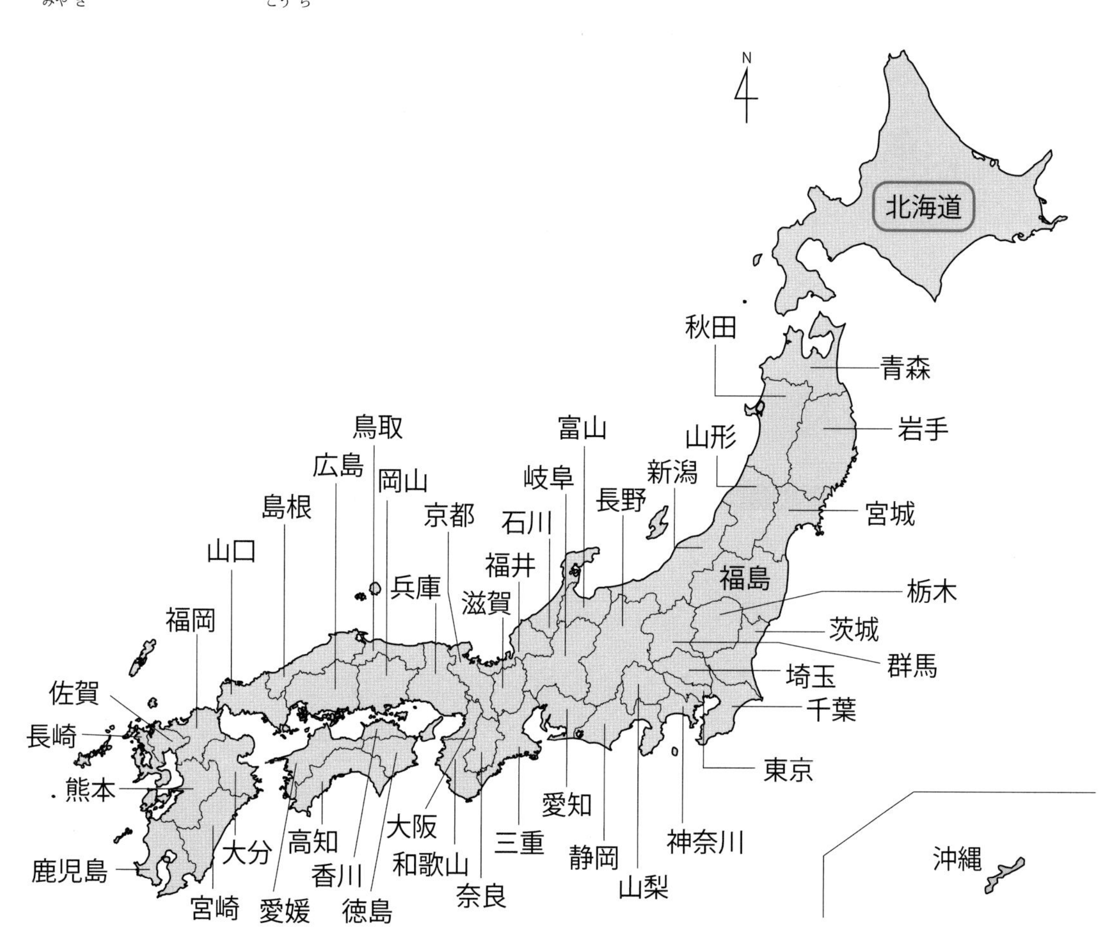

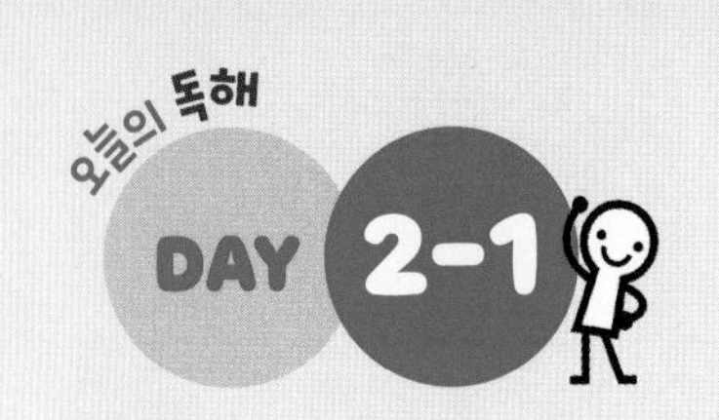

\できた！/
□

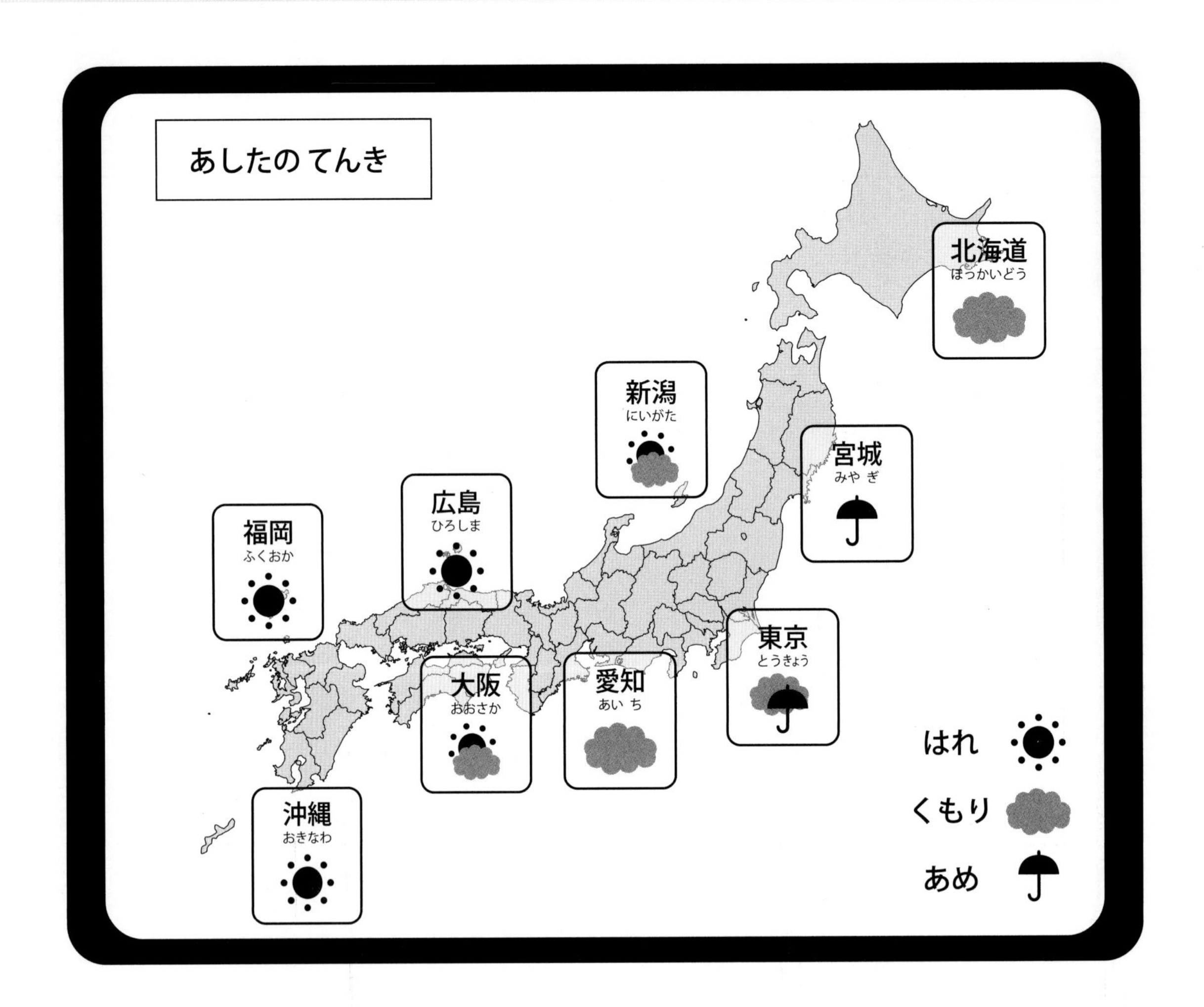

Q 워밍업 하기! どちらですか。

①宮城(みやぎ)は (a くもりです／b あめです)。

②広島(ひろしま)は (a はれです／b あめです)。

③愛知(あいち)は (a はれです／b くもりです)。

\できた!/

週間天気　6月2日 (月) 〜 6月8日 (日)
しゅうかんてんき　　　がつ ふつか　げつ　　　　がつ ようか　にち

日付 ひづけ	2(月) げつ	3(火) か	4(水) すい	5(木) もく	6(金) きん	7(土) ど	8(日) にち	
天気 てんき	☀	🌤	☔	☁	☔	☂	☂	
降水確率(%) こうすいかくりつ	10	20	60	50	70	90	100	
気温 きおん	最高 さいこう	28	26	26	30	28	27	28
(℃)	最低 さいてい	19	18	21	23	23	21	23

Q 워밍업 하기!

例1) 6月8日の 降水確率は 何パーセントですか。……　___100___ %
れい　　がつようか　こうすいかくりつ　なん

例2) 6月3日の 気温は 何度ですか。……　___18___ ℃〜___26___ ℃
れい　　がつみっか　きおん　なんど

① 6月4日の 降水確率は 何パーセントですか。……　_____%
　がつようか　こうすいかくりつ　なん

② 6月7日の 気温は 何度ですか。……　_____℃〜_____℃
　がつなのか　きおん　なんど

오늘의 독해

DAY 3

\できた!/

Q 워밍업 하기! a～fの どの 人(ひと)ですか。

例(れい)) いちばん みぎは ともさんです。 (f)

①ともさんの となりは リュウさんです。 ( )

②リュウさんの うしろは あいさんです。 ( )

③あいさんの となりは シキさんです。 ( )

④シキさんの まえは さゆりさんです。 ( )

⑤さゆりさんの ひだりは オウさんです。 ( )

워밍업은 여기까지!
자 이제 본격적으로
독해에 도전해 볼까요?

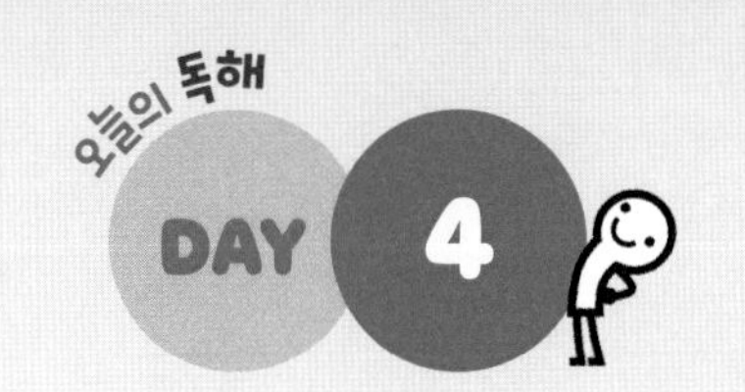

＼できた！／ □

グエン バン フイ さん

はじめまして。グエン バン フイです。
ＨＡだいがくの がくせいです。
ベトナムから きました。
どうぞ よろしく おねがいします。

Q 퀴즈 도전하기! ○ですか。×ですか。

① (　　　) フイさんは だいがくの せんせいです。

② (　　　) フイさんの くには ベトナムです。

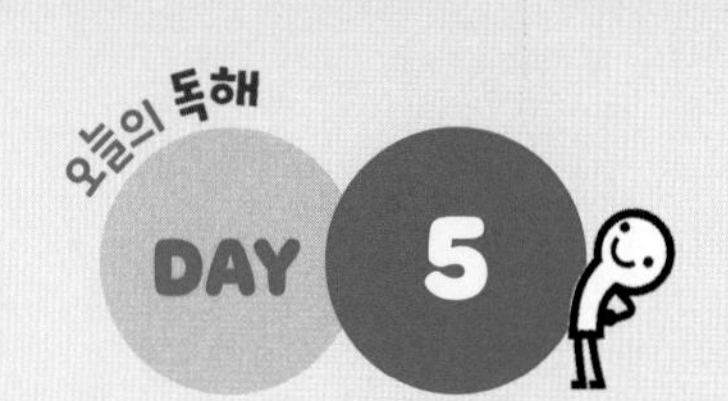

\できた！/
☐

Q 퀴즈 도전하기! ○ですか。×ですか。

① (　　　) いま、よるです。

② (　　　) きょうの よるは いい てんきです。

\できた!/ □

PICK UP

日本(にほん)には いろいろな 国(くに)の のみものが あります。

おちゃは 800年(ねん)ごろに 中国(ちゅうごく)から 日本(にほん)へ きました。コーヒーは 1700年(ねん)ごろに オランダから きました。こうちゃは 1880年(ねん)ごろに イギリスから きました。みなさんの 国(くに)には どんな のみものが ありますか。

Q 퀴즈 도전하기!

①おちゃ・	・イギリス・	・1200年(ねん)ぐらい まえ
②こうちゃ・	・オランダ・	・300年(ねん)ぐらい まえ
③コーヒー・	・中国(ちゅうごく)・	・140年(ねん)ぐらい まえ

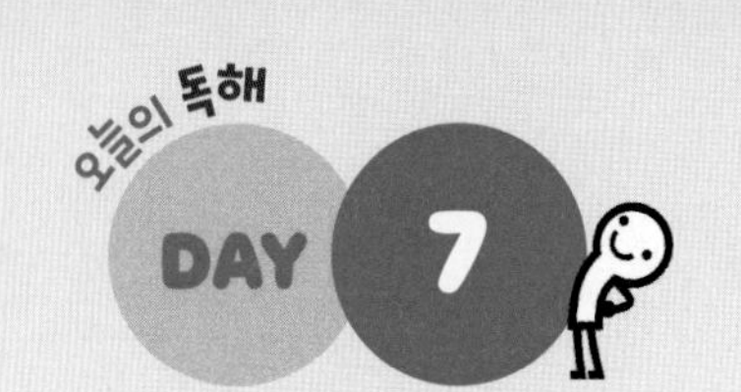

\できた!/

LUNCH MEETINGの ひるごはんを おねがいします。

田中(たなか)さん：サンドイッチ 2つ
コーヒー 1つ

りさん：おにぎり 2つ
おちゃ 1つ

大川(おおかわ)さん：ハンバーガー 1つ
りんごジュース 1つ

よろしくおねがいします。 本田(ほんだ)

おにぎり
¥100
ハンバーガー
¥300
サンドイッチ
¥200
おちゃ
¥100
コーヒー
¥200
りんごジュース
¥200

Q 퀴즈 도전하기! ぜんぶで いくらですか。 ＿＿＿＿＿＿＿＿円(えん)

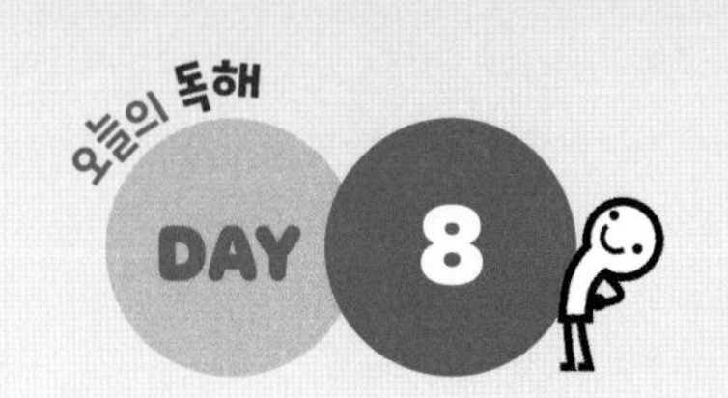

퀴즈 도전하기! めがね売り場は どこですか。 (　　)

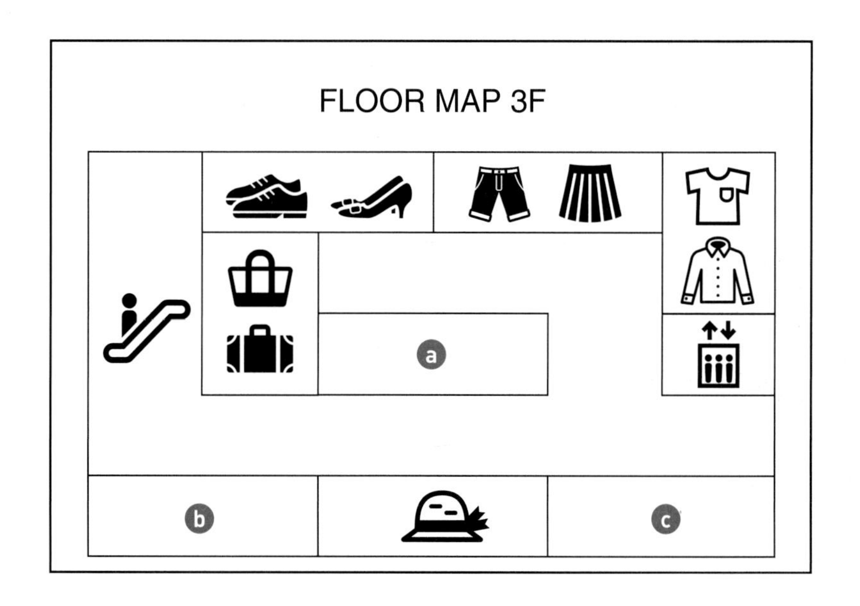

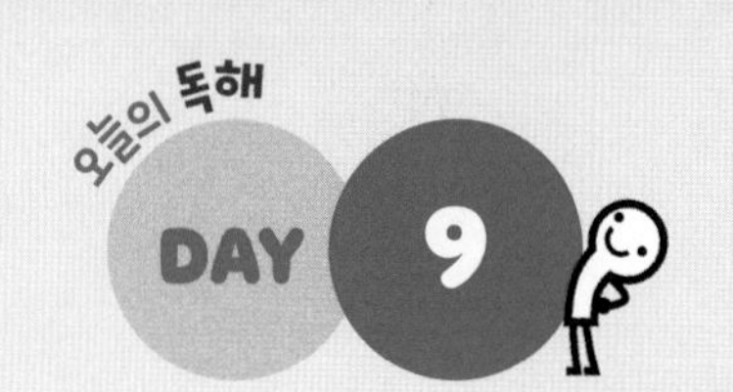

できた!

この かさは 田中さんのですか。
いいえ。私のは くろいのです。
それは 大川さんのですよ。
しろいのと みじかいのは?
しろいのは 本田さんのです。
みじかいのは 山下さんのですよ。

Q 퀴즈 도전하기! だれのですか。

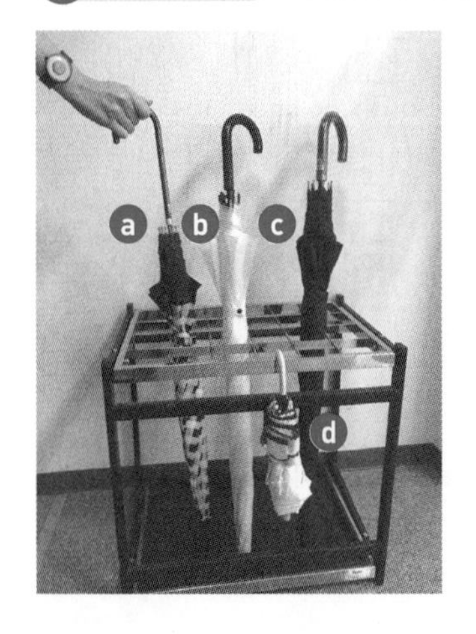

a ______________

b ______________

c ______________

d ______________

\ できた！/

☐

New message ▭ □ ✕

Subject | **今週の 土よう日**
こんしゅう ど び

山下 大 4月15日 (水) PM 07：43 ☆
やました だい
To リ トウ

リさん

土よう日に 田中さんと みどり公園へ 行きます。
ど び たなか こうえん い
公園は みどり駅から バスで 10分です。10時半の バスで 行きたいです。
こうえん えき ぶん じ はん い
私たちは 5分前に バスていへ 行きます。
わたし ふんまえ い
いっしょに 行きませんか。
い

山下
やました

Send A 📎 ☺ ∞ 🖼 🗑 ☰

Q 퀴즈 도전하기!

①いつ みどり公園へ 行きますか。 …… ＿＿＿月＿＿＿日 ＿＿＿よう日
こうえん い がつ にち び

②何時に バスていへ 行きますか。 …… ＿＿＿時＿＿＿分
なんじ い じ ふん

ゆりさんは Cセットと さしみを 食べました。
けんさんは Aセットと てんぷらを 食べました。ふたりは コーヒーも 飲みました。
ぜんぶで いくらですか。　(　　　)

a　¥2,150　　b　¥3,700　　c　¥3,950　　d　¥4,200

～メニュー～

Aセット　¥700

Bセット　¥1000

Cセット　¥1200

サラダ	¥200
たまごやき	¥400
さしみ	¥800
てんぷら	¥1000
コーヒー	¥250

오늘의 실전 독해
DAY 12

청독해 문제

できた!

Q 퀴즈 도전하기!

음원 듣기-01

男(おとこ)の人(ひと)は どの 本(ほん)を 買(か)いますか。 (　　)

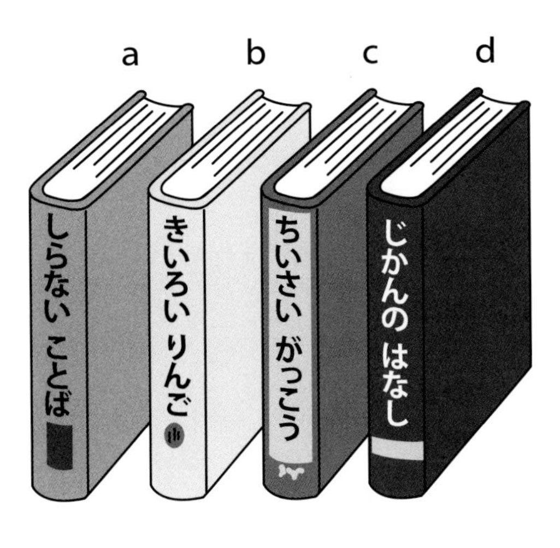
a
b
c
d
しらない ことば
きいろい りんご
ちいさい がっこう
じかんの はなし

첫 번째 챕터 끝!
지금과 같은 페이스로
두 번째 챕터에 도전해 보세요!

오늘의 독해

DAY 13

\できた!/ □

PICK UP

みどり公園(こうえん)の 近(ちか)くの カフェを しょうかいします！

①CAFE さくら　：公園(こうえん)の となりに あります。
はるは さくらが きれいです。

②みどりコーヒー：びょういんの むかいに あります。
コーヒーと チョコレートケーキを どうぞ！

③つなぐカフェ　：スーパーの むかいの はなやの となりです。
この カフェは いちごケーキが おいしいです。

Q 퀴즈 도전하기!　a～dの どこですか。

① CAFE さくら (　　　)　②みどりコーヒー (　　　)　③つなぐカフェ (　　　)

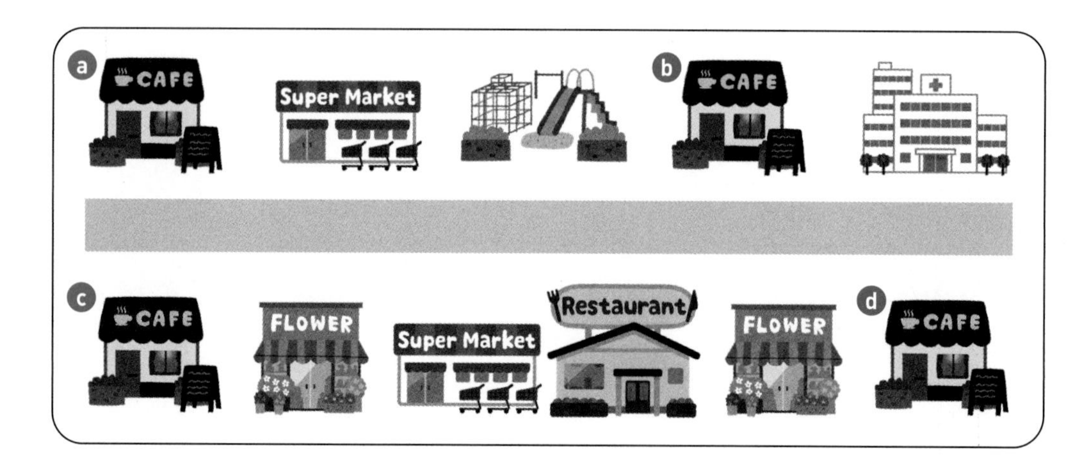

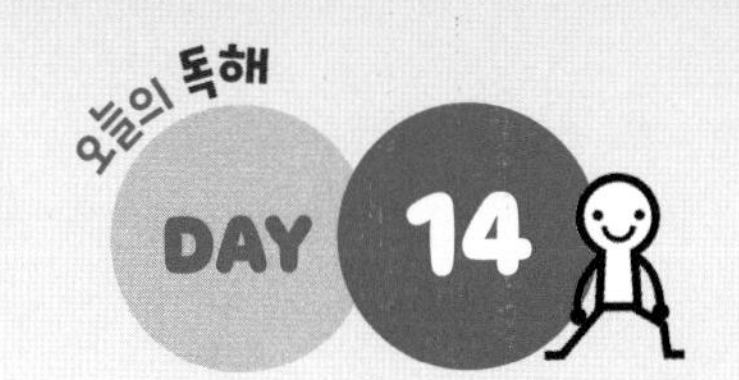

\できた!/

☐

Q 퀴즈 도전하기!

①二人(ふたり)は 今(いま) どこに いますか。

山田(やまだ)さん : ＿＿＿＿＿＿　　　りさん　: ＿＿＿＿＿＿

②山田(やまだ)さんは これから どこへ 行(い)きますか。

＿＿＿＿＿＿＿＿＿＿＿＿＿＿＿＿＿＿＿＿＿＿＿＿

\できた！/
□

＊＊ 日本語(にほんご)を 話(はな)しましょう ＊＊

「みどり町(まち) としょかん」で 毎週(まいしゅう) 土曜日(どようび)に 日本語(にほんご)の クラスが あります。休(やす)み時間(じかん)に おちゃと おかしを どうぞ！

● 10：00～10：40【 漢字(かんじ) 】漢字(かんじ)を べんきょうしましょう。
● 11：10～12：30【 会話(かいわ) 】日本人(にほんじん)と 話(はな)しましょう。

≪ おといあわせ ≫ みどり町(まち)としょかん TEL 03-1103-XXXX

Q 퀴즈 도전하기!

日本語(にほんご)の クラスで 何(なに)を しますか。

全部(ぜんぶ) 選(えら)んで ください。 (　　　　)

a 日本語(にほんご)の 本(ほん)を よみます。

b 漢字(かんじ)の れんしゅうを します。

c 会話(かいわ)の れんしゅうを します。

d 日本語(にほんご)の うたを うたいます。

\できた!/
☐

7月(がつ)18日(にち)(土(ど))

私(わたし)は 土曜日(どようび)と 日曜日(にちようび)が 休(やす)みです。金曜日(きんようび)の 夜(よる)は いつも 1時(じ)まで ゲームを します。でも、きのうは ゲームを しませんでした。10時(じ)に ねました。そして、今日は 6時(じ)に おきました。午前中(ごぜんちゅう) プールへ 行(い)きました。午後(ごご)、としょかんで べんきょうしました。夜(よる)は うちで えいがを 見(み)ました。とても いい 一日(いちにち)でした。

Q 퀴즈 도전하기! ○ですか。×ですか。

① (　　) この 人(ひと)は 今日(きょう) およぎました。

② (　　) この 人(ひと)は 今日(きょう) えいがかんで えいがを 見(み)ました。

오늘의 독해

DAY 17

\できた!/

☐

田中(たなか)さん、こんばんは!
日(にち)よう日(び)の バーベキュー、たのしみですね。買(か)いものは どうしますか?
こんばんは。公園(こうえん)の 近(ちか)くには スーパーが ありません。私(わたし)と 山下(やました)さんは 土曜日(どようび)に にくと やさいを 買(か)います。キムさんは くだものを 持(も)って 行(い)きます。タンさんは 飲(の)みものを おねがいします!

Q 퀴즈 도전하기! 何(なに)を 持(も)って 行(い)きますか。

①山下(やました)さん________________ ②タンさん________________

③田中(たなか)さん________________ ④キムさん________________

＼できた！／
□

～ すもうを 見に 行きませんか ～

●7月25日(土曜日)11：00～16：00
がつ　　にち　どようび

●¥2,700(すもう：¥2,000／おべんとう：¥700)

●学校から みどりホールへの バスが あります。(¥300)

●もうしこみ：6月22日～30日(学校の 受付)
がつ　にち　　にち　がっこう　うけつけ

---✂---

すもう もうしこみ

☑ バスに のります［クラス：B　名前：キン　セイ］

Q 퀴즈 도전하기!

①いつ 行きますか。

…… ________________

②キンさんは バスで 行きます。ぜんぶで いくら かかりますか。

…… ________________

오늘의 독해

DAY 19

できた!

TSUNAGRAM

Kazu Tsukiji

5月19日 PM2:27 @ restaurant TSUNAGU

♡ 5 2

Kazu Tsukiji 友だちと いっしょに 駅前の 新しい レストラン「TSUNAGU」へ ひるごはんを 食べに 行きました。ビビアンさんと 中田さんは ピザと プリンを 食べました。でも、私は コーヒーと(   )に しました。ぜんぶで ちょうど ¥1,000 でした！

Xi Chi きれいな レストランですね！ 15分前

Ai Ozawa 私も 行きたいです。 1時間前

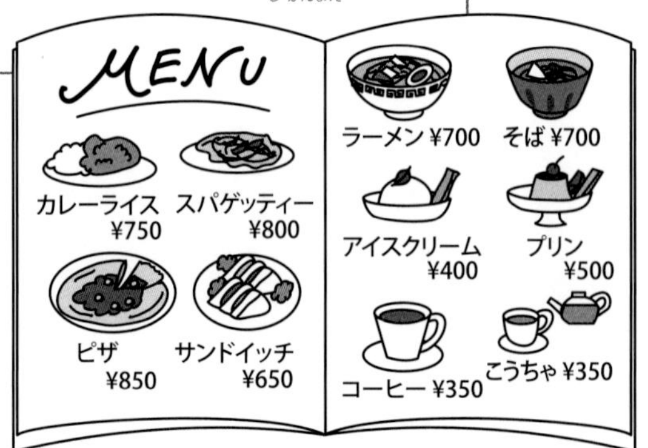

MENU
カレーライス ¥750
スパゲッティー ¥800
ピザ ¥850
サンドイッチ ¥650
ラーメン ¥700
そば ¥700
アイスクリーム ¥400
プリン ¥500
コーヒー ¥350
こうちゃ ¥350

Q 퀴즈 도전하기!

この 人の ひるごはんは 何でしたか。

コーヒーと ________________

＼できた！／ □

Restaurant TSUNAGU BLOG

5月30日(金) PM03：37 **たらこスパゲッティーは イタリアの料理(りょうり)？**

子(こ)どもから お年(とし)よりまで みんなが すきな スパゲッティーは イタリアの食(た)べものです。でも、「たらこスパゲッティー」は 日本人(にほんじん)の アイデアです。たらこは 魚(さかな)の たまごです。この スパゲッティーは ちょっと しおからいです。"海(うみ)の あじ"ですね。Restaurant TSUNAGU の たらこスパゲッティーを ぜひ どうぞ！

Q 퀴즈 도전하기! ○ですか。×ですか。

① (　　) たらこスパゲッティーは 小(ちい)さい 魚(さかな)の スパゲッティーです。

② (　　) たらこスパゲッティーは すっぱいです。

오늘의 독해

DAY 21

できた!

PICK UP

日本は 祝日が 多いです。1年間に 16日 あります。3月、4月、7月、8月、10月は 祝日が 1日です。1月、2月、9月、11月は 2日 あります。そして、5月は 3日 あります。5月の 祝日は 5月3日、4日、5日の 連休です。連休は ほかにも あります。1月、7月、8月、10月の 祝日は 月曜日ですから、土曜日から 月曜日まで 連休です。連休には たくさんの 人が いろいろな ところへ 出かけます。

(2020年10月現在)

Q 퀴즈 도전하기!

祝日が ない 月は いつですか。

____

11月						
日	月	火	水	木	金	土
		1	2	3	4	5
6	7	8	9	10	11	12
13	14	15	16	17	18	19
20	21	22	23	24	25	26
27	28	29	30			

祝日 → 3, 23

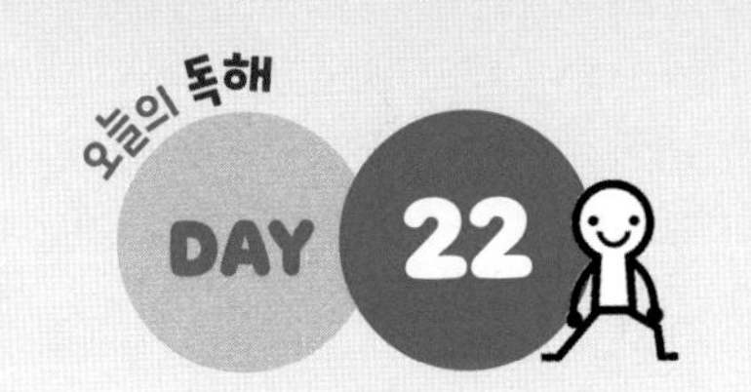

＼できた！／
☐

PICK UP

博多は 九州の 福岡県に あります。福岡空港から 地下鉄で 6分です。と
はかた きゅうしゅう ふくおかけん ふくおかくうこう ち か てつ ぶん

ても にぎやかな 町です。博多には おいしい 食べものが たくさん あります。その 中で 博多ラーメンは 人気が あります。そして、博多の 近くに「太宰
なか はかた にんき はかた ちか だざい

府天満宮」が あります。ここは べんきょうの 神さまの 神社ですから、たく
ふ てんまんぐう かみ じんじゃ

さんの 学生が 来ます。
がくせい き

福岡
ふくおか

Q 퀴즈 도전하기!

①博多は どんな 町ですか。
はか た まち

……

②どうして 学生は「太宰府天満宮」へ 来ますか。
がくせい だ ざい ふ てんまんぐう き

……

\できた!/ ☐

정보 검색 문제

Q 퀴즈 도전하기!

中本(なかもと)さんは タイへ しゅっちょうします。

前(まえ)の 日(ひ)までに 大川(おおかわ)さんと 上木(うえき)さんと 3人(にん)で ミーティングを したいです。

いつ しますか。 (　　)

a 25日(にち)　　b 26日(にち)　　c 27日(にち)　　d 28日(にち)

日(にち)	曜日(ようび)	大川(おおかわ)	上木(うえき)	本田(ほんだ)	中本(なかもと)
20	水(すい)	中国(ちゅうごく)			
21	木(もく)	↓			
22	金(きん)	↓		インド	
25	月(げつ)		休み(やすみ)	↓	
26	火(か)			↓	
27	水(すい)		ベトナム		
28	木(もく)		↓		タイ
29	金(きん)		↓		↓
2	月(げつ)				↓
3	火(か)	中国(ちゅうごく)			↓
4	水(すい)	↓			

\できた!/

청독해 문제 

Q 퀴즈 도전하기!

女(おんな)の人(ひと)と 男(おとこ)の人(ひと)が レストランに います。

女(おんな)の人(ひと)は どれを 食(た)べましたか。 (　　)

a　Aランチ　　b　Bランチ　　c　Cランチ　　d　Dランチ

~ ランチの メニュー ~
Aランチ ¥1,000
スパゲッティー
Bランチ ¥1,500
スパゲッティー
デザート
Cランチ ¥2,000
スパゲッティー
サラダ
デザート
Dランチ ¥2,500
スパゲッティー
ステーキ
デザート

두 번째 챕터 끝!
이제 조금 감을 잡으셨나요?
자신감을 갖고 다음 챕터로!

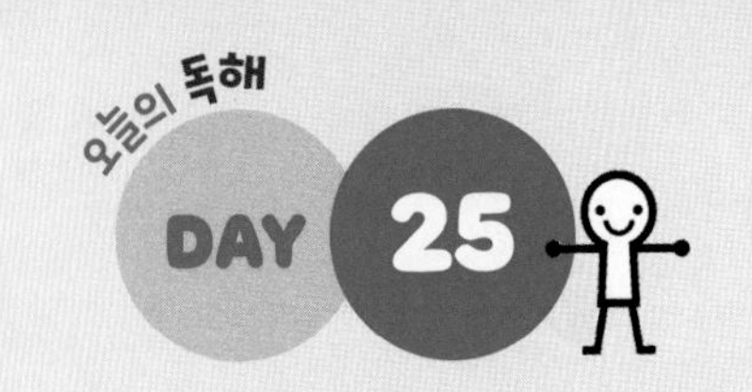

＼できた!／ ☐

PICK UP

四国(しこく)には 4つの 県(けん)が あります。香川県(かがわけん)、徳島県(とくしまけん)、高知県(こうちけん)、愛媛県(えひめけん)です。一番(いちばん) ひろい 高知県(こうちけん)は「よさこい祭(まつ)り」が ゆうめいです。四国(しこく)で 一番(いちばん) 小(ち)さい 県(けん)は 香川県(かがわけん)です。うどんが とても おいしいです。愛媛県(えひめけん)には とても いい 温泉(おんせん)が あります。「道後温泉(どうごおんせん)」です。そして、高知県(こうちけん)の となりの 徳島県(とくしまけん)にも ゆうめいな まつりが あります。「あわおどり」です。

四国(しこく)

Q 퀴즈 도전하기! ゆうめいな ものは a～dの どれですか。

①香川県(かがわけん) (　　) ②徳島県(とくしまけん) (　　) ③高知県(こうちけん) (　　) ④愛媛県(えひめけん) (　　)

a あわおどり	b 温泉(おんせん)	c うどん	d よさこい祭(まつ)り

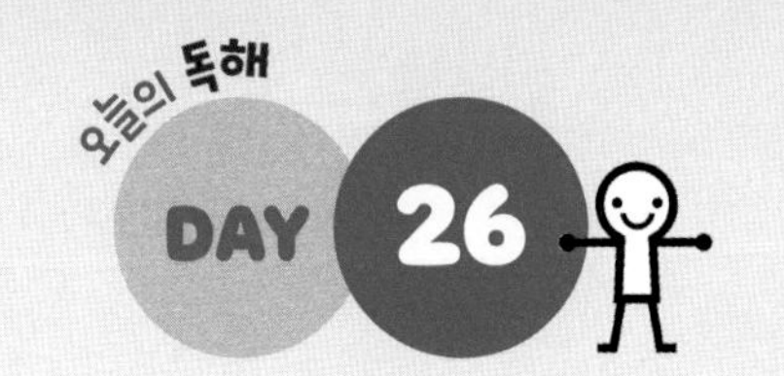

できた! ☐

『長野でスキー』

上田友希

冬休みに長野ではじめてスキーをしました。雪がとてもきれいでした！でも、スキーはかんたんではありませんでした。とてもむずかしかったです。もっとれんしゅうします！

そのあと、温泉に入りました。気持ちがよかったです。おいしいそばも食べました。長野はとてもいいところでした。また行きたいです。

Q 퀴즈 도전하기! この 人の 気持ちは どれですか。 (　　)

a また スキーを したいです。でも、長野へ 行きたくないです。

b また 長野へ 行きたいです。でも、スキーは したくないです。

c また 長野へ 行きたいです。そして、スキーを したいです。

오늘의 독해

DAY 27

＼できた！／

PICK UP

毎年 8月に 高知県で「よさこい祭り」が ある。毎年 100万人ぐらいの人が「よさこい祭り」を 見に 行く。とても ゆうめいな 祭りだ。

この 祭りは、200チーム、18,000人ぐらいの 人たちが 道で「よさこいおどり」を おどる。この おどりは、みんなが「鳴子」を 右と 左の 手で 持つ。鳴子は「カチャッ！ カチャッ！」と 音が 出る 楽器だ。「よさこい祭り」は とても にぎやかだ。

Q 퀴즈 도전하기! よさこい祭りは どれですか。 (　　)

a

b

c

朝ごはんに ついての アンケート 【結果】

〈1〉どこで 食べますか。

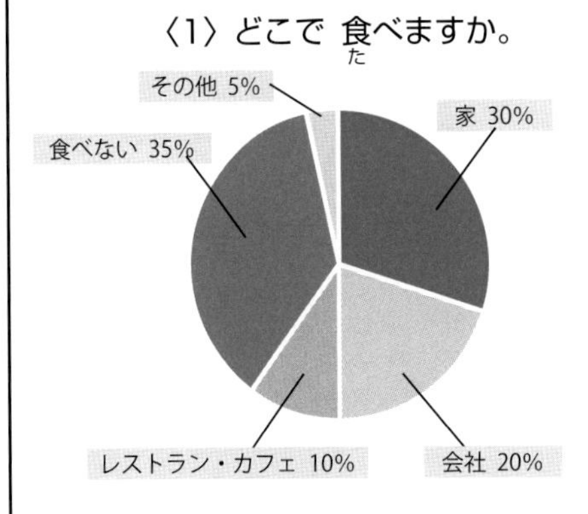

〈2〉どうして 食べませんか。

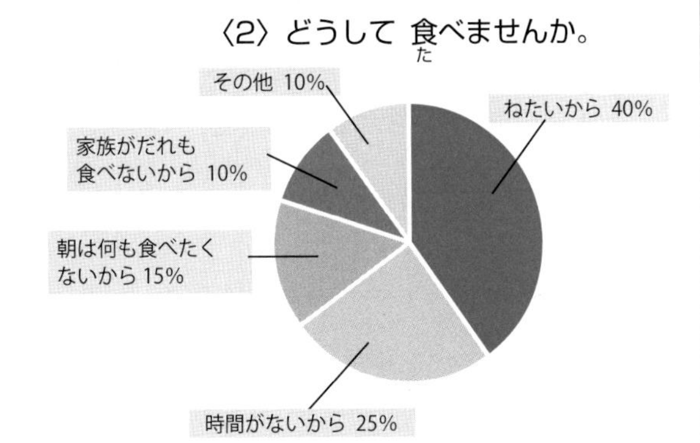

HA 社は みどり町の 男女 3,000 人の 会社員に「どこで 朝ごはんを 食べますか」と 聞きました。「家で 食べる」と「会社や レストランなどで 食べる」が 同じぐらいでした。そして、「何も 食べない」が 35%でした。理由は「ねたいから 40%」、「時間が ないから 25%」、「朝は 何も 食べたくないから 15%」、「家族が だれも 食べないから 10%」でした。

Q 퀴즈 도전하기! 〇ですか。×ですか。

① (　　) 半分ぐらいの 人が 家で 朝ごはんを 食べる。

② (　　) 3,000 人の 中の 40%が ねたいから 朝ごはんを 食べない。

오늘의 독해 DAY 29

\できた!/

PICK UP

日本は 小さい 国だが、南北に 長い。北と 南では 気温が ちがう。北のA市は 冬は とても 寒い。夏も あまり 気温が 高くないから、クーラーをつかわない。だから、90%ぐらいの 家に クーラーが ない。南の B市は 夏は 30℃、冬は 15℃ぐらいだ。 気温が 高い 日が 日本で 一番 多い C市は、東京の 近くに ある。35～40℃の 日が 一年間に 40日ぐらい あるから、クーラーが ない 家は とても 少ない。

Q 퀴즈 도전하기!

①

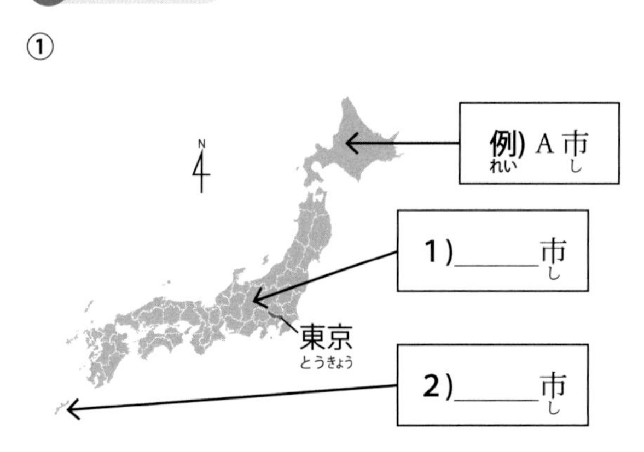

②

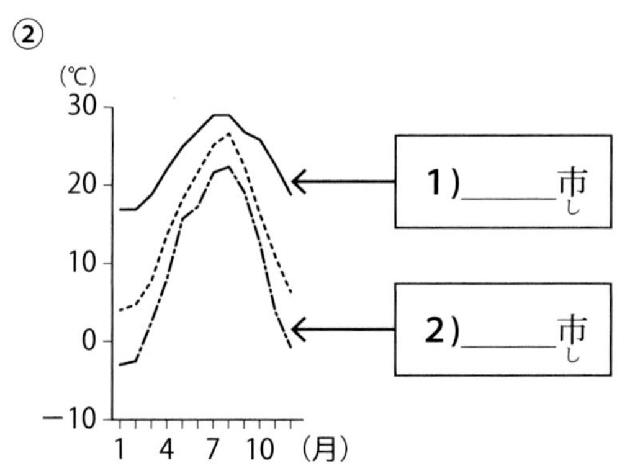

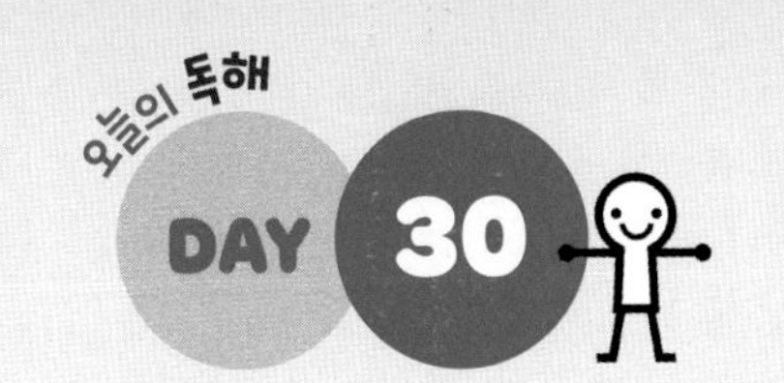

＼できた！／ □

9月(がつ)18日(にち)(金(きん))

きのう 学校(がっこう)の 近(ちか)くの 店(みせ)で ネパール料理(りょうり)を 食(た)べた。とても おいしかった。今日(きょう)は その 店(みせ)の となりの カラオケに 行(い)った。キムさんと ラマさんは 日本(にほん)の 歌(うた)を 歌(うた)った。マリーさんは 英語(えいご)の 歌(うた)を 歌(うた)った。「タンさんも！」と みんなが 言(い)った。でも、ベトナムの 歌(うた)が なかったから、何(なに)も 歌(うた)わなかった。今度(こんど)は ぼくも 日本(にほん)の 歌(うた)を 歌(うた)いたい。あしたから れんしゅうする。

Q 퀴즈 도전하기!

①これは だれが 書(か)きましたか。…… ______________

②この 人(ひと)は 9月(がつ) 18日(にち)に 何(なに)を しましたか。

…… ____

오늘의 독해

DAY 31

\できた!/ □

Q 퀴즈 도전하기! 「断捨離(だんしゃり)」は 何(なん)ですか。 (　　　)

a 新(あたら)しい 部屋(へや)に ひっこすこと

b 使(つか)わない もの を 捨(す)てる こと

c 部屋(へや)に ものが たくさん ある こと

오늘의 독해
DAY 32

\できた!/

本(ほん)の 借(か)り方(かた)

本(ほん)を 借(か)りる 人(ひと)は、借(か)りたい 本(ほん)と「図書館(としょかん)カード」を 受付(うけつけ)に 持(も)って 来(き)て ください。本(ほん)は 5冊(さつ)までです。はじめて 借(か)りる 人(ひと)は、受付(うけつけ)で カードを 作(つく)りますから、申込書(もうしこみしょ)を 出(だ)して ください。申込書(もうしこみしょ)は 受付(うけつけ)に あります。名前(なまえ)と 住所(じゅうしょ)を 書(か)いて ください。図書館(としょかん)の 本(ほん)は みんなの 本(ほん)です。本(ほん)に 何(なに)も 書(か)かないで ください。大切(たいせつ)に 読(よ)みましょう。

Q 퀴즈 도전하기!

本(ほん)を はじめて 借(か)ります。どの 順番(じゅんばん)で しますか。

(　　　) → (　　　) → (　　　) → (　　　)

a カードと 本(ほん)を 受付(うけつけ)に 持(も)って 行(い)く。

b カードを もらう。

c 申込書(もうしこみしょ)に 名前(なまえ)と 住所(じゅうしょ)を 書(か)く。

d 申込書(もうしこみしょ)を 受付(うけつけ)に 出(だ)す。

오늘의 독해

DAY 33

\できた!/

☐

TSUNAGRAM

Yumi Aoyagi

7月 28日 PM0:05　@あおぞらビーチ

♡ 7　💬 2

Yumi Aoyagi　友だちと 泳ぎに 来ました！ 海が とても きれいです。午前中、2時間ぐらい サーフィンを しました。そして、今、バーベキューを して います。大川さんは 一人で みんなに 肉を 焼いて います。とても おいしいです。でも、高田さんと 山口さんは まだ 海に います。

Takashi Mori

ぼくも バーベキュー、食べたい！　10分前

Mana Kotani

あ！ 山口さんが サーフィンを して いますね！　5分前

Q 퀴즈 도전하기!　a～eの どの 人ですか。

①高田さん (　　　)　②山口さん (　　　)　③大川さん (　　　)

できた！ □

さくら公園(こうえん)の ルール

・自転車(じてんしゃ)は 駐輪場(ちゅうりんじょう)に 止(と)めて ください。中(なか)で のらないで ください。

・あぶないですから、ボールで　あそばないで ください。

・火(ひ)を 使(つか)っては いけません。

・おべんとうの ゴミは 持(も)って 帰(かえ)りましょう。

・公園(こうえん)の 木(き)や 花(はな)を 大切(たいせつ)に しましょう。

みどり市(し) 公園課(こうえんか)　電話(でんわ)：06-6864-XXXX

Q 퀴즈 도전하기!　この 公園(こうえん)で しても いい ことは 何(なん)ですか。　(　　)

a バスケットボールを する こと

b おべんとうを 食(た)べる こと

c バーベキューを する こと

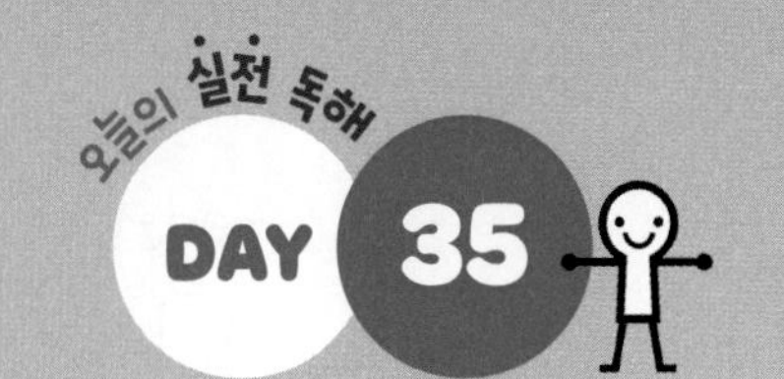

できた!

정보 검색 문제

Q 퀴즈 도전하기!

午前10時10分に学校を出て、美術館へ行きます。

バスと電車は500円までで、11時までに行きたいです。

どうやって行きますか。　（　　　）

a

b

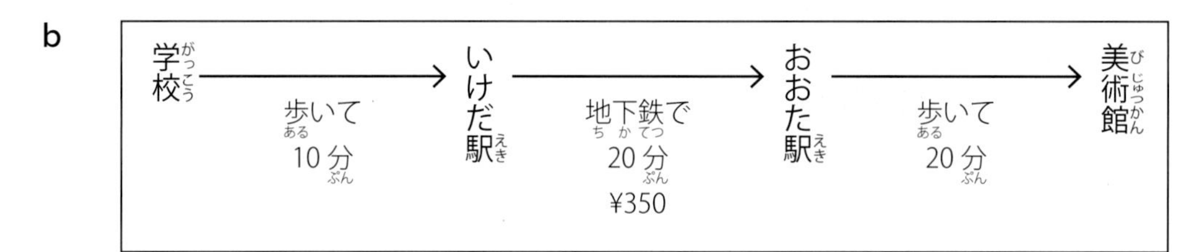

c

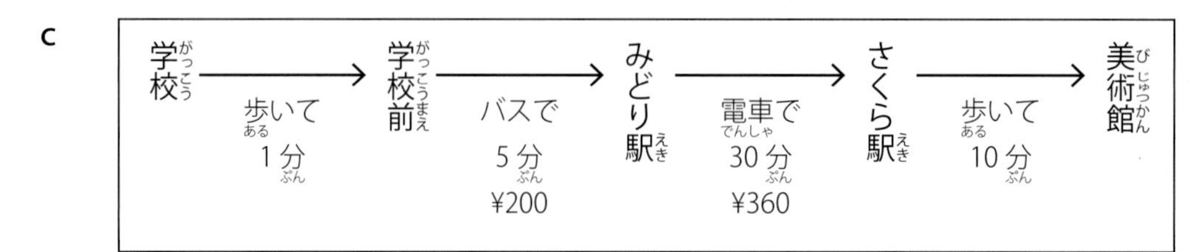

d

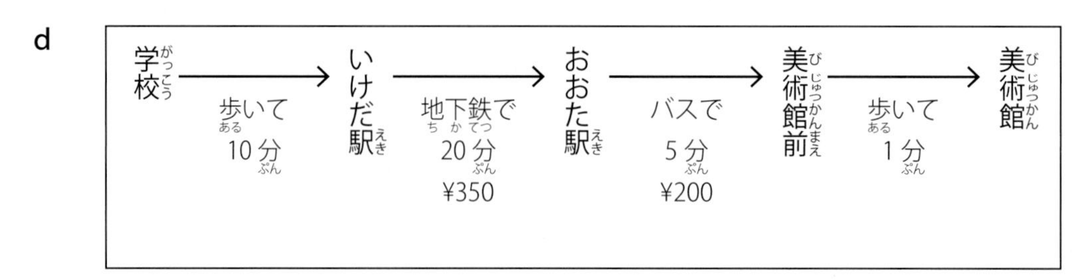

できた!

청독해 문제

女の人と 男の人が ネットショッピングの サイトを 見て います。二人の 買い物は 全部で いくらですか。 (　　)

a ¥20,000　b ¥70,000　c ¥100,000　d ¥130,000

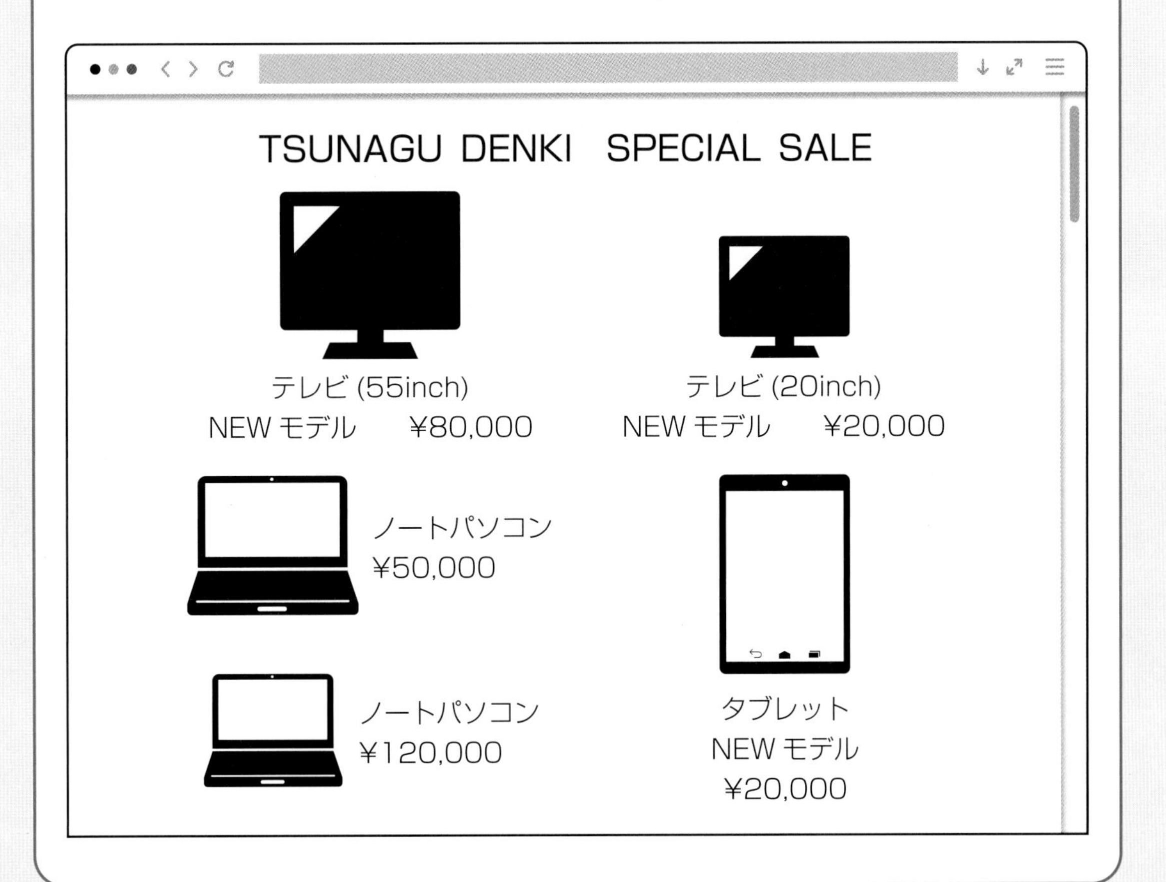

TSUNAGU DENKI SPECIAL SALE
テレビ (55inch)
NEW モデル ¥80,000
テレビ (20inch)
NEW モデル ¥20,000
ノートパソコン
¥50,000
ノートパソコン
¥120,000
タブレット
NEW モデル
¥20,000

세 번째 챕터 끝!
다음 챕터에서 다소 복잡한 지문이 나오더라도
충분히 도전할 수 있어요!

오늘의 독해

DAY 37

\できた！/ ☐

Dクラス　ルーさん

夏休みの ホームステイの 説明書と 申込書です。説明書を よく 読んでから、申込書を 書いて ください。申込書は 金曜日の 午後 6時までに 受付の 山川さんに 出して ください。青い めがねを かけて いる 男の 人です。わからない ことは 山川さんに 聞いて ください。

学生課　東田

Q 퀴즈 도전하기!　ルーさんは この 後、はじめに 何を しますか。（　　）

a ホームステイを する。　　b 申込書を 出す。

c 説明書を 読む。　　d 山川さんに 聞きに 行く。

\できた!/
□

TSUNAGRAM

azusaHAASK0408
投稿(とうこう) 8件(けん)　フォロワー 3人　フォロー 12人
高田(たかだ) あずさ (Azusa Takada)

去年(きょねん)まで ベトナムに 留学(りゅうがく)して いました。今年(ことし) 結婚(けっこん)して、今(いま)は 東京(とうきょう)で ベトナム料理(りょうり)レストラン「シン チャオ」を 経営(けいえい)して います。安(やす)くて おいしいですよ！ 趣味(しゅみ)の 旅行(りょこう)と 店(みせ)の 写真(しゃしん)を アップします。見(み)て くださいね！

Q 퀴즈 도전하기!　○ですか。×ですか。

① (　　　) この 人(ひと)は ベトナムで 勉強(べんきょう)して います。

② (　　　) この 人(ひと)は 東京(とうきょう)へ ベトナム料理(りょうり)を 食(た)べに 行(い)きました。

오늘의 독해

DAY 39

\できた!/ □

みどり市 GUIDE

みどり市(し)の 公園(こうえん)を 紹介(しょうかい)します。

●さくら公園(こうえん)

広(ひろ)くて みどりが 多(おお)い公園(こうえん)です。ジョギングのコースも あります。

●つなぐ公園(こうえん)

駐車場(ちゅうしゃじょう)は せまいですが、駅(えき)から 歩(ある)いて 5分(ふん)です。となりに 美術館(びじゅつかん)が あります。

●みどり公園(こうえん)

バーベキューの エリアが あります。公園事務所(こうえんじむしょ)で 予約(よやく)して ください。

Q 퀴즈 도전하기! どの 公園(こうえん)の 地図(ちず)ですか。

①さくら公園(こうえん) (　　)　②つなぐ公園(こうえん) (　　)　③みどり公園(こうえん) (　　)

a

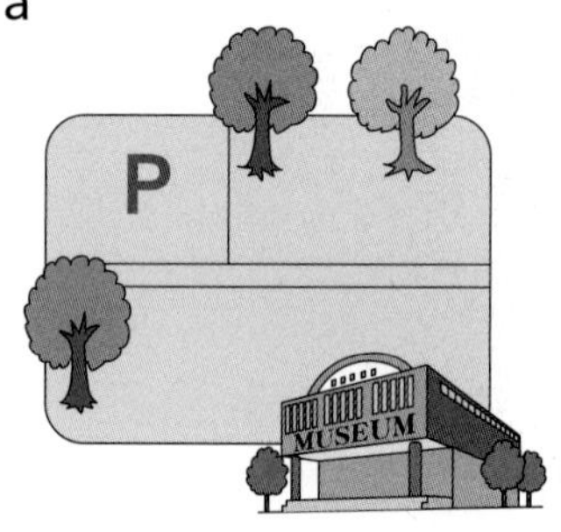

b

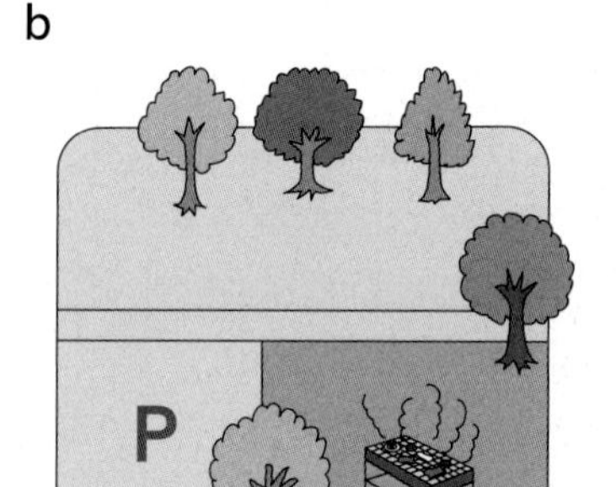

c

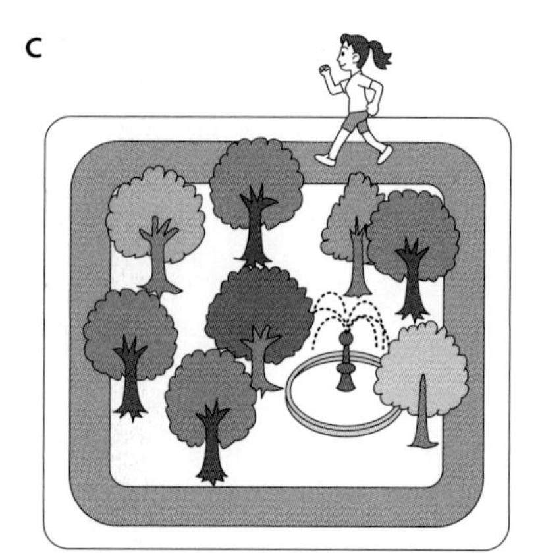

＼できた！／ ☐

PICK UP

日本(にほん)では バレンタインデーに 女(おんな)の人(ひと)が 好(す)きな 人(ひと)に チョコレートを あげます。この チョコレートは「私(わたし)は あなたが 好(す)きです。あなたの 恋人(こいびと)になりたいです」という メッセージです。チョコレートを もらった ときは とても うれしいですね。でも、ちょっと 待(ま)って ください。「友(とも)チョコ」も あります。これは「あなたは 私(わたし)の いい 友(とも)だちだよ。これからも よろしく」という メッセージです。チョコレートを もらった とき、その チョコレートの 意味(いみ)を よく 考(かんが)えましょう。

Q 퀴즈 도전하기! ○ですか。×ですか。

① (　　) 日本(にほん)では バレンタインデーに 女(おんな)の人(ひと)だけが チョコレートを もらいます。

② (　　) バレンタインデーの チョコレートの 意味(いみ)は 一(ひと)つでは ありません。

＊＊＊＊＊＊＊＊ TO DO LIST ＊＊＊＊＊＊＊＊

a □ 会議(かいぎ)の 資料(しりょう)を メールで 送(おく)る。

b □ 去年(きょねん)の 発表会(はっぴょうかい)の データを 見(み)て、会議(かいぎ)の 資料(しりょう)を 作(つく)る。

c □ 作(つく)った 資料(しりょう)を 金曜日(きんようび) 午後(ごご)3時(じ)までに 課長(かちょう)に チェックして もらう。

d □ リさんに 去年(きょねん)の 発表会(はっぴょうかい)の データを コピーして もらう。

e ☑ 会議室(かいぎしつ)を 予約(よやく)する。（来週火曜日(らいしゅうかようび)2時(じ)～4時(じ)）

Q 퀴즈 도전하기! どの 順番(じゅんばん)で やりますか。

(e) → ( ) → ( ) → ( ) → (a)

＼できた！／

☐

トップ > ニュース > 記事

高校生(こうこうせい)、迷子(まいご)の 女(おんな)の子(こ)を 交番(こうばん)へ　みどり市(し)

昨日(きのう)、午後(ごご)５時(じ)ごろ、「３歳(さい)の 娘(むすめ)が いない」と 家族(かぞく)から 警察(けいさつ)に 連絡(れんらく)が あった。その後(ご) 高校生(こうこうせい)が 女(おんな)の子(こ)を 交番(こうばん)に 連(つ)れて 来(き)て、女(おんな)の子(こ)は ぶじに 家(いえ)に 帰(かえ)った。

みどり高校(こうこう)の 南公太(みなみこうた)さん(16)と 高田(たかだ)ゆなさん(15)は「小(ちい)さい 女(おんな)の子(こ)が 学校(がっこう)の 前(まえ)で 一人(ひとり)で 泣(な)いて いて、びっくりした。車(くるま)が 多(おお)い 道(みち)だから、心配(しんぱい)だった」と 話(はな)した。女(おんな)の子(こ)の 家族(かぞく)は「交番(こうばん)へ 連(つ)れて 行(い)って いただいて、本当(ほんとう)に ありがとうございました。娘(むすめ)と お礼(れい)に 行(い)きます」と 話(はな)して いる。

Q 퀴즈 도전하기!

①だれが 交番(こうばん)へ 連(つ)れて 行(い)きましたか。…… ________________

②だれが お礼(れい)に 行(い)きますか。…… ________________

＼できた！／ □

電子レンジ COOKING

かんたんで　おいしい
ツナと　トマトの　パスタ

材料(ざいりょう)：スパゲッティー (200g)
トマト (缶詰(かんづめ) 1 つ)
ツナ (缶詰(かんづめ) 1 つ)
水(みず) (200cc)

①スパゲッティーを　半分(はんぶん)に　折(お)ります。
②大(おお)きい　お皿(さら)に　水(みず)と、スパゲッティー、トマト、ツナ、塩(しお)を　入(い)れます。
③少(すこ)し　まぜて、上(うえ)に　ラップを　します。
④電子(でんし)レンジ　500 W(ワット)で　15 分(ふん)ぐらいです。5 分(ふん)ぐらいで　一度(いちど)　出(だ)して、まぜて　ください。

Q 퀴즈 도전하기!　どの　順番(じゅんばん)で　作(つく)りますか。　(　　) → (　　) → (　　) → (　　)

a	b	c	d
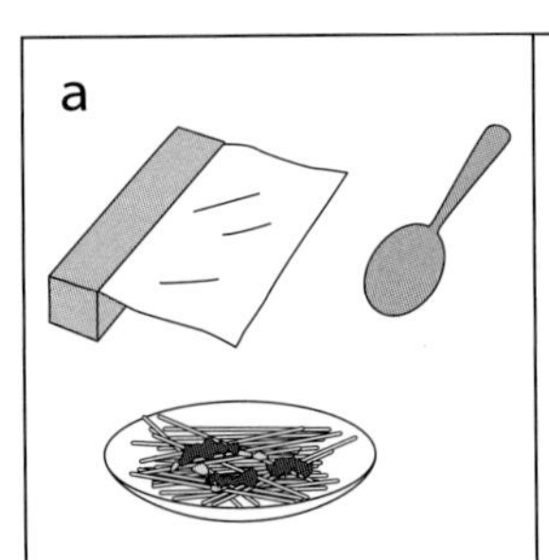	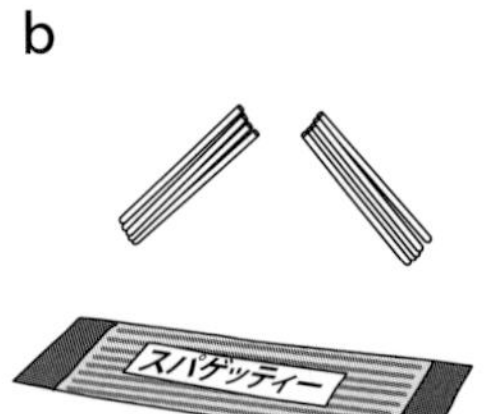	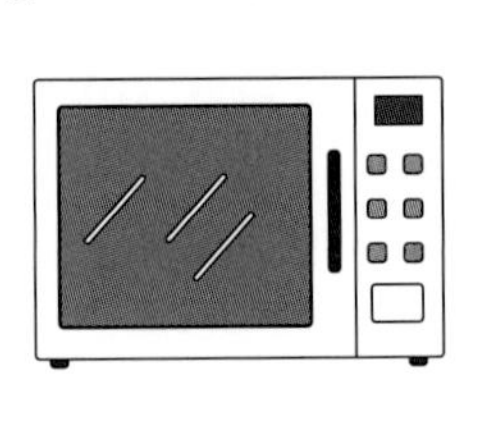	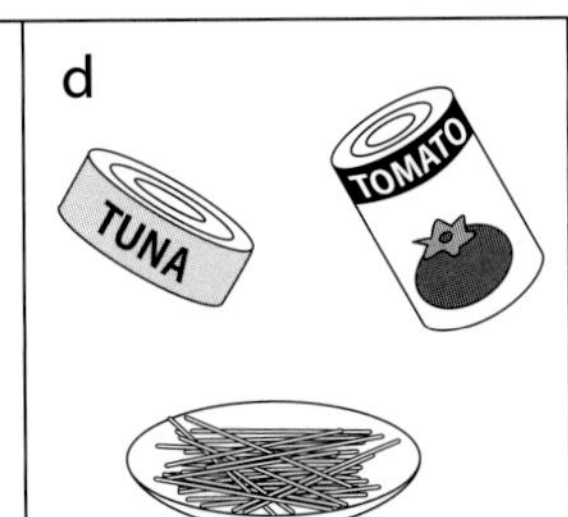

できた!

☐

PICK UP

日本には 温泉が 3,000 以上 あります。45℃ぐらいの 熱い 温泉や、37～40℃ぐらいの あまり 熱くない 温泉が あります。温泉に ゆっくり 入ると、リラックスできます。病気や けがが よく なる ことも あります。

温泉に 入る 前に 体を 洗って ください。タオルは お湯に 入れないで ください。温泉に 入った ときは 楽しいですが、温泉の 中で 泳いでは いけません。温泉には たくさんの 人が 入りますから、入り方に 気を つけましょう。

Q 퀴즈 도전하기!

温泉で しては いけない ことは どれですか。

全部 選んで ください。　(　　　　　　　　)

a　お湯の 中で 体を 洗う。　　b　泳ぐ。

c　お湯の 中で タオルを 使う。　　d　ゆっくり 入る。

＼できた！／
□

Q 퀴즈 도전하기!

①テレビに 出る 人は だれですか。…… ____________

②「今晩、聞いて みるね」は、だれが だれに 聞きますか。

…… ____________________________

＼できた！／ ☐

PICK UP

「ワンワン」「ニャーニャー」「モーモー」「ガオー」…。

これは 動物(どうぶつ)の 鳴(な)き声(ごえ)です。何(なん)の 動物(どうぶつ)でしょうか。日本(にほん)では 犬(いぬ)の 鳴(な)き声(ごえ)は「ワンワン」と 表(あらわ)します。「ニャーニャー」と 鳴(な)く 動物(どうぶつ)は ねこ、「モーモー」は 牛(うし)、「ガオー」は ライオンです。では、キリンの 鳴(な)き声(ごえ)は どうでしょうか。キリンは あまり 鳴(な)かないので、知(し)らない 人(ひと)も 多(おお)いでしょう。実(じつ)は キリンは 牛(うし)の 仲間(なかま)なので、牛(うし)と 同(おな)じ 鳴(な)き声(ごえ)なのです。聞(き)いて みたいですね。

Q 퀴즈 도전하기!

日本(にほん)では キリンの 鳴(な)き声(ごえ)を どう 表(あらわ)しますか。 ＿＿＿＿＿＿＿＿

Q 퀴즈 도전하기!

今田さんは 今度の 日曜日に 家族 みんなで いちごがりに 行きます。
いまだ　　　こんど　にちようび　かぞく　　　　　　　　　　　　　　　い

今田さんと 奥さん、そして、来年 小学校に 入る 男の子と 去年 生まれた
いまだ　　　おく　　　　　　　らいねん しょうがっこう はい おとこ こ きょねん う

女の子です。全部で いくら かかりますか。（　　）

a　￥1,600　　b　￥1,900　　c　￥2,400　　d　￥2,600

ご予約は　0282-27-XXXX まで

【料金(30分間)】
りょうきん　ぶんかん

大人（中学生～）	1,000円
小学生	800円
子ども（3～6歳）	500円
0～2歳	100円

おとな ちゅうがくせい　　　　　　　　えん

しょうがくせい　　　　　　　　　　　えん

こ　　　　　　さい　　　　　　えん
さい　　　　　　　　えん

おいしい いちご、
たくさん 食べてね！
た

つなぐファーム
つなぐ市みどり町 2-3
https://tsunagu-farm.jp/xxxx

청독해 문제

\できた!/

デパートで 男の人と 女の人が 話して います。
おとこ ひと おんな ひと はな

二人は この 後、どこへ 行きますか。 (　　　)
ふたり あと い

음원 듣기-04

a 地下1階　　b 1階　　c 3階　　d 5階
ちか かい 　　　かい 　　　がい 　　　かい

ツナグデパート
クリスマス プレゼント チケット

ツナグデパートでの お買い物、ありがとうございます。
みなさまに プレゼントを ご用意しました。
クリスマスプレゼント 受付カウンターに ぜひ どうぞ!

5階カウンター	カードゲーム
3階カウンター	ネクタイ
1階カウンター	アクセサリー
地下1階カウンター	ワイン

네 번째 챕터 끝!
일본어 문장에 많이 익숙해졌죠?
다음 챕터도 가뿐하게 넘어봐요!

＼できた！／

□

みなさん、ご入学(にゅうがく) おめでとうございます！

先輩(せんぱい)から みなさんへ メッセージです。

2年B組
ペトロ コスタさん
（ブラジル）

　私(わたし)が いいと 思(おも)う 勉強(べんきょう)の やり方(かた)は、日記(にっき)を 書(か)く ことです。これは 友(とも)だちと いっしょに やると いいです。

　日記(にっき)を 書(か)いて、次(つぎ)の 日(ひ)に 友(とも)だちに 読(よ)んで もらいます。私(わたし)も 友(とも)だちの 日記(にっき)を 読(よ)みます。読(よ)んだら、私(わたし)が 思(おも)った ことを 友(とも)だちの 日記(にっき)の 下(した)に 書(か)きます。そして、友(とも)だちの 日記(にっき)には 私(わたし)が 知(し)らない ことばが ありますから、それを 覚(おぼ)えて、作文(さくぶん)や 会話(かいわ)で 使(つか)って みます。

　私(わたし)は この やり方(かた)で 楽(たの)しく 勉強(べんきょう)して います。みなさんも やって みませんか。

Q 퀴즈 도전하기！

どの 順番(じゅんばん)で やったら いいですか。

（　　）→（ a ）→（　　）→（　　）→（　　）

a 友(とも)だちに 自分(じぶん)の 日記(にっき)を わたして、友(とも)だちの 日記(にっき)を 受(う)けとる。

b 友(とも)だちの 日記(にっき)の 下(した)に 自分(じぶん)が 思(おも)った ことを 書(か)く。

c 友(とも)だちの 日記(にっき)を 読(よ)む。

d 友(とも)だちに 日記(にっき)を返(かえ)して、自分(じぶん)の 日記(にっき)も 返(かえ)して もらう。

e 日記(にっき)を 書(か)く。

\できた!/

はいさい FESTIVAL

■HA ホール (東京都新宿区)
とうきょう と しんじゅく く

■7月2日 (日)18：30 ～
がつふつか にち

■チケット：1,500 円 (定員 300 名)
えん ていいん めい

■食べ物や ことばなどの 沖縄の 文化を 紹介します。
た もの おきなわ ぶん か しょうかい

　沖縄音楽の 人気バンド「うちなーず」の コンサートと ダンス
おきなわおんがく にん き

　グループ「しんか」の みなさんの 沖縄の おどりも 楽しんで
おきなわ たの

　ください。5名様に 沖縄旅行の プレゼントも あります！

めいさま おきなわりょこう

Q 퀴즈 도전하기!　何の イベントですか。（　　　）
なん

a　沖縄の 料理を 食べる イベント
　　おきなわ りょうり た

b　沖縄の 文化を 楽しむ イベント
　　おきなわ ぶん か たの

c　みんな いっしょに 沖縄の ダンスを する イベント
　　　　　　　　　　おきなわ

d　沖縄へ 旅行する イベント

　　おきなわ りょこう

← 沖縄
おきなわ

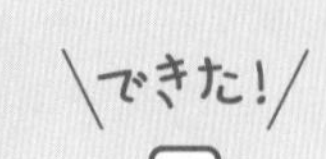

楽しい 自転車旅行 BLOG
たの　　じ てんしゃりょこう

8月25日(木) AM06：45 **夏休みは 北海道で TOURING**

おととしは 九州、去年は 四国、そして 今年の 夏休みは 自転車で 北海
きゅうしゅう　きょねん　しこく　　　　ことし　なつやす　じ てんしゃ　ほっかい

道を 走りました！ 一週間の 中で 3日 雨が 降って たいへんでしたが、
どう　はし　　　　いっしゅうかん　なか　みっか あめ　ふ

おいしい ものを 食べたり、きれいな けしきを 見たりして、はじめての 北海道は 本当に 楽しかったです。でも とても 広くて、まだ 行きたい
ほっかいどう ほんとう たの　　　　　　　　　ひろ　　　　　い

所が たくさん あるので、来年の 夏休みも また 行こうと 思って います。
ところ　　　　　　　　　　らいねん なつやす　　　　　い　　　おも

北海道
ほっかいどう

九州
きゅうしゅう

四国
しこく

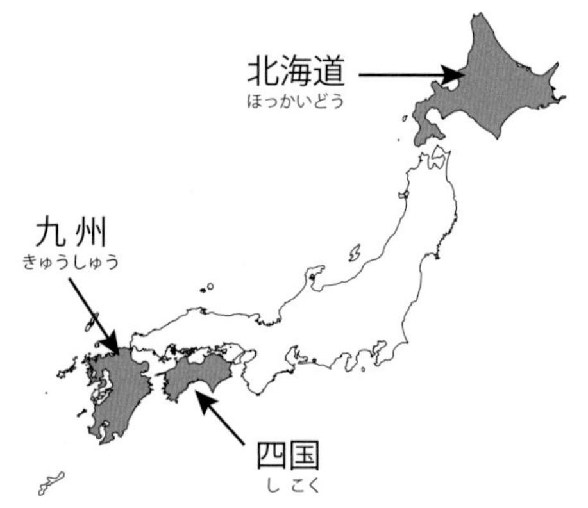

Q 퀴즈 도전하기! ○ですか。×ですか。

① (　　　) この 人は 今年 7日間 北海道へ 行きました。
ひと ことし なのか かん ほっかいどう い

② (　　　) この 人は 来年 また 九州へ 行こうと 思って います。
ひと らいねん　　きゅうしゅう い　　おも

＼できた！／ □

薬の 前に…ツナG！

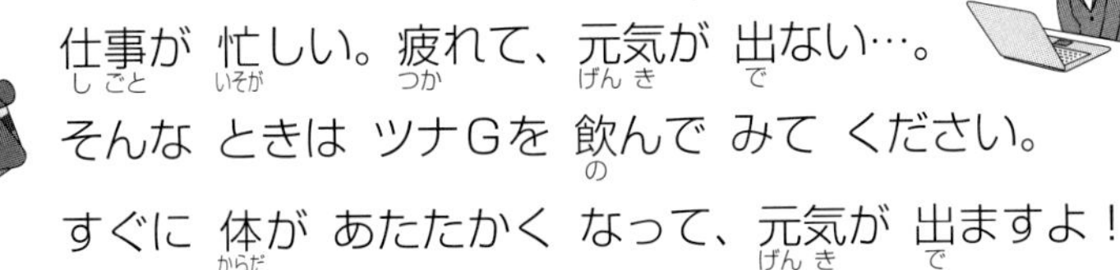

仕事が 忙しい。疲れて、元気が 出ない…。
しごと いそが つか げんき で

そんな ときは ツナGを 飲んで みて ください。
すぐに 体が あたたかく なって、元気が 出ますよ！

毎日 1時間ぐらい 運動して、よく 食べて、よく 寝る。そして、疲れた ときは ツナGです。ツナGを 飲んで、仕事も 勉強も あそびも、がんばりましょう！
まいにち じかん うんどう た ね つか
の しごと べんきょう

Q 퀴즈 도전하기!　どちらですか。

①ツナＧは（a 薬です／b 薬では ありません）。

②ツナＧを 飲んだら、（a あたたかく なります／b ねむく なります）。

できた!

悩み相談
なや そうだん

私の 恋人は 中国人です。結婚の 約束も しました。でも、その 人は 中
わたし こいびと ちゅうごくじん けっこん やくそく ひと ちゅう
国の 会社に 就職が 決まりました。来月 帰国します。恋人は「一緒に 行
ごく かいしゃ しゅうしょく き らいげつ きこく こいびと いっしょ い
こう」と 言いますが、私は 中国語が できません。中国には 友だちも い
い わたし ちゅうごくご ちゅうごく とも
ません。「中国に 住めば 友だちは できる。中国語も 練習すれば 上手に
ちゅうごく す とも ちゅうごくご れんしゅう じょうず
なる」と みんな 言いますが、私は 心配です。どうすれば いいでしょう
い わたし しんぱい
か。

(28歳 会社員)
さい かいしゃいん

【カウンセラー：前川 公一 先生】
まえかわ こういち せんせい

むずかしい 問題ですが、恋人と 家族と よく 話して
もんだい こいびと かぞく はな
みて ください。まず、中国語を 勉強して みたら どう
ちゅうごくご べんきょう
ですか。

Q 퀴즈 도전하기! 〇ですか。×ですか。

① (　　) 相談を して いる 人の 恋人は、中国の 会社で 働きます。
そうだん ひと こいびと ちゅうごく かいしゃ はたら

② (　　) 相談を して いる 人は、中国に 住めば 友だちが できると 思って います。
そうだん ひと ちゅうごく す とも おも

＼できた！／ ☐

PICK UP

フラミンゴは ピンク色の きれいな 鳥ですが、あなたは 白い フラミンゴを 見た ことが ありますか。実は、この 鳥は 生まれた とき、白いのです。フラミンゴは 藻(水の 中の 草)を 食べて いますが、これには βカロチンが 入って います。βカロチンは にんじんや とうがらしにも 入って いる 赤い 色の もので、これが フラミンゴの 体に 入ると、体が 赤く なるのです。ピンクの フラミンゴも βカロチンが ない ものを 食べて いたら、だんだん 白く なるのです。

Q 퀴즈 도전하기!　○ですか。×ですか。

① (　　) フラミンゴは はじめは みんな 白いです。

② (　　) ピンク色の フラミンゴは 藻を 食べたら、だんだん 白く なります。

＼できた！／ □

PICK UP

動物の オス(男)と メス(女)の 数は だいたい 1：1に なりますが、今、ウミガメの オスが 少なく なって います。2017年に オーストラリアで 調べた ときは、ウミガメの 99パーセントが メスでした。これは 地球の 温度が 高く なって いるからです。ウミガメは 卵の 中に いる とき、まわりの 場所の 温度で オスか メスかが 決まります。温度が 高ければ メス、低ければ オスです。地球の 温度が これから もっと 上がったら、オスの ウミガメは 生まれなく なります。そして、ウミガメは この 地球から いなく なって しまうでしょう。

Q 퀴즈 도전하기! ○ですか。×ですか。

① (　　) 卵の 中に いる とき、暑かったら、オスは 死んで しまいます。

② (　　) 地球の 温度が これからも 上がったら、ウミガメは いなく なるでしょう。

\できた!/

☐

PICK UP

テレビや スマホを 見ながら、勉強は できませんね。では、音楽は どうでしょうか。好きな 音楽を 聞いたら リラックスできるから、音楽を 聞きながら 勉強する ことは いいと 思う 人も いるでしょう。でも、勉強する ときは、静かな 場所が いいのです。

勉強を 始めたら すぐに 疲れて しまう 人は、海や 川や 木の 葉などの 音を 聞きながら、勉強して みて ください。自然の 音を 聞きながら 勉強したら、リラックスできて、いいですよ。

Q 퀴즈 도전하기! ○ですか。×ですか。

① (　　　) 勉強する ときは、何も 聞いては いけません。

② (　　　) 海や 川の 音を 聞きながら 勉強すると、リラックスできます。

\できた!/
☐

■練習問題(れんしゅうもんだい)の ご案内(あんない)

この 教科書(きょうかしょ)には 練習問題(れんしゅうもんだい)が あります。パソコンを 使(つか)う 方(かた)は ホームページから ダウンロードが できます。スマートフォンを 使(つか)う 方(かた)は「HASK」アプリから ダウンロードが できます。

(「HASK」の 使(つか)い 方(かた)の 説明(せつめい)も ホームページに あります。)

ダウンロードの パスワードは H200915RS です。

【公式ホームページ】 http://www.haskxx.com/rensyu1

Q 퀴즈 도전하기! ○ですか。×ですか。

① (　　) アプリが なければ、スマートフォンで 問題(もんだい)が ダウンロードできません。

② (　　) パソコンで 問題(もんだい)を ダウンロードする とき、パスワードを 使(つか)いません。

＼できた！／ □

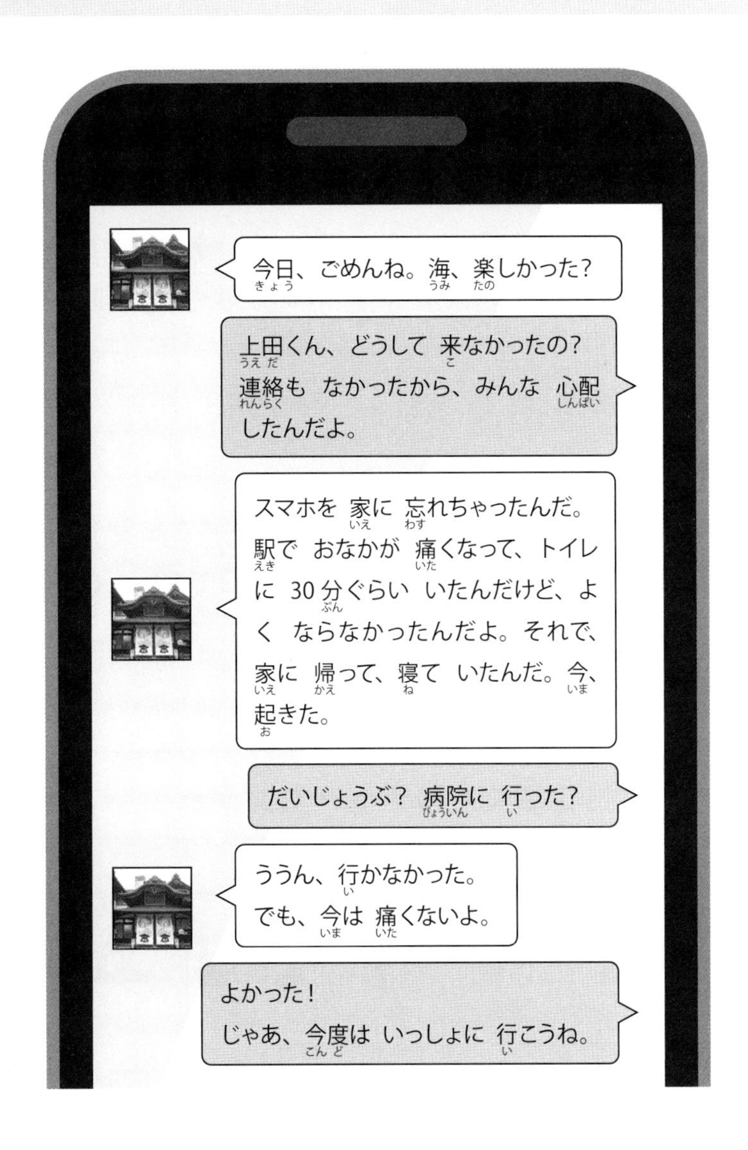

今日、ごめんね。海、楽しかった?
上田くん、どうして 来なかったの? 連絡も なかったから、みんな 心配したんだよ。
スマホを 家に 忘れちゃったんだ。駅で おなかが 痛くなって、トイレに 30 分ぐらい いたんだけど、よく ならなかったんだよ。それで、家に 帰って、寝て いたんだ。今、起きた。
だいじょうぶ? 病院に 行った?
ううん、行かなかった。でも、今は 痛くないよ。
よかった！ じゃあ、今度は いっしょに 行こうね。

Q1 퀴즈 도전하기! 上田くんは どうして 来ませんでしたか。 (　　　)

a 連絡を しなかったから　　b スマホを 忘れたから

c おなかが 痛かったから　　d 今 起きたから

Q2 퀴즈 도전하기! 「今度は いっしょに 行こうね」は、いっしょに どこへ 行きますか。

정보 검색 문제

できた!

퀴즈 도전하기!

どの クラスが いいですか。

①大学生(だいがくせい)の 上田(うえだ)さんは ヨガを 始(はじ)めようと 思(おも)って います。授業(じゅぎょう)は 平日(へいじつ) 午前(ごぜん) 9時(じ)から 午後(ごご) 5時(じ)までです。週末(しゅうまつ)は 午前(ごぜん) 11時(じ)から 午後(ごご) 8時(じ)まで アルバイトです。 (　　)

a 水曜日(すいようび)・夜(よる)　b 木曜日(もくようび)・午後(ごご)　c 土曜日(どようび)・午前(ごぜん)　d 日曜日(にちようび)・夜(よる)

②中村(なかむら)さんは 将棋(しょうぎ)を 習(なら)いたいと 思(おも)って います。中村(なかむら)さんの 仕事(しごと)は 午後(ごご) 4時(じ)から 午後(ごご) 11時(じ)までです。休(やす)みは 火曜日(かようび)と 水曜日(すいようび)です。 (　　)

a 月曜日(げつようび)・午後(ごご)　b 木曜日(もくようび)・夜(よる)　c 金曜日(きんようび)・午前(ごぜん)　d 土曜日(どようび)・夜(よる)

つなぐカルチャーセンター

	月(げつ)	水(すい)	木(もく)	金(きん)	土(ど)	日(にち)
10：30 ～ 12：00	パソコン	書道(しょどう)	バレエ	将棋(しょうぎ)	ヨガ	英会話(えいかいわ)
16：30 ～ 17：30	将棋(しょうぎ)	英会話(えいかいわ)	ヨガ	パソコン	書道(しょどう)	バレエ
19：00 ～ 20：30	英会話(えいかいわ)	ヨガ	将棋(しょうぎ)	書道(しょどう)	将棋(しょうぎ)	ヨガ

●毎週(まいしゅう) 1回(かい)（一(いっ)か月(げつ)4回(かい)）　●一(いっ)か月(げつ) 10,000円(えん)

● 16：30～17：30は 小学生(しょうがくせい)の クラス　※火曜日定休(かようびていきゅう)

\できた!/ ☐

청독해 문제

Q 퀴즈 도전하기!

음원 듣기-05

女(おんな)の人(ひと)と 男(おとこ)の人(ひと)が 料理教室(りょうりきょうしつ)の パンフレットを 見(み)て います。
女(おんな)の人(ひと)が 入(はい)ろうと 思(おも)って いる クラスは どれですか。 (　　)

a 和食(わしょく)①　　b 和食(わしょく)②　　c 洋食(ようしょく)①　　d 洋食(ようしょく)②

つなぐ料理教室(りょうりきょうしつ)

和食(わしょく)①	土(ど) 14：00～16：00	かんたんな 料理(りょうり)を 練習(れんしゅう)する クラスです。
和食(わしょく)②	金(きん) 17：00～19：00	お正月(しょうがつ)など、特別(とくべつ)な ときの 料理(りょうり)を 作(つく)る クラスです。
洋食(ようしょく)①	水(すい) 19：00～21：00	いろいろな 国(くに)の 料理(りょうり)と デザートを 作(つく)ります。
洋食(ようしょく)②	土(ど) 10：00～12：00	ピザや スパゲッティーなど イタリア料理(りょうり)を 練習(れんしゅう)します。

다섯 번째 챕터 끝!
벌써 절반이나 꾸준하게 공부한 당신,
멋져요!

\できた!/

□

みどり市 NEWS

敬老会 ～これからもどうぞお元気で！
けいろうかい　　　　　　　　　　　　　　げんき

9月 16 日の敬老の日にみどり市ホールで敬老の日のお祝い会がありまし
けいろう ひ　　　　　　　　し　　　　　けいろう ひ　いわかい
た。今年はみどり市の 80 歳以上の方が 35 人いらっしゃいました。みなさんはみどり小学校の子どもたちのダンスをごらんになった後、子どもたちといっしょにお茶とお菓子をめしあがりました。山田一男さん (82 歳) は「毎年、敬
やまだかずお　　さい　　　　けい
老会を楽しみにしています。今日は子どもたちから元気をもらいました。うれしかったです。」とおっしゃっていました。

Q 퀴즈 도전하기! 山田さんはどうしてうれしかったのですか。 (　　)

a 敬老会が楽しかったから

b 子どもたちがお祝いしたから
けいろうかい たの　　　　　　　　　　　　　　　　　　　いわ

c お茶とお菓子がおいしかったから

d 子どもたちにプレゼントをもらったから

\できた!/ ☐

鈴木さん

お疲れさまです。明日から３日間タイへ出張しますので、今
つか　　　　　　　あした　　　　　　　　　　しゅっちょう

日はお先に失礼します。すみませんが、部長が明日の午後Ａ
さき　しつれい　　　　　　　　　　　　　ぶちょう　あした

社での会議にご出席になるので、お出かけになる前に私の机
かいぎ　　しゅっせき　　　　　　　　　　　　　わたし　つくえ

の上にある資料をわたしていただけませんか。ご出発は1時
しりょう　　　　　　　　　　　　　　　しゅっぱつ

半の予定なので、15分前にタクシーを呼んでください。よろしくお願いします。

坂井

Q 퀴즈 도전하기! 鈴木さんがすることはどれですか。全部選んでください。 (　　)
すずき　　　　　　　　　　　　　　ぜんぶえら

a タイへ出張する。

b Ａ社での会議に出席する。
しゅっちょう　　　　　　　　　　かいぎ　しゅっせき

c 会議の資料をわたす。

d １時半に出発する。
かいぎ　しりょう　　　　　　　　　　しゅっぱつ

e タクシーを呼ぶ。

＼できた！／

☐

つなぐ食品「わさびラーメン」をお買い上げいただきまして、ありがとうございました。「わさびラーメン」の味はいかがでしたでしょうか。
今、つなぐ食品のホームページのアンケートに答えていただいた方全員に、新商品「チーズラーメン」を差し上げております。私たちはお客様のご意見をいただいて、もっといい商品を作りたいと考えております。よろしくお願いいたします。

つなぐ食品【当社 HP】https://www.tsunagushokuhin.com

Q 퀴즈 도전하기! 何をお願いしていますか。（　　）

a 「わさびラーメン」を買うこと　　b アンケートに答えること

c 「チーズラーメン」をあげること　　d もっといい商品を作ること

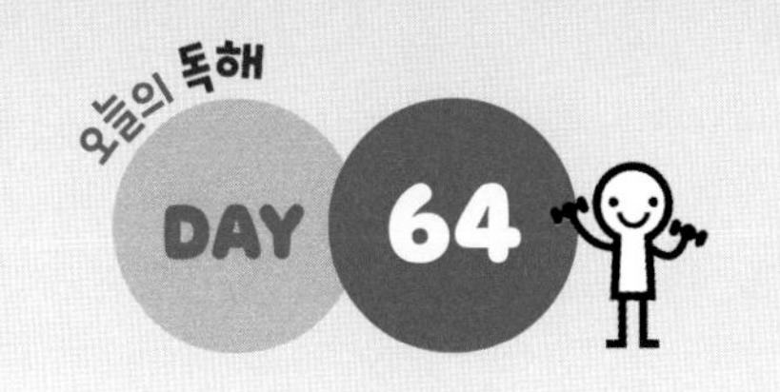

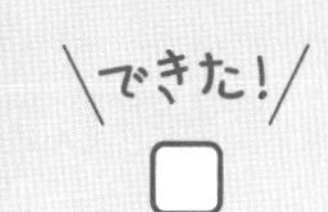

TNGスポーツ　会員様(かいいんさま)　ご招待(しょうたい) 

いつもTNGスポーツでお買(か)い物(もの)をしていただき、ありがとうございます。冬(ふゆ)のセールは来年1月2日(木)からですが、その前に、特別(とくべつ)なお客様(きゃくさま)だけのスペシャルセールをいたします。12月26日(木)・27日(金)の2日間、レジでこのチケットをお見せください。どの商品(しょうひん)も50%オフになります。たくさんの商品(しょうひん)をご用意(ようい)して、お客様(きゃくさま)をお待(ま)ちしています。

Q 퀴즈 도전하기!　○ですか。×ですか。

① (　　　) このチケットがあれば、1月2日から買(か)い物(もの)ができます。

② (　　　) このセールでは、特別(とくべつ)な商品(しょうひん)が安くなります。

③ (　　　) このチケットをもらった人は、TNGスポーツの会員(かいいん)です。

오늘의 독해

DAY 65

＼できた!／ □

PICK UP

ボールを使(つか)うスポーツはいろいろありますが、タスポニーを知(し)っている人は少(すく)ないでしょう。これは1981年に日本で生(う)まれたスポーツで、テニスとバレーボールに似(に)ています。タスポニーのボールはバレーボールよりちょっと小さくて、とても軽(かる)くてやわらかいです。コートの真(ま)ん中(なか)のネットは、テニスと同(おな)じぐらいの高さです。やり方(かた)もテニスと同(おな)じで、相手(あいて)が打(う)ったボールを相手(あいて)のコートに打(う)ち返(かえ)しますが、ラケットは使(つか)いません。とてもかんたんで安全(あんぜん)なスポーツなので、小さい子どもからお年寄(としよ)りまで、みんな楽(たの)しむことができます。

バレーボール

テニス

タスポニー

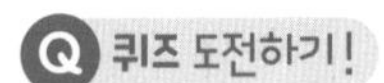

タスポニーはa～cのどれですか。　(　　)

できた!

PICK UP

最近「趣味はゲームだ」と言う人が多い。ゲームの世界はとてもすばらしくて、時間を忘れてしまうのだろう。「1時間だけゲームをやるつもりだったのに、疲れて時計を見たら３時間も遊んでしまっていた…」と、ゲームが好きな人からよく聞く。ゲームは楽しいが、それが生活の一番大切なことになってしまったら、たいへんだ。夜寝る時間が短くなって仕事や勉強のときに眠くなったり、やらなくてはいけないことを忘れたりして、いいことは何もない。ゲームがやめられない人は、まず、ゲームをした時間を毎日ノートに書いてみたらどうか。自分がゲームに使っている時間を知れば、きっと考えが変わるだろう。

Q 퀴즈 도전하기! これを書いた人（筆者）が一番言いたいことは何ですか。（　　）

a　ゲームはしないほうがいい。

b　ゲームに使っている時間を知ったほうがいい。

c　ゲームをするときは時間を忘れたほうがいい。

d　ゲームをする時間を決めたほうがいい。

오늘의 독해

DAY 67

できた！ □

TSUNAGU DENKI　ONLINE SHOP

キーワードから探す

今週のおすすめ商品
こんしゅう　　　　　しょうひん
　『 一家に一台！充電器 』
いっ か　　だい　じゅうでん き

台風や地震のとき、電気が止まることがあります。パソコンや携帯電話の
たいふう　じしん　　　　　　　　　　　　と　　　　　　　　　　　　　　　　　　　　　　　けいたい
充電がなくなってしまったら、だれにも連絡できなくなって、本当に困っ
じゅうでん　　　　　　　　　　　　　　　　　　　　れんらく　　　　　　　　　　　ほんとう　こま
てしまいます。そんなとき、こちらの商品が便利です。これはパソコンや携帯電話を充電するのに使うものです。このパネルを開いて明るいところ
けいたい　　　じゅうでん　　　つか　　　　　　　　　　　　　ひら　　あか
に置くと、電気を作ることができます。これに携帯電話やパソコンをつなげば、充電できるのです。強い太陽の光があるところがいいですが、部屋
じゅうでん　　　　　　　　　　つよ　たいよう　ひかり　　　　　　　　　　　　　　　　へ や
の中でもできます。家に一台あると安心です。
いえ　だい　　　あんしん

Q 퀴즈 도전하기!　おすすめの商品はどれですか。（　　）

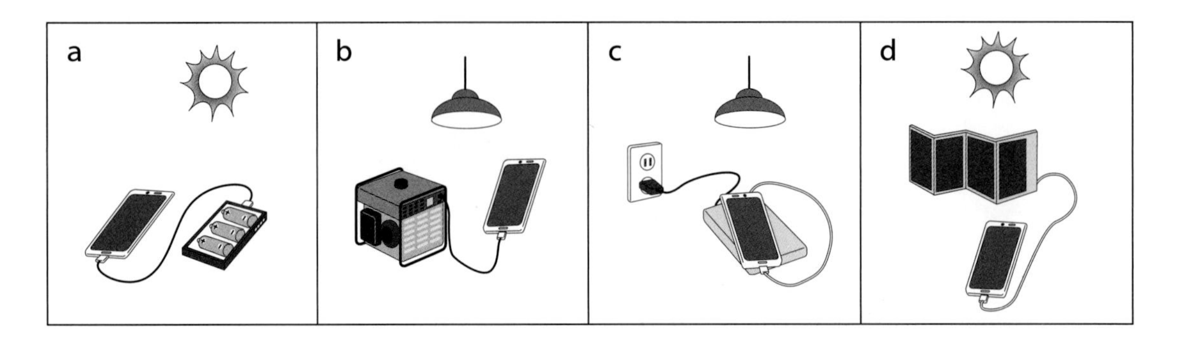

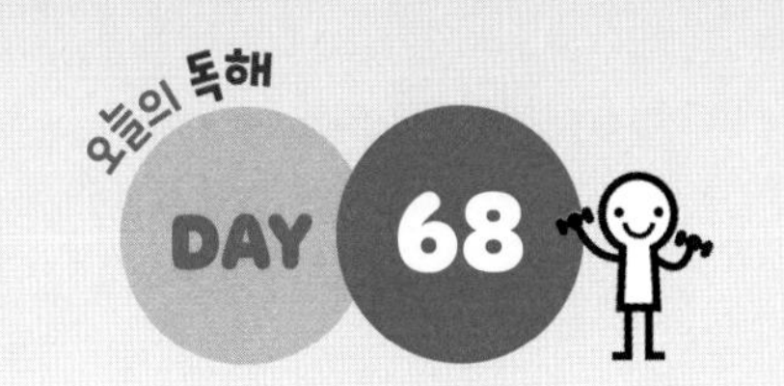

＼できた！／ ☐

7月 5日(日)

私は将来日本で働きたくて、今、日本語学校で日本語を勉強している。でも、日本は私の国より物価が高くて、生活がたいへんだ。留学する前、私は日本でアルバイトをしないつもりだったが、今は仕事をしなければ国にいたときと同じ生活はできない。でも、日本は給料が高い。国で働いていたとき給料は毎月３万円ぐらいだったが、日本では１週間アルバイトすれば同じぐらいもらうことができる。本当はもっと給料がほしいが、仕事の時間が多ければ勉強の時間が少なくなるし、疲れて勉強することができない日もある。勉強も仕事も、今の私はどちらも大切だ。上手に時間を使いたいと思う。

Q 퀴즈 도전하기! 筆者の考えに合っているのはどれですか。（　　）

a　今はアルバイトはしないつもりだ。

b　もう少しアルバイトの時間を多くしたい。

c　勉強と仕事の時間を考えなくてはいけない。

d　勉強か仕事か、一つに決めようと思う。

＼できた！／ □

つなぐ市観光協会　BLOG
し　かんこうきょうかい

7月16日(月)AM10：28　**第39回 つなぐ川花火大会 どこで見る？**
だい　かい　　　　　　　　がわはなびたいかい

今年のつなぐ川花火大会は7月28日(土)です。会場へ浴衣でいらっしゃっ
がわはなびたいかい　　　　　　　　　　　　　かいじょう　ゆかた

た方にプレゼントもありますよ。
かた

「花火は見たいけど、花火大会の会場は人が多いから行きたくない」と言
はなび　　　　　　はなびたいかい　かいじょう　　おお

う方！人が少なくて花火がとても見やすい場所があるんです。南駅から山
かた　すく　　はなび　　　　　　　ばしょ　　　　　　みなみえき

のほうへまっすぐ行くと、橋があります。そこを渡って左に曲がると、北町公園があります。花火会場からはちょっと遠いですが、近くに高いビル
まちこうえん　　　　　はなびかいじょう　　　　とお　　　　ちか

がないので、きれいな花火を見ることができるんです。ぜひ行ってみてください！

Q 퀴즈 도전하기!　花火が見やすい所はどこですか。　(　　)

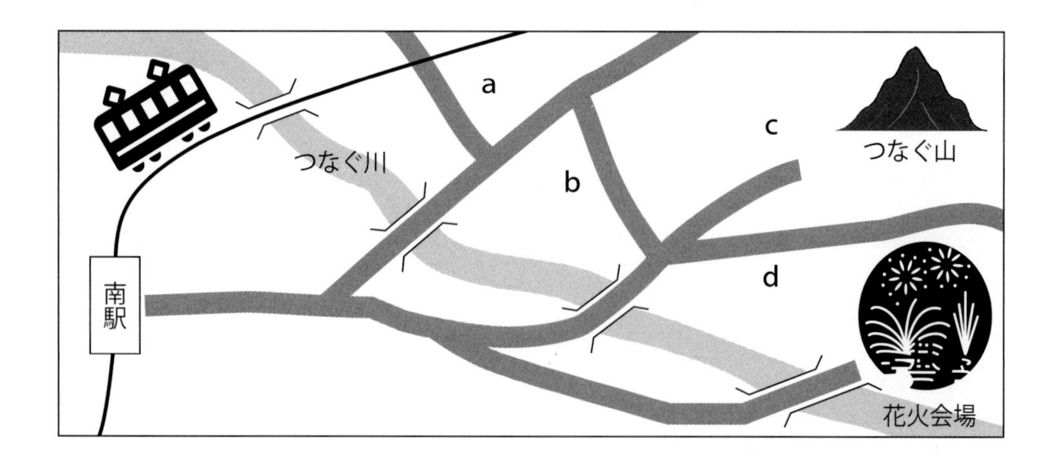

できた！ □

かんたん COOKING

親子丼

材料：ごはん　鶏肉 (100g)
ざいりょう　　とりにく

玉ねぎ(半分)　卵(2こ)
たま　はんぶん　たまご

水(150cc)
A【さとう (大さじ 1/2)
しょうゆ (大さじ2)
みりん (大さじ 2)】

晩ご飯のメニューがまだ決まっていない方、親子丼はいかがですか。
ばん　はん　　　　　　　　　　　き　　　　　　　かた　おやこどん

卵と鶏肉があれば、親子丼ができますよ。
たまご　とりにく　　　　　　おやこどん

かんたんだし、おいしいですから、ぜひ作ってみてください。

①まず、鶏肉と玉ねぎを切ります。
②次に、なべにＡと水を入れてから、ガスの火をつけます。
③熱くなったら、そのなべに鶏肉と玉ねぎを入れて、
あつ　　　　　　　　　　とりにく　たま

　３分ぐらい煮ます。
④最後に卵を入れて、ガスの火を止めます。これをご飯の上にのせます。
さいご　たまご　　　　　　　　　と　　　　　　　　　はん

Q 퀴즈 도전하기!　どの順番で作りますか。　(　　) → (　　) → (　　) → (　　) → (　　)
じゅんばん　つく

a	b	c	d	e
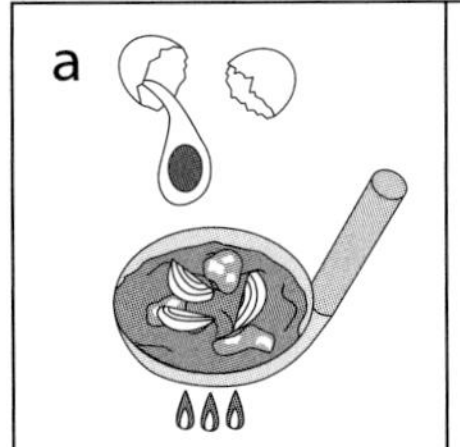	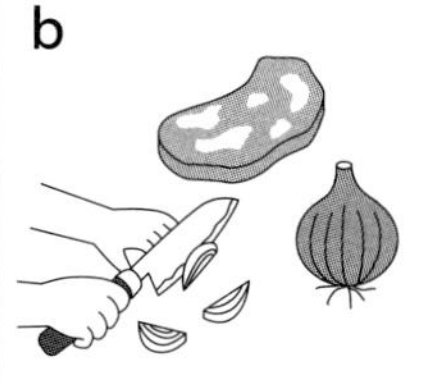	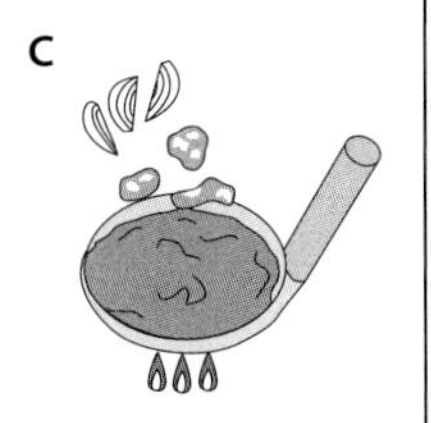	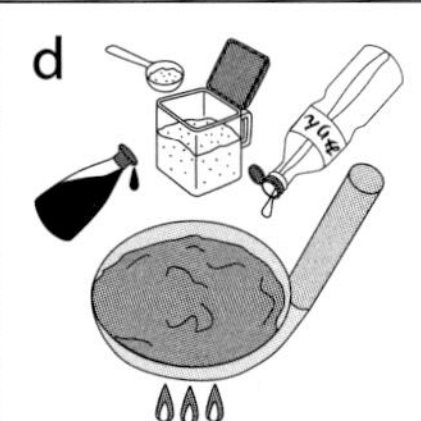	

오늘의 실전 독해

DAY 71

정보 검색 문제 \できた!/ ☐

Q 퀴즈 도전하기!

大下(おおした)さんは平日毎朝(へいじつまいあさ)７時半に家(いえ)を出て、夜(よる)７時ごろ家(いえ)に戻(もど)ります。

大下(おおした)さんは今日仕事(しごと)から帰(かえ)って、このお知(し)らせを見ました。

この荷物(にもつ)はあさっての朝使(あさつか)うものです。いつ持(も)って来てもらいますか。(　　　)

a　13日の１　　b　13日の４　　c　14日の１　　d　14日の４

ご不在連絡票(ふざいれんらくひょう)

大下 様(おおした さま)　　5月 12日(火)15：25

お荷物(にもつ)をお届(とど)けにまいりましたが、いらっしゃいませんでしたので、持(も)ち帰(かえ)りました。ご希望(きぼう)の再配達日(さいはいたつび)と時間(1～4)をお知(し)らせください。

電話受付(うけつけ) (8：00～19：00)　0120-XX-XXXX

インターネット受付(うけつけ) (24時間)　https://www.humask/xxx

番号(ばんごう)	ご希望(きぼう)の再配達(さいはいたつ)時間	受付時間(うけつけ)
1	8：00～12：00	前の日の午後７時まで
2	14：00～16：00	その日の午前 10時まで
3	16：00～19：00	その日の午前 10時まで
4	19：00～21：00	その日の午後４時まで

TSUNAGU 運輸株式会社(うんゆかぶしきがいしゃ)

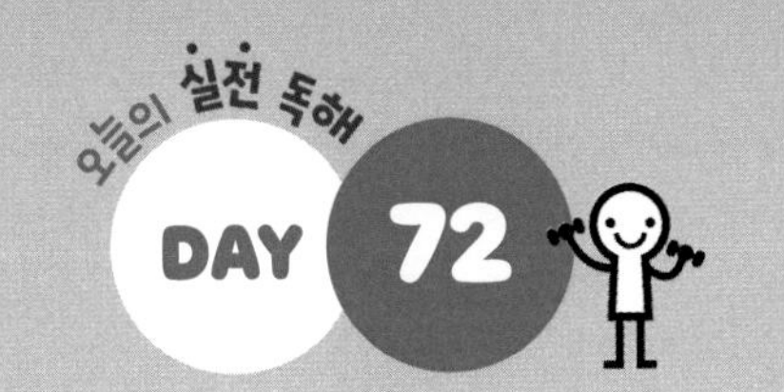

청독해 문제

できた!

음원 듣기-06

試験(しけん)の前に、担当(たんとう)の人が説明(せつめい)しています。
女の人は何の時間について質問(しつもん)しましたか。　(　　　)

a　筆記試験(ひっきしけん)　　b　作文(さくぶん)　　c　昼休(ひる)み　　d　面接(めんせつ)

つなぐ貿易(ぼうえき) 入社試験(にゅうしゃしけん)の注意(ちゅうい)

10：00 ～ 10：45	筆記試験(ひっきしけん)	・スマホ、辞書(じしょ)などは使(つか)ってはいけません。 ・終(お)わっても部屋(へや)を出ることはできません。
11：00 ～ 11：45	作文(さくぶん)	・辞書(じしょ)を使(つか)うことができます。 ・早(はや)く終(お)わったら、会場(かいじょう)を出てもいいです。
	昼休(ひる)み	・2階(かい)の会議室(かいぎしつ)で食事(しょくじ)ができます。 フリーのWi-Fiがあります。
13：00 ～	面接(めんせつ)	・順番(じゅんばん)にお呼(よ)びします。 面接(めんせつ)の後、当社(とうしゃ)のホームページを見て、簡単(かんたん)なアンケートに答(こた)えてください。

여섯 번째 챕터 끝!
길고 복잡한 독해 지문도
이젠 끄떡 없어요!

＼できた！／ ☐

今月の EVENT 「つなぐ市B級グルメまつり」 25日(土)26日(日)

大阪の「お好み焼き」や栃木の「宇都宮ギョーザ」など、安くておいしい「B級グルメ」は大人気です。「つなぐ市B級グルメまつり」も毎年10万人以上の人が集まる人気のイベントです。日本全国のいろいろなB級グルメが食べられるだけではなくて、作り方を教えてもらえたりプレゼントがもらえるゲームもあるので、大人も子どもも楽しめます。また、「つなぐ市B級グルメコンテスト」では、つなぐ市の人が考えた「安くておいしいメニュー」の中から1位を選びます。コンテストに出ている料理は全部無料で食べられます。ぜひ、ご参加ください。

【つなぐ市役所 kanko_xxx@tsunagu-cty.com】

Q 퀴즈 도전하기! ○ですか。×ですか。

① ( ) このイベントでは、日本のいろいろな町の安くておいしい料理が食べられます。

② ( ) このイベントの料理は、全部無料で食べられます。

＼できた！／
□

悩み相談（なやみそうだん）

先月友だちのＡさんが車を買いました。週末（しゅうまつ）、その車で六甲山（ろっこうさん）へ連（つ）れて行ってもらいました。山の上からきれいな海（うみ）を見て、晩（ばん）ご飯（はん）を食べた後、うちまで送（おく）ってもらいました。「楽（たの）しい一日だった」と思（おも）いました。でも、車を降（お）りるとき、Ａさんが「いつでもいいけど、今日のガソリン代（だい）を払（はら）ってね」と言ったので、私（わたし）はびっくりしました。これはＡさんの車だし、Ａさんが私（わたし）をさそったのですから、私（わたし）がガソリン代（だい）を払（はら）うのはへんだと思（おも）います。私（わたし）はお金を払（はら）わなくてはいけないのでしょうか。

(23歳（さい）銀行員（ぎんこういん）)

【カウンセラー：前川公一（まえかわこういち）先生】

楽（たの）しい一日だったのに残念（ざんねん）でしたね。でも、どうしてＡさんはそんなことを言ったのでしょうか。それを聞いてみてはいかがでしょうか。

Q 퀴즈 도전하기! この相談（そうだん）をした人はどう思（おも）っていますか。（　　）

a　Ａさんの考（かんが）えていることがわからない。

b　Ａさんの考（かんが）えていることがわからないが、払（はら）う。

c　Ａさんの考（かんが）えていることがわかる。

d　Ａさんの考（かんが）えていることはわかるが、払（はら）わない。

\できた!/ ☐

PICK UP

面接

就職試験には、99.9%、面接があります。面接ではいろいろなことを聞
しゅうしょく し けん　　　　　　　　　　　　　めんせつ　　　　　　　　　めんせつ

かれますが、その会社に入りたい理由は必ず質問されます。「会社のことをよ
りゆう　かなら　しつもん

くわかっているか」、「本当に入社したいのか」、「ここで何がやりたいのか」、
ほんとう　にゅうしゃ

「将来どうなりたいのか」などを聞いて、ほかの社員と力を合わせて働ける
しょうらい　　　　　　　　　　　　　　　　　　　　　しゃいん　ちから　あ　　　　はたら

人を選びたいと、担当者は考えているからです。ですから、あなたはまずそ
えら　　　　　　たんとうしゃ　かんが

の会社でやりたいことをはっきり話してください。そう思った理由も言うとわかりやすいです。ほかの会社のこともよく調べて、その会社でなければできないことも言いましょう。強い思いを伝えることが大切です。
つよ　おも　つた　　　　　　　たいせつ

Q 퀴즈 도전하기!

①面接の担当者はどんな人を選びたいと考えていますか。
めんせつ　たんとうしゃ　　　　　　えら　　　　　　かんが

……____________________

②面接で何を話したらいいですか。…… ・____________________

・____________________

・____________________

＼できた！／ ☐

『ぼくたちの町』

前川　大

　ぼくのクラスには、足が悪くて車いすを使っている人が一人いる。この友だちと一緒に出かけると、いつもぼくたちが住んでいる町はとても不便だと思う。店の入り口がせまかったり車いすが置けなかったりしたことが、何度もある。エレベーターがない駅もあるし、車いすの人が使えるトイレも少ない。道には少し高くなっている所がたくさんあって、そこでは車いすの人はだれかに手伝ってもらわなければ、前へ行くことができない。車いすで出かけるのは本当にたいへんだ。車いすの人だけでなく、目が見えない人たちや耳が聞こえない人たちもきっと困っているだろう。この町を（　　　　　　　　）所にしなくてはいけないと思う。

Q 퀴즈 도전하기!

(　　)にはどの文が入りますか。一番いいものを１つ選んでください。　(　　)

a　みんなが住みやすい

b　車いすで出かけられる

c　便利なものがたくさんある

d　目や耳が悪い人が困らない

＼できた！／

☐

つなぐ市役所から市民のみなさんへお願い
しやくしょ　　　しみん　　　　　　　ねが

もうすぐ台風の季節です。去年は大きい台風が来て、さくら公園の木が倒
たいふう　きせつ　きょねん　　　　　たいふう　　　　　　こうえん　　たお
れてしまいました。けがをした人はいませんでしたが、公園のそばの道が通
こうえん　　　　みち　とお
れなくなりました。

今年からは台風の後、つなぐ市にある 65 か所の公園で安全の確認をいた
たいふう　　　　　し　　　　　　しょ　こうえん　あんぜん　かくにん
します。みなさまもお近くの公園で木が倒れたり物が壊れたりしているのを
ちか　こうえん　たお　もの　こわ
見たら、ぜひご連絡をお願いいたします。

つなぐ市役所　【電話：0727-22-XXXX】

Q 퀴즈 도전하기!　これを読んだ人がすることはどれですか。　(　　)

a　台風が来たら、市役所に電話する。
たいふう　　　しやくしょ

b　台風の後、公園で安全を確認する。
たいふう　　　こうえん　あんぜん　かくにん

c　公園の木が倒れていたら、連絡する。
こうえん　き　たお　　　　れんらく

d　公園のそばの道を通れるようにする。
こうえん　　　みち　とお

＼できた！／ ☐

忘れ物、落とし物に注意！

先週、図書館のつくえの下にスマホが落ちていました。スマホはいろいろな情報が入っている大切なものです。来週の金曜日までに取りに来なければ、警察に届けます。

スマホだけでなく、最近、忘れ物や落とし物がとても多いです。教科書やかさなど、事務局にたくさんの物が届いています。落とさないこと、忘れないことが一番ですが、まず自分の持ち物には名前を書きましょう。そして、もし何かなくしたときには事務局へ一度見に来てください。

つなぐ大学　事務局

Q 퀴즈 도전하기! 事務局の人はどうしてこれを書きましたか。（　　）

a　最近、忘れ物が多いから

b　物をなくした人が確認に来たから

c　スマホがたくさん届いたから

d　警察の人が注意したから

＼できた！／

□

診察(しんさつ)を受(う)ける方(かた)へ

●初(はじ)めての方(かた)は１番(ばん)の受付(うけつけ)で診察申込書(しんさつもうしこみしょ)をわたしますので、書いてください。診察申込書(しんさつもうしこみしょ)は、保険証(ほけんしょう)といっしょに受付(うけつけ)に出してください。保険証(ほけんしょう)のコピーは使(つか)えません。

●予約(よやく)がある方(かた)は２番(ばん)の受付(うけつけ)に診察券(しんさつけん)を出してください。

●予約(よやく)がない方(かた)は３番(ばん)の受付(うけつけ)に診察券(しんさつけん)を出して、受診票(じゅしんひょう)を受(う)け取(と)ってください。

●診察券(しんさつけん)、保険証(ほけんしょう)をお持(も)ちでない方(かた)は、まず４番(ばん)の受付(うけつけ)で確認(かくにん)いたします。

●毎月初(はじ)めて診察(しんさつ)を受(う)けるときに、保険証(ほけんしょう)を出してください。

つなぐ病院(びょういん)

Q 퀴즈 도전하기!

イさんは予約(よやく)の時間に病院(びょういん)に来ましたが、診察券(しんさつけん)を家(いえ)に忘(わす)れてしまいました。どの受付(うけつけ)へ行きますか。（　　）

a　１番(ばん)　　b　２番(ばん)　　c　３番(ばん)　　d　４番(ばん)

できた!

☐

花粉症
（か ふんしょう）

日本人の４人に１人は「花粉症」だと言われています。花粉にアレルギー
（か ふんしょう）　　　　　　　　　　　　　　　　　　　　（か ふん）

があると、鼻水が止まらない、くしゃみが出る、目がかゆくなるなど、たいへんです。サクラがきれいな春も、花粉がたくさん飛ぶことを考えたら、花粉
（はる）（か ふん）　　　　　（と）　　（かんが）　　　　（か ふん）

症の人にはいやな季節でしょう。
（しょう）　　　　（き せつ）

また、今は花粉症ではない人も、安心してはいけません。日本に多いスギ
（か ふんしょう）　　　　　　（あんしん）

やヒノキなどの木はたくさんの花粉を作り、それが風にのって飛んで来るので、
（か ふん）（つく）　　　　（かぜ）　　　　（と）

毎年花粉症の人が増えているのです。ですから花粉の時期には、マスクやめ
（まいとし か ふんしょう）　（ふ）　　　　　　　　　　　（か ふん）（じ き）

がねで花粉が体の中に入らないようにしたほうがいいでしょう。

Q 퀴즈 도전하기! ○ですか。×ですか。

① (　　　) 日本はサクラの木が多いので、花粉症の人が多い。

② (　　　) 花粉症ではない人も、花粉を体の中に入れないようにしたほうがいい。
（か ふんしょう）　　　　（か ふん）（からだ）

\できた!/

Q 퀴즈 도전하기! 内容に合っているのはどれですか。 (　　　　)

a リュックを汚してしまった。

b レシートが見つかった。

c さいふを捨ててしまった。

d 店の紙袋が見つかった。

＼できた！／

☐

お薬の説明書

お名前：松井 和紀様

	色・形	名前・薬のはたらき	飲み方	注意
1		**アスク錠** 熱を下げます	熱があるとき、 食後に１錠	熱が下がったら、飲むのをやめてください。
2		**HA カプセル** 鼻水を止めます	朝食と夕食の後 １つ	３日間飲んでも鼻水が止まらないときは、担当の医師に相談してください。
3		**ツナーグ** よく寝られます	夜寝る前に１袋	１袋より多く飲まないでください。

Q 퀴즈 도전하기!

松井さんはきのう病院で薬をもらいました。今朝は鼻水がひどいですが、熱はありません。夕べあまり寝られなかったので、今晩はよく寝たいと思っています。今日松井さんはどの薬をいつ飲めばいいですか。

정보 검색 문제

できた！

Q 퀴즈 도전하기!

ブリさんは、日本の会社で働(はたら)きたいと思(おも)っています。

会話(かいわ)が苦手(にがて)なので、仕事(しごと)に必要(ひつよう)な会話(かいわ)を練習(れんしゅう)したいと考(かんが)えています。

レベルチェックテストは230点(てん)でした。どのクラスがいいですか。　(　　　)

a　会話(かいわ)A　　b　会話(かいわ)B　　c　ビジネス文書(ぶんしょ)　　d　ビジネス会話(かいわ)

今学期(こんがっき)、受(う)けたい日本語のクラスに○をつけて出してください。

名前：ブリ　ムサエフ

クラス	勉強(べんきょう)すること	レベルチェックテストの点数(てんすう)など
会話(かいわ)A	毎日の生活(せいかつ)の会話(かいわ)や、かんたんなスピーチを練習(れんしゅう)します。	・150～199点(てん)
会話(かいわ)B	生活(せいかつ)の会話(かいわ)と仕事(しごと)の会話(かいわ)、敬語(けいご)の使(つか)い方(かた)も練習(れんしゅう)します。	・200～400点(てん) ・会話(かいわ)Aクラスで勉強(べんきょう)した人は、170点以上(てんいじょう)あれば選(えら)ぶことができます。
ビジネス文書(ぶんしょ)	仕事(しごと)のメールや書類(しょるい)の書(か)き方(かた)を練習(れんしゅう)します。	・200～400点(てん)
ビジネス会話(かいわ)	仕事(しごと)の場面(ばめん)の会話(かいわ)を練習(れんしゅう)します。就職試験(しゅうしょくしけん)の準備(じゅんび)もします。	・250～400点(てん)

청독해 문제　＼できた！／ □

Q 퀴즈 도전하기!

음원 듣기-07

男の人と女の人がカラオケ店のホームページを見ながら話しています。どの部屋を予約しますか。　(　　　)

a　Aを4部屋　　　b　Aを1部屋とBを1部屋

c　Bを2部屋　　　d　Aを2部屋とBを1部屋

カラオケ OK　みどり駅前店

★ 12月31日まで **20% OFF** ！

20 人以上 1,000円 OFF!

時間	月～木／金5時まで	学生	金曜日夜・週末
AM10:00～PM5:00	¥200／1時間	¥100	¥300
PM5:00～PM11:00	¥500	¥250	¥750

★お部屋タイプ　　※6歳以下のお子様は無料です。

A 1～5名（12部屋）	B 6～10名（5部屋）	C 11～15名（2部屋）
	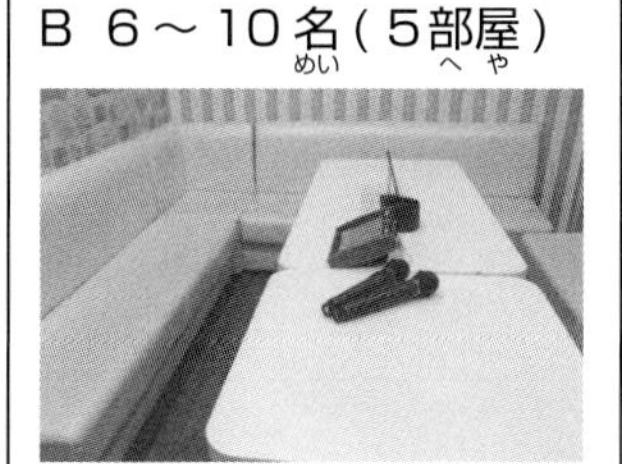	

일곱 번째 챕터 끝!
어휘와 문형을 잘 정리하면
남은 챕터도 끝낼 수 있어요!

＼できた！／
□

PICK UP

写真展「私の国はどこ ～世界難民の日～」
しゃしんてん　わたし　　　　せ かいなんみん　ひ

毎年６月 20 日は「世界難民の日」です。世界には、いろいろな理由で生まいとし　　　　　　　せ かいなんみん　ひ　　　　せ かい　　　　　　　　　　　　　　りゆう

れた国に住むことができない人・難民がたくさんいます。自分の国からほか
す　　　　　　　　　　　　なんみん　　　　　　　　　　　　じ ぶん

の国へにげても、そこでの生活はたいへんです。
せいかつ

「世界難民の日」から一週間、「私の国はどこ ～世界難民の日～」写真展を
せ かいなんみん　ひ　　　　しゅうかん　　わたし　　　　　　　　　　せ かいなんみん　ひ　　しゃしんてん

文化センターで行います。難民キャンプで生活している楽しそうな子どもた
ぶん か　　　　　　おこな　　　　なんみん　　　　　　　せいかつ　　　　　　たの

ち、悲しそうな母親などの写真から、平和な国に住んでいる私たちができる
かな　　　　　ははおや　　　しゃしん　　　へい わ　　　　す　　　　　　わたし

ことを考えてみませんか。

Q 퀴즈 도전하기！ 何月何日から何日まで、どこで、何がありますか。

오늘의 독해 DAY 86

\できた!/ □

8:45 AM
Home
ナミ @Mami –3min.
バスとタクシーの運転手が警察と話してる。バスのお客さんは中にいる。どうするのかな。
AKC AKC –5min.
今、救急車が来て、けがをした人が3人ぐらい運ばれましたよ。警察も来ました。事故こわい。
やまけん yama –8min.
あの交差点でまた事故? 先月も大きい事故があったばかりなのに。
あき Aki –10min.
私も見た。目の前で事故が起きてびっくり!
Kei Kei –15min.
今、南区3丁目の交差点でバスとタクシーがぶつかりました! けがをした人はいないようです。

Q1 퀴즈 도전하기! ○ですか。×ですか。

① (　　　) この事故でだれもけがをしませんでした。

② (　　　) この交差点ではよく事故が起きます。

Q2 퀴즈 도전하기! 5人の中でこの事故を見ていない人はだれですか。 (　　　　　)

a Kei　　b あき　　c やまけん　　d AKC　　e ナミ

\できた!/ □

トップ > ニュース > 記事

昨日午前6時ごろ、南市で92歳の女性が、男になぐられて現金6万円が入っている財布をとられた。女性は「アパートの近くへごみを出しに行って、戻ったら、知らない男が部屋にいた」と話している。女性は顔に軽いけがをした。警察は男をさがしている。

南市では先月からお年寄りの家にどろぼうが入る事件が6件おきている。これまでは家の人が出かけている昼間に、窓ガラスを割ったり、玄関のかぎを壊したりして、家に入るやり方だった。しかし、昨日の事件は、朝早い時間にかぎが閉まっていないドアから中に入っていた。警察は今までの事件と犯人が同じかどうか調べている。警察は「短い時間でも外出するときはかぎをかけてください」と呼びかけている。

Q 퀴즈 도전하기! このニュースのタイトルに合うのはどれですか。（　　）

a 部屋に知らない男　女性なぐられて顔にけが

b お年寄りの家にどろぼう　昼間に玄関のかぎ壊す

c 早朝のゴミ出し　ドアのかぎは閉めないで！

d 警察がさがしている男性　南市で財布とられる

できた!
☐

New message

Subject 忘(わす)れ物(もの)について

チェ ミンヨン　　9月1日(月) PM 09：11 ☆

To tsunaguhotel@XXXX.com

TSUNAGU ホテル御中(おんちゅう)

8月30日に1103号室(ごうしつ)に宿泊(しゅくはく)したチェ ミンヨンと申(もう)します。
お世話(せわ)になりました。
実(じつ)は、おうかがいしたいことがあります。
部屋(へや)に赤(あか)いファイルはなかったでしょうか。
中に9月15日の「MJB」のコンサートのチケットが1枚(まい)入っています。
ファイルが見つからなくても、ご連絡(れんらく)をいただけますでしょうか。
どうぞよろしくお願(ねが)いいたします。

チェ　ミンヨン

Send

Q 퀴즈 도전하기! この人はどうしてこのメールを送(おく)りましたか。（　　）

a　ホテルのサービスがよかったから　　b　チケットがなくなったから

c　今月またこのホテルに宿泊(しゅくはく)するから　　d　ホテルのファイルがほしいから

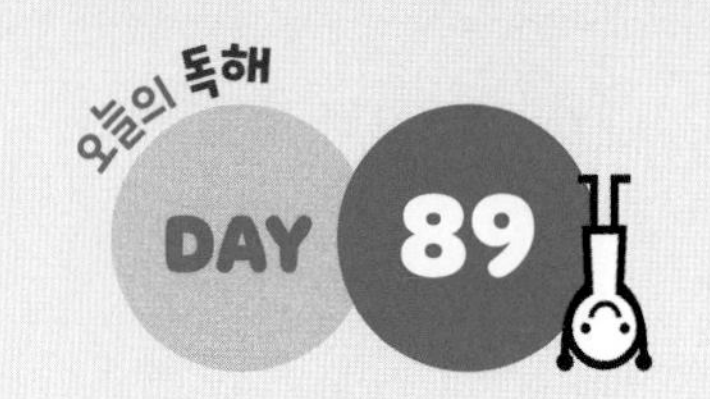

できた!

PICK UP

私たちの体に流れている血は、A型、B型、O型、AB型の4つです。自分の血液型を知らない人は少ないでしょう。では、どうしてC型ではなくて、O型なのでしょうか。

実は血液型の研究が始まったときは、A型、B型、C型の3つでした。後から、A型とB型の両方の性質があるAB型が見つかりました。するとC型は、「A型B型どちらの性質もない」という意味で、名前が「0(ゼロ)型」に変わりました。でも、「0(ゼロ)型」は「O(オー)型」と間違えられることが多くなってしまったので、専門家たちが相談して、1927年に「O(オー)型」と呼ぶことに決めたのです。

BLOOD TYPE

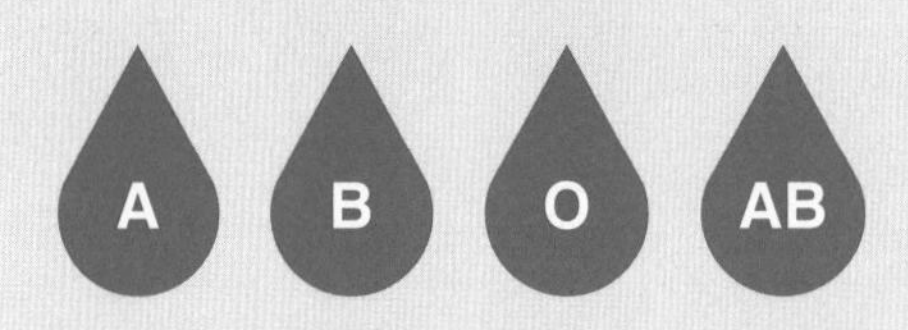

Q 퀴즈 도전하기! 何がどう変わりましたか。

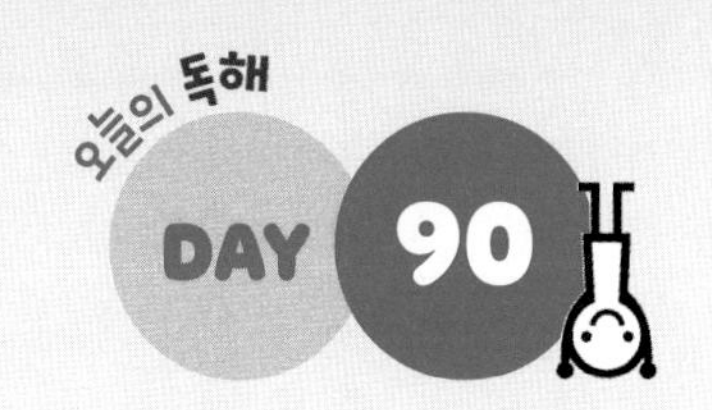

DAY 90

\できた！/

☐

PICK UP

　外国人に「日本でびっくりしたことは何ですか」と聞くと、「電車が時間ちょうどに来る」、「自動販売機（じどうはんばいき）がたくさんある」などのほかに、「ポケットティッシュを無料（むりょう）でくれる」と答（こた）える人が多い。日本では 1960 年の終（お）わりごろから多くの人に何かを知（し）らせたいときに、このやり方（かた）がよく使（つか）われている。ティッシュに入っているお知（し）らせを見て、近（ちか）くにできた店や、便利（べんり）なサービスなどの新（あたら）しい情報（じょうほう）を知（し）る人も多いだろう。インターネットを使（つか）えば、もっとかんたんに、そして安く、多くの人に情報（じょうほう）を伝（つた）えることができる。しかし、ポケットティッシュは使（つか）い終（お）わるまで何度（ど）も見るので、店の名前やサービスなどを覚（おぼ）えてもらいやすい。お金も時間もかかるが、効果（こうか）があるやり方（かた）なのだ。

Q1 퀴즈 도전하기! 　〇ですか。✕ですか。

① (　　　) 日本人がポケットティッシュを使（つか）うことにおどろく外国人が多い。

② (　　　) 日本では 1960 年ごろからポケットティッシュがよく使（つか）われている。

③ (　　　) 日本ではティッシュに入っているお知（し）らせを見て、新（あたら）しい情報（じょうほう）を知（し）る人もいる。

Q2 퀴즈 도전하기! 　どうしてポケットティッシュを無料（むりょう）でくれるのですか。　(　　　)

a　インターネットを使（つか）うよりかんたんだから

b　店の名前やサービスなどを覚（おぼ）えてもらいたいと思（おも）っているから

c　情報（じょうほう）を伝（つた）えるのにお金も時間もかからないから

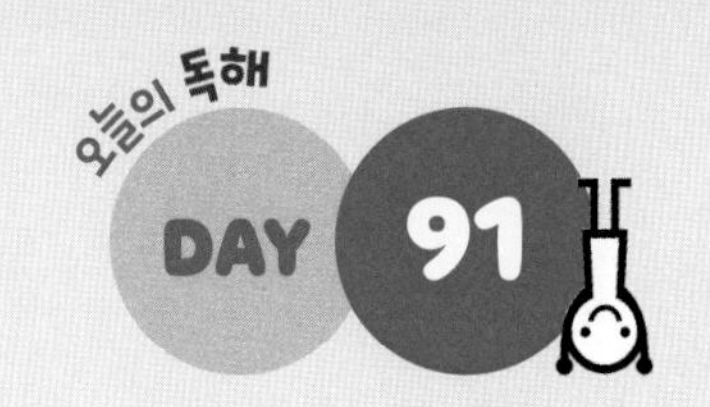

できた!

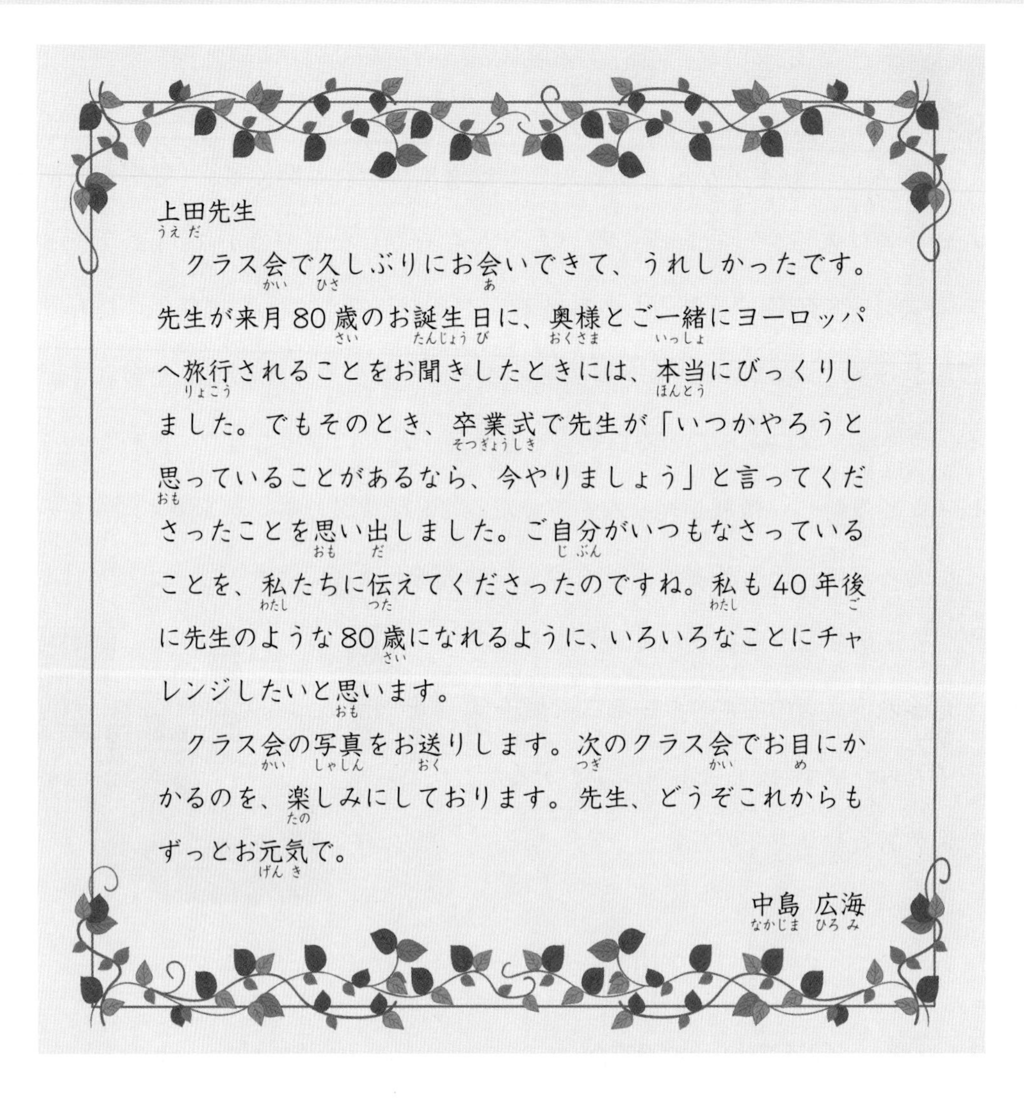

上田先生

　クラス会で久しぶりにお会いできて、うれしかったです。先生が来月80歳のお誕生日に、奥様とご一緒にヨーロッパへ旅行されることをお聞きしたときには、本当にびっくりしました。でもそのとき、卒業式で先生が「いつかやろうと思っていることがあるなら、今やりましょう」と言ってくださったことを思い出しました。ご自分がいつもなさっていることを、私たちに伝えてくださったのですね。私も40年後に先生のような80歳になれるように、いろいろなことにチャレンジしたいと思います。

　クラス会の写真をお送りします。次のクラス会でお目にかかるのを、楽しみにしております。先生、どうぞこれからもずっとお元気で。

中島 広海

Q1 퀴즈 도전하기! この手紙を書いた人は、今、何歳ですか。 ＿＿＿＿＿＿

Q2 퀴즈 도전하기! この人はどうして上田先生に手紙を書きましたか。 (　　)

a　来月先生の誕生日があるから

b　卒業式で先生がメッセージをくださったから

c　先生に写真を送りたかったから

d　次のクラス会でまた先生に会うから

오늘의 독해 DAY 92

\できた!/ □

TSUNAGU ONLINE SHOP　　キーワードから探す

スニーカーの店　てくてく　TSUNAGU NET SHOP 店

HASK 新モデル HH5205jskm

4,300 円 (税込)

大人気の HASK の最新モデルです !!

サイズ　27.5cm　　数　2

商品を注文する

『てくてく』の商品をご覧いただき、ありがとうございます。

- お支払いはクレジットカード払いかコンビニ払いかを選んでいただけます。
- 5,000 円以上のご注文で送料無料。4,999 円以下は送料が 800 円かかります。
- 商品はご注文から 3 ～ 5 日後にお送りします。(土日祝日は休業)
- 早送りサービス：＋ 500 円でご注文の次の日にお届けします。
- ご注文後は、ご連絡をいただいてもキャンセルをお受けできません。
- 商品の返品、交換は一週間以内にメールでお知らせください。

スニーカーの店　てくてく　東京都新宿区○○ 2-15-36 つなぐビル 3 F

TEL：03-1192-89XX ／ E メール：tekuteku_kutsu@HAXX.com

Q1 퀴즈 도전하기!　○ですか。×ですか。

① (　　　) この商品のお金の払い方は一つではない。

② (　　　) この商品は家に届く前なら、メールでキャンセルができる。

③ (　　　) 届いた商品があまりいいと思わなかったら、一週間以内に商品を店に返さなくてはいけない。

Q2 퀴즈 도전하기!　週末この商品を 1 足注文して、来週中に届けてもらいたいとき、全部でいくら払いますか。　＿＿＿＿＿＿

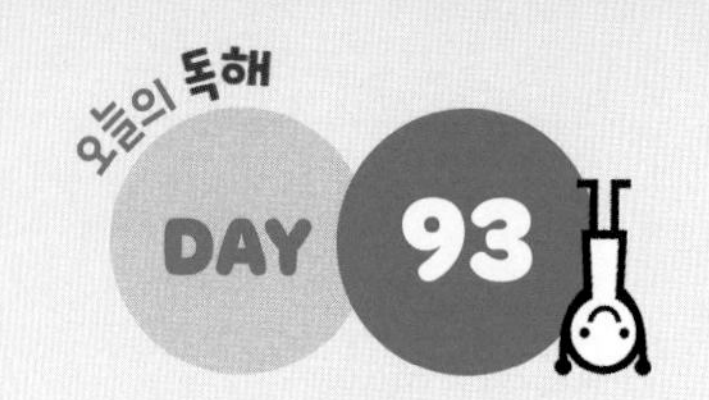

＼できた！／

☐

PICK UP

「しりとり」は子どもが大好きな遊びですが、大人になってからも楽しめて、頭の働きをよくするのです。遊び方を３つご紹介しましょう。

１つ目はテーマを決めておくやり方です。例えば「きれいなもの」とか、「食べられるもの」など、みんなの考えが同じではないテーマにすると、おもしろいです。

２つ目は「しりとり」の反対の「あたまとり」です。「しりとり」は、前の人が言った言葉の最後の文字から始まる言葉を言いますが、「あたまとり」はその反対で、前の人が言った言葉の最初の文字で終わる言葉を考えるのです。かんたんそうですが、やってみるととても難しいです。

最後は、上の２つをミックスした遊び方です。これを長い時間やっているとちょっと疲れますが、頭を使って遊ぶのは楽しいですから、ぜひやってみてください。

Q 퀴즈 도전하기! やってみましょう。

①しりとり：つくえ → ＿＿＿＿＿ → ＿＿＿＿＿

②しりとり (国の名前)：タイ → ＿＿＿＿＿ → ＿＿＿＿＿

③あたまとり：えいが → ＿＿＿＿＿ → ＿＿＿＿＿

④あたまとり (家にあるもの)：いす → ＿＿＿＿＿ → ＿＿＿＿＿

＼できた！／ ☐

PICK UP

去年の夏、私は急におなかが痛くなりました。熱も出たので病院へ行ったら、「食中毒」だと言われました。食中毒の原因は、肉や魚、野菜などについている「サルモネラ菌」などの細菌です。医者に「生ものは食べないように」と注意されて気をつけていました。それなのに、冬になってまたおなかが痛くなり、高熱が出ました。「また食中毒かな」と思って病院へ行くと、今度は「インフルエンザ」だと言われました。インフルエンザの原因は細菌ではなくて、ウイルスです。

細菌とウイルスは何がちがうのでしょうか。気になって調べてみました。すると、細菌は一つの細胞 (cell) でできている「生物」で、水や栄養があれば大きくなり、自分の体を半分に分けてどんどん増えることがわかりました。ウイルスは細胞を持っていませんが、DNA を持っています。動物の体に入ってその動物の細胞の中に自分の DNA を送り、自分のコピーを作って増えるのです。

細菌もウイルスも、人から人へうつって病気を広げます。よく手を洗ってうがいをして、体の中に入れないように気をつけて生活しましょう。

Q1 퀴즈 도전하기! 〇ですか。×ですか。

① (　　) 食中毒とインフルエンザの原因は同じではない。

② (　　) 細菌はほかの動物の体を半分に分けて増える。

③ (　　) ウィルスは動物の体の中で増えることができる。

Q2 퀴즈 도전하기! 細菌とウイルスの一番大きいちがいは何だと言っていますか。

오늘의 실전 독해

DAY 95

정보 검색 문제　＼できた！／ □

Q 퀴즈 도전하기！

家(いえ)の近(ちか)くのジムに通(かよ)いたいと思(おも)っています。マシントレーニングだけではなくて、ヨガもやりたいです。そして、水泳(すいえい)も習(なら)ってみたいです。毎月 15,000 円までで、平日(へいじつ)の夜(よる)か週末(しゅうまつ)に行くつもりですが、どのコースがいいですか。　(　　　)

a　プランＡ　　b　プランＢ　　c　プランＣ　　d　プランＤ

TSUNAGU スポーツジム 入会案内(にゅうかいあんない)

プラン	利用時間(りよう)	料金(りょうきん)	
A	平日(へいじつ)・週末(しゅうまつ) 10：00～23：00	20,000 円／月	いつでもしっかりトレーニングできます。
B	平日夜(へいじつよる) 18：00～23：00	10,000 円／月	お仕事(しごと)のあと、体(からだ)をうごかしましょう！
C	週末(しゅうまつ) 10：00～23：00	12,000 円／月	平日(へいじつ)はいそがしい方(かた)、週末(しゅうまつ)にどうぞ！
D	一か月２回(かい)まで (プランＡと同(おな)じ)	4,000 円／月	つづけられるか心配(しんぱい)な方(かた)、まずやってみましょう！

マシントレーニング　 水泳(すいえい)　エアロビクス　 ヨガ

오늘의 실전 독해

DAY 96

청독해 문제

Q 퀴즈 도전하기!

女の人と男の人がメモを見ながら、話しています。

どのメモを見ていますか。　(　　　)

a

伝言(でんごん)メモ

前田(まえだ)さん　　受付(うけつけ)：山川(やまかわ)

11月5日(木) PM2:00

人事部(じんじぶ)　花田(はなだ)さんが
書類(しょるい)を持(も)って来(こ)られました。
机(つくえ)の上に置(お)いてあります。

b

伝言(でんごん)メモ

前田(まえだ)さん　　受付(うけつけ)：山川(やまかわ)

11月5日(木) PM1:15

システム部(ぶ)　有田(ありた)さんから
連絡(れんらく)がありました。
来週(らいしゅう)のミーティングは木曜日の2時からです。

c

伝言(でんごん)メモ

前田(まえだ)さん　　受付(うけつけ)：山川(やまかわ)

11月5日(木) AM11:30

つなぐ社　上野(うえの)さまから
お電話がありました。
夕方(ゆうがた)もう一度(ど)お電話してくださいます。

d

伝言(でんごん)メモ

前田(まえだ)さん　　受付(うけつけ)：山川(やまかわ)

11月5日(木) PM3:25

HASK社　山口(やまぐち)さまから
お電話がありました。
明日(あした)お電話をお願(ねが)いいたします。

여덟 번째 챕터 끝!
어렵고 딱딱한 내용의 독해 지문도
좀 더 자신있게!

できた!

PICK UP

緊張

初めて何かするときや、おおぜいの人の前に立ったとき、また、大きい試験や試合の前になると、緊張してしまうときがあります。「うまくやりたい」
けん　しあい　　　　　　　　　　きんちょう

と思う気持ちが強いと、失敗したときのことを考えて心配になり、心も体も固
しっぱい　　　　　　　　　しんぱい　　　　　　　かた

くなってしまうのです。

よく緊張してしまう人は、まず、しっかり準備をしましょう。そうすれば、
きんちょう　　　　　　　　　　じゅんび

「準備したから、大丈夫」と思って、少し安心できます。それでも緊張したと
じゅんび　　　だいじょうぶ　　　　　　　　　　　　　　　　　きんちょう

きは、大きく息を吸ってゆっくり吐いてください。首と肩を回してみましょ
いき　す　　　　　　　は　　　　　　　くび　かた

う。少しリラックスできるはずです。「緊張するからやりたくない」と思わな
きんちょう

いで、どんどんやってみましょう。何回も緊張すると、緊張することに慣れ
きんちょう　　　きんちょう　　　　な

ます。「準備」と「リラックス」、そして「緊張に慣れる」、この3つのことが
じゅんび　　　　　　　　　　　　　　　きんちょう　な

できれば、気持ちはずいぶん楽になるでしょう。

Q1 퀴즈 도전하기! ○ですか。×ですか。

① (　　　) 緊張してしまうのは、「うまくやりたい」と強く思うからだ。

② (　　　) 緊張する前に、大きく息を吸ったり、体を動かしたりしておいたほうがいい。
きんちょう　　　　　　　いき　す　　　　　　からだ　うご

③ (　　　) 何回緊張しても、緊張することに慣れない。
きんちょう　　　きんちょう　　な

Q2 퀴즈 도전하기!

「緊張するからやりたくない」と思わないで、どんどんやってみたら、どうなりますか。

오늘의 독해

DAY 98

\できた!/ □

New message

Subject 健康セミナー スケジュール変更のお知らせ

HA社 朝田英一 11月5日(火) AM10：47 ☆

To tsunaguhotel@XXXX.com

安田 正 様

先日は健康セミナー(2日間コース)にお申し込みいただきまして、ありがとうございます。たいへん申し訳ないのですが、セミナーの内容がご案内していたものと少し変わりましたので、ご連絡いたしました。
2日目は以下のプログラムになりますので、ご確認くださいますようお願いいたします。
■変更前：ヨガ
■変更後：ストレッチ(テレビで大人気のマーク大島先生が担当してくださいます。)
※キャンセルについて
2日目をキャンセルなさる場合、セミナー参加費(￥10,000)の半額をお返しします。
11月30日(月)までにお電話かメールでご連絡ください。
よろしくお願いいたします。

HA社 健康セミナー担当 森

Send

Q1 퀴즈 도전하기! ○ですか。×ですか。

① (   ) セミナーの1日目はヨガ、2日目はストレッチの予定でした。

② (   ) セミナーは2日間の予定でしたが、1日になりました。

③ (   ) ヨガのレッスンはなくなって、ストレッチのレッスンになりました。

Q2 퀴즈 도전하기! 安田さんは2日目をキャンセルします。お金はどうなりますか。

＼できた！／ □

ビジネス日本語クラス　開講のお知らせ

「日本で就職したいけど、どうすればいいのかわからない」、「帰国して
しゅうしょく　　　　　　　　　　　　　　　　　　　　　　　　　　　　きこく
日本の会社に就職したいけど、心配だ」という声をよく聞きます。まだ
しゅうしょく　　　　しんぱい　　　こえ
就職の準備をしていない人は、来月から始まるビジネス日本語のクラス
しゅうしょく　じゅんび
にぜひ参加してください。

期間：5月12日～7月21日(毎週土曜日 午前10時～午後2時半)全10回

内容：ビジネス会話、ビジネスマナー、ビジネス文書の書き方、面接の
ないよう　　　　　　　　　　　　　　　　　　ぶんしょ　　　　　　めんせつ
練習など
れんしゅう

学費：20,000円　※前の学期にビジネス日本語クラスを受講した場合
がくひ　　　　　　　　　　がっき　　　　　　　　　　　　　　　じゅこう
は18,000円

申し込み：10月4日までに受付に申込書と学費を持って来てください。
もうこ　　　　　　　　　　　うけつけ　もうしこみしょ　がくひ

つなぐ日本語学校　事務局

Q1 퀴즈 도전하기!　このクラスで勉強したらいいのは、どの人ですか。　(　　)

a　日本の会社で働きながら、日本語学校で勉強している人

b　就職できる日本の会社を紹介してもらいたいと考えている人
しゅうしょく　　　　　　　　しょうかい

c　将来日本の会社で働こうと思っている人

Q2 퀴즈 도전하기!

初めてこのクラスで勉強したいと思っている人は、何をすればいいですか。

＼できた！／

☐

PICK UP

ペットロス

　生きている中で一番つらいことは、「大切な人」の死でしょう。それはペットが亡(な)くなったときも同じです。

　会社員のAさんは、12年間一緒(いっしょ)に生活した愛犬(あいけん)のココを事故(じこ)で亡(な)くしました。Aさんは仕事中にときどきココを思い出して泣(な)いてしまっていたのですが、「次のペットを飼(か)ったらどう？ 早く元気を出して」と同僚(どうりょう)に言われて、「泣(な)いてはいけない」と思ったそうです。Aさんはその日から眠(ねむ)れなくなって、どんどん体調(たいちょう)が悪くなってしまいました。でもある日、ペットの猫(ねこ)を病気で亡(な)くした友だちに会って、二人で泣(な)きながらペットのことを話したら、少し心が軽(かる)くなったそうです。そして、それからAさんはだんだん元気になりました。

　大切なペットが亡(な)くなって悲(かな)しくつらい気持ちになることを、「ペットロス」と言います。悲(かな)しい気持ちが強いと心の病気になり、そこから体の病気になってしまう人も少なくありません。ですから、ペットが亡(な)くなってしまったら、無理(むり)をしないで、ペットのことを温(あたた)かい気持ちで思い出せるようになるまで悲(かな)しむことが大切です。もし、近くにペットロスの人がいたら、何かをアドバイスするのではなく、一緒(いっしょ)に悲しんであげてください。

Q1 퀴즈 도전하기!　○ですか。×ですか。

① (　　　) Aさんは同僚(どうりょう)に「早く元気を出して」と言われて、うれしいと思いました。

② (　　　) 同じ気持ちの友だちと泣(な)きながら話して、Aさんは少し楽(らく)になりました。

③ (　　　) ペットロスになったら、ペットのことをできるだけ思い出さないほうがいいです。

Q2 퀴즈 도전하기!

どうしてAさんは眠(ねむ)れなくなって、どんどん体調(たいちょう)が悪くなってしまったのですか。

\できた！/
□

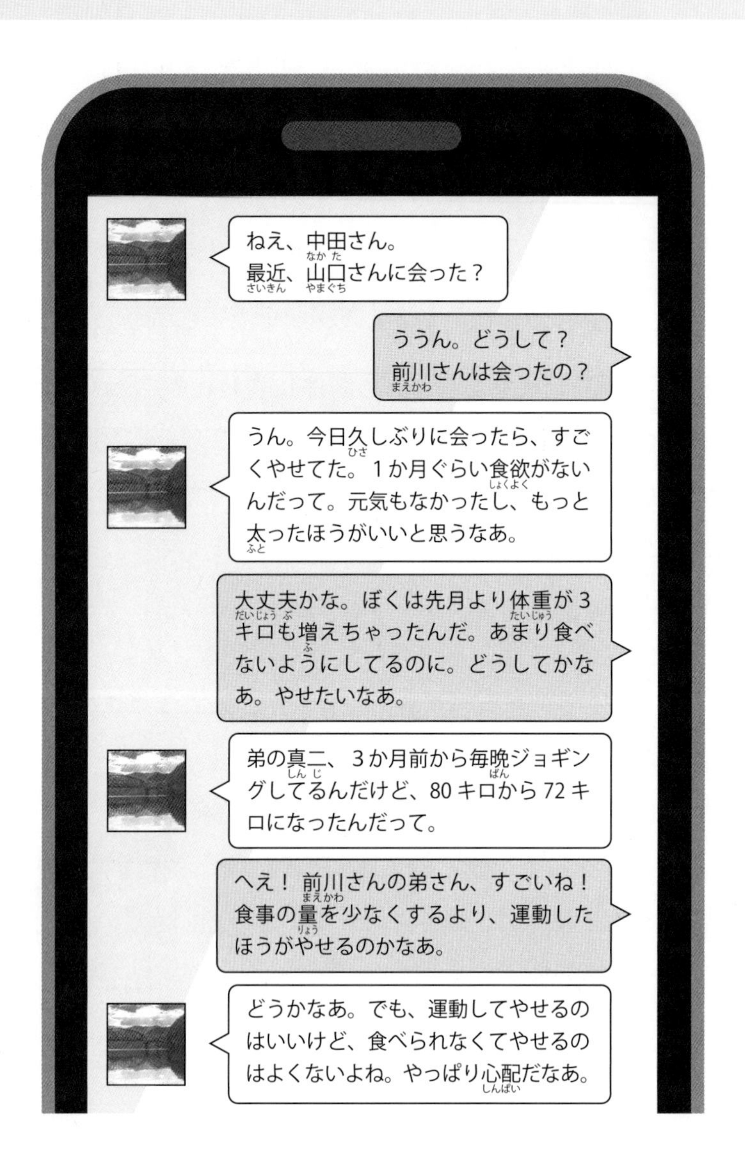

ねえ、中田さん。
最近、山口さんに会った？
ううん。どうして？
前川さんは会ったの？
うん。今日久しぶりに会ったら、すごくやせてた。１か月ぐらい食欲がないんだって。元気もなかったし、もっと太ったほうがいいと思うなあ。
大丈夫かな。ぼくは先月より体重が３キロも増えちゃったんだ。あまり食べないようにしてるのに。どうしてかなあ。やせたいなあ。
弟の真二、３か月前から毎晩ジョギングしてるんだけど、80キロから72キロになったんだって。
へえ！ 前川さんの弟さん、すごいね！ 食事の量を少なくするより、運動したほうがやせるのかなあ。
どうかなあ。でも、運動してやせるのはいいけど、食べられなくてやせるのはよくないよね。やっぱり心配だなあ。

Q1 퀴즈 도전하기! だれですか。

①山口さんに会った人 …… ____________

②最近やせた人 …… ____________

③あまり食べないようにしている人 …… ____________

Q2 퀴즈 도전하기! 「やっぱり心配だなあ」は、だれがだれを心配しているのですか。

____

＼できた！／
□

PICK UP

ライオンが逃げた！

2016年4月に、熊本県で大きい地震が起きた。みんなが心配しながら朝が来るのを待っているとき、SNSに「動物園からライオンが逃げた」という情報が出た。ライオンが夜の町を歩いている写真もあった。それを見た人たちはおどろいて、「ライオンが動物園から逃げたらしい！」、「気をつけて！」と、その情報を次々とほかの人に伝えた。すると、「ライオンを早く動物園に戻して！」、「助けに来て！」という電話が動物園と警察にたくさんかかってきて、本当にたいへんだったそうだ。

しかし、動物園がホームページで「逃げた動物はいません」と発表して、これはうそだとわかった。みんな「地震で困っているときに、こんなことをするのはひどい」と怒った。

その3か月後、このうそをSNSに出した男が警察につかまった。男はおもしろいと思って、やってしまったそうだ。もちろんこの男が一番悪いが、本当かどうかわからないSNSの情報を100%信じてほかの人に伝えた人がたくさんいたことも、この問題が大きくなった原因の一つだ。この事件はSNSのよくない使い方の例になってしまった。

Q1 퀴즈 도전하기！ ○ですか。×ですか。

① (　　) 地震のとき、動物園からライオンが逃げてしまいました。
② (　　) たくさんの人が逃げたライオンの写真を撮って、警察に電話をしました。
③ (　　) この情報を見て、ほかの人に伝えた人がたくさんいました。

Q2 퀴즈 도전하기！ どうしてこれがSNSのよくない使い方の例なのですか。

＼できた！／
☐

PICK UP

エアコン、どう使う？

　日本の夏は蒸し暑いので、一日中エアコンをつけたままにしたくなります。でも、エアコンをつけると電気代が高くなるので、部屋がすずしくなったら消して、暑くなったらつけるようにしているのではありませんか。また、暑くて寝られないので、２、３時間後にエアコンが消えるようにタイマーをセットしてベッドに入る人も多いでしょう。

　でも、実はつけたり消したりするよりつけたままにしたほうが、電気代は安くなるし、体にもいいそうです。エアコンは、部屋の温度をセットした温度に下げるまでの間、一番たくさん電気を使います。ですから、セットした温度が低ければ、電気を使う量は多くなります。つけたままにしたほうが部屋の温度が変わらないので、電気を使う量は少ないということなのです。また、エアコンをつけたまま寝たほうが、すずしくてよく寝られていいと言う医者もいます。

　今年の夏も暑くなりそうですが、このやり方で生活してみてはいかがでしょうか。

Q1 퀴즈 도전하기!　○ですか。×ですか。

① (　　　) 日本の夏は蒸し暑いので、エアコンをつけたり消したりしたほうがいい。

② (　　　) 38 度の部屋を 20 度にするときより 27 度にするときのほうが、電気代がかかる。

③ (　　　) 部屋の温度が変わらないようにすれば、電気を使う量が少なくていい。

Q2 퀴즈 도전하기!　「このやり方で生活してみてはいかがでしょうか」の「このやり方」は、どんなことですか。　(　　　)

a　一日中エアコンをつけたままにすること

b　暑い昼間はつけたり消したりすること

c　夜エアコンをつけないで寝ること

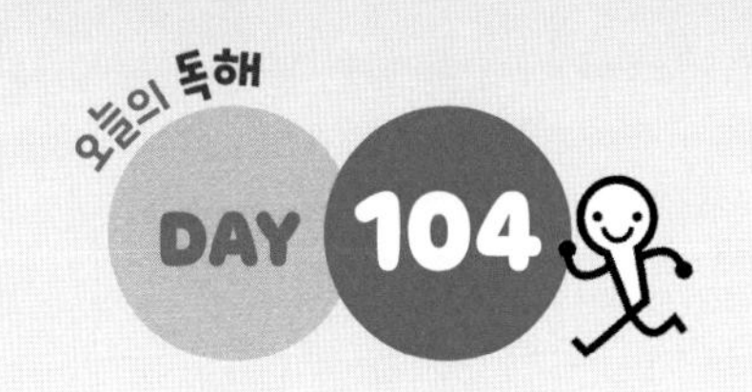

＼できた！／ ☐

PICK UP

つづけよう「朝活」！

あるアンケートによると、朝活をしたいと思っている人は全体の約70%、その中でやったことがある人は約45%でした。

「仕事が忙しくて自分の時間がないので、朝活を始めた。外国語の勉強をしているが、起きてすぐ勉強すると、よく覚えられると思う」(28歳／女性／店員)、「朝１時間ぐらい走ると、一日中体が軽くて、よく動ける」(19歳／男性／学生)、「前はネットのニュースをちょっと読むだけだったが、今は１時間かけて新聞を全部読んでいる。経済や政治だけではなく、いろいろな情報があって、おもしろい」(45歳／男性／会社経営者)など、時間を上手に使って朝活をしている人の意見を聞くと、朝活はとてもいいことだとわかります。

でも、朝活をした人の中で半年以上続けた人は、30%ほどでした。続けられない理由で一番多かったのは、「朝起きられないから」という答えでした。そんな人は、まず朝、決めた時間に起きることから始めてはどうでしょうか。

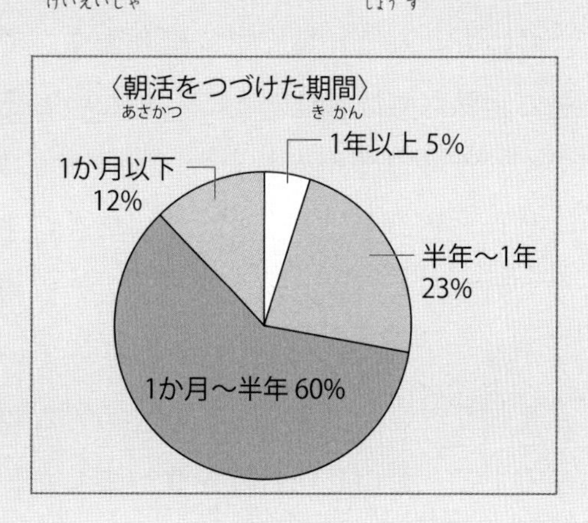

Q1 퀴즈 도전하기! 「朝活」とは何ですか。（　　）

a　朝、仕事や授業の前に、勉強したり運動したりすること
b　毎朝、決めた時間に起きること
c　一日の時間を上手に使うこと

Q2 퀴즈 도전하기! ○ですか。×ですか。

①（　　）朝活をしたいと思っていても、その中の半分ぐらいの人は始めていない。
②（　　）朝活を始めても、30%の人は続けられない。
③（　　）朝早く起きられなくて、朝活が始められない人が多い。

できた！ □

八人の真ん中

昔あるところに「彦一」という人がいました。彦一はとても頭がよくて、有名でした。ある日、殿様から「息子の誕生会をする。友だちを7人連れて城へ来なさい」という手紙が届きました。そこで彦一は友だちと一緒に殿様が住んでいる城へ行きました。

殿様は「彦一、よく来てくれたな。今日はたくさん食べなさい」と言いました。部屋においしそうな料理が運ばれて来ました。ところが、殿様は「彦一、一緒に来た友だちの真ん中に座りなさい。もちろん友だちのひざの上に座るのはだめだ。真ん中に座れなければ、料理は食べさせない」と言いました。友だちが8人なら彦一の左に4人、右にも4人で、真ん中に座れます。でも、今、友だちは7人です。真ん中はありません。友だちは料理が食べられないと思って、悲しくなりました。

でも、彦一は「かんたんなことです。みんな、私のとなりじゃなくて、まわりに座って」と言いました。そして、大きいまるの形に座っている7人の友だちの真ん中に座りました。殿様は「なるほど！ さすが彦一！ 友だちの真ん中に座っているな。よし、たくさん食べなさい」と言いました。みんなはおなかがいっぱいになるまで、おいしい料理を食べました。

Q1 퀴즈 도전하기! この話はどんな順番ですか。 (　　) → (　　) → (　　) → (　　)

a 彦一と友だちはおいしい料理をたくさん食べました。

b 殿様は彦一に難しい問題を出しました。

c 彦一は殿様に招待されて友だちと一緒に城へ行きました。

d 彦一は殿様が出した問題に答えることができました。

Q2 퀴즈 도전하기! 彦一たちはどのように座りましたか。絵を描いて説明してください。

＼できた！／ □

みどり市には
おいしい肉や野菜が
いっぱいあるよ！

会場：さくら公園

青空マーケット
青空レストラン
P

7月24日(土) 25日(日)
9：00～16：00

青空マーケット(駐車場となり)

みどり市の野菜と肉のマーケット。
安いですよ！

青空レストラン(噴水前)

みどり市の野菜と肉で作る
和食やいろいろな国の料理を
めしあがっていただけます。

お問い合わせ：**みどり市農政課**
TEL 06-3102-XXXX

青空マーケットは地産地消を楽しむイベントです。地産地消とは、その町で作られた野菜や肉などをその町に住んでいる人が食べることです。新鮮なものが安く買えるし、どんな人がどうやって作ったのかわかるので、とても安心です。家族には安全なものを食べさせたいですよね。私たちの町で作られたものをおいしくいただきましょう。

Q1 퀴즈 도전하기! これはどんなイベントですか。　(　　　)

a　安くておいしい外国の肉や野菜を買ったり食べたりできるイベント

b　町で作った肉や野菜などを町の人が食べるイベント

c　みどり市のスーパーやレストランを紹介するイベント

Q2 퀴즈 도전하기! 地産地消には、どんないいことがありますか。

・＿＿＿＿＿＿＿＿＿＿＿＿＿＿＿＿＿＿

・＿＿＿＿＿＿＿＿＿＿＿＿＿＿＿＿＿＿

정보 검색 문제

できた！

Q 퀴즈 도전하기!

みどり公園の前でポスターを見ました。コンサートは１時間後に始まるようなので、行ってみたいと思います。まず何をすればいいですか。　(　　　)

a　チケットを買う。　　b　チケットをもらう。

c　会場の入口へ行く。　　d　会場に入る。

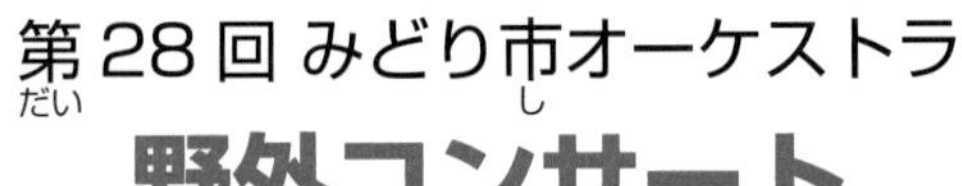

野外コンサート

～ 春の風の中で音楽を楽しみましょう ～

●5月10日(日)
午後2時～

●みどり公園
野外ステージ

・当日午前11時から午後12時まで公園事務所でチケットを配ります。
・チケットをお持ちの方は1時から順番にご入場いただけます。
・チケットをお持ちでない方は、会場入り口に並んでお待ちください。
・会場は120席ですので、早めにいらっしゃってください。

\できた!/

청독해 문제 □

Q 퀴즈 도전하기!

음원 듣기-09

女の人と男の人がプレゼンテーションの資料(しりょう)を見ながら話しています。女の人はこの後、どの部分を直(なお)しますか。　(　　)

a　商品(しょうひん)の写真
b　会場に来た人の数(かず)のグラフ
c　アンケートの答え
d　お客様(きゃくさま)が会場に来た時間と人数(にんずう)のグラフ

新商品発表(しんしょうひんはっぴょう)イベント報告(ほうこく)

■商品(しょうひん)「ジュエリー」シリーズ

■来場者(らいじょうしゃ)　253人

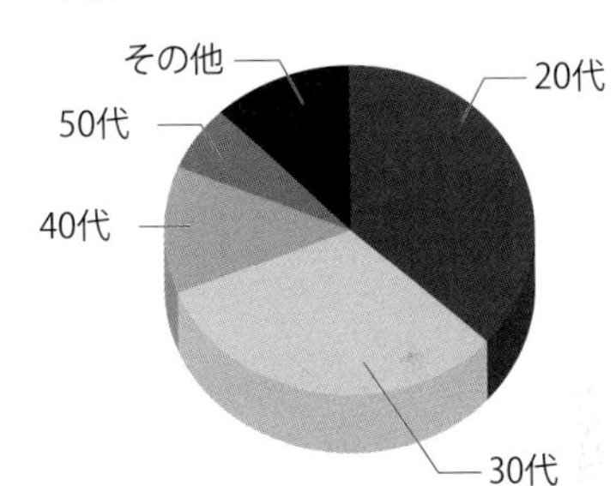

■アンケートの答え

①会場は便利(べんり)な場所だった。
②商品(しょうひん)の説明(せつめい)をゆっくり聞けた。
③商品(しょうひん)についてよくわかった。
④商品(しょうひん)を使いたいと思った。

■お客様(きゃくさま)が来場(らいじょう)した時間と人数(にんずう)

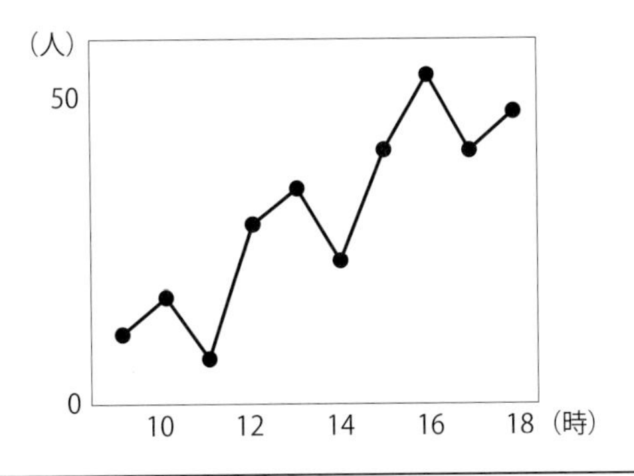

아홉 번째 챕터 끝!
마지막 챕터까지 조금만 더 화이팅!

＼できた！／ □

長距離バスご利用案内
ちょうきょり　　　　　りようあんない

●乗車券のご予約・ご購入
じょうしゃけん　よやく　こうにゅう

・ご乗車の1か月前から、バスセンター・コンビニ・インターネットでご予約いただけます。
じょうしゃ　　　　　　　　　　　　　　　　　　　　　　　　　　　　　　　　　　　　　　　よやく

・インターネットで予約された乗車券は、予約された日から3日以内にクレジットカードま
よやく　じょうしゃけん　　よやく　　ひ　　　　　いない
たはコンビニで、料金をお支払いください。期限を過ぎたら、キャンセルになります。

●乗車券の変更・キャンセル
じょうしゃけん　へんこう

・バスの出発時間前なら、予約の変更ができます。インターネットかバスセンターでお手続
しゅっぱつ　　　　　　よやく　へんこう　　　　　　　　　　　　　　　　　　　　　　　　　　　てつづ
きください。お電話でのご連絡はお受けできません。

・出発時間30分前までキャンセルをお受けします。その場合、出発予定日の2日前からキャ
しゅっぱつ　　　　　　　　　　　　　　う　　　　　　　　　　しゅっぱつよていび
ンセル料をいただきます。
りょう

（2日前：料金の10%、前日：20%、当日：30%）
ぜんじつ　　　　　とうじつ

・出発時間30分前を過ぎた場合、キャンセルはできませんので、ご注意ください。
しゅっぱつ　　　　　　　す

●バス走行前および走行中のご注意
そうこうまえ　　　　そうこうちゅう

・安全のため車内の通路にお荷物を置かないようお願いいたします。大きいお荷物はバス床
しゃない　つうろ　にもつ　お　　　　ねが　　　　　　　　　　　　にもつ　　　　ゆか
下のトランクルームをご利用ください。（お預かりするお荷物はお一人一つまで）
した　　　　　　　　　りょう　　　　　　あず　　　　にもつ

・走行中は必ずシートベルトをご着用ください。
そうこうちゅう　かなら　　　　　　　　　ちゃくよう

・車内は禁煙です。
しゃない　きんえん

・携帯電話はマナーモードに設定し、通話はご遠慮ください。
けいたいでんわ　　　　　　　　　せってい　つうわ　えんりょ

Q 퀴즈 도전하기！

この長距離バスでできることには○、できないことには×をつけてください。

①（　　）8月12日のバスを、7月2日に予約する。

②（　　）10月3日に予約したチケットの料金を10月10日にバスセンターで払う。

③（　　）1時半のバスに間に合わないから、1時20分にネットで2時のバスに変更する。

④（　　）大きい荷物は席の近くに置かないで、預かってもらう。
にもつ　せき　　　　　お　　　　　あず

⑤（　　）バスの中ではマナーモードにして、家族に電話をかける。

＼できた！／ □

PICK UP

顔文字　絵文字

　日本で顔文字や絵文字が使われるようになって、30年以上になる。いろいろなデザインがあって、文字だけでは伝えにくいことがあってもこれを使えばかんたんだ。例えば、「Aさんは行かないんだって」という文は「Aさんが行かない」ことを伝えるだけだが、

「AさんはTかないんだってΣ(°Д°；)」
「Aさんは行かないんだってヾ(*｀Д´*)ノ"」
「Aさんは行かないんだって😟」
「Aさんは行かないんだって😁」

これなら、文字で書いていないこともよくわかる。家族や友だちなどへのメッセージには、自分の気持ちをもっとよくわかってもらえるように顔文字や絵文字を使う人が多い。

　では、ビジネスのときはどうだろうか。あるアンケートでは、「使ったほうがいい」「使ってもいい」という意見のほうが、反対の意見よりも多かったそうだ。しかし、「ビジネスの連絡に顔文字は合わない」と考える人も少なくないので、使わないほうがいいかもしれない。

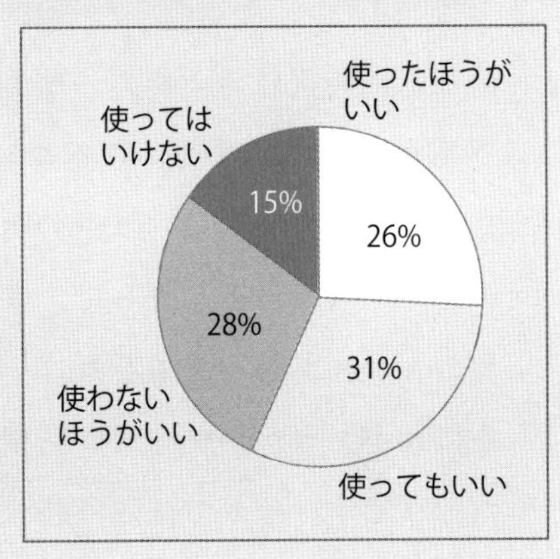

Q1 퀴즈 도전하기!

筆者は顔文字や絵文字でどんなことが伝えられると言っていますか。　（　　　）

a　自分の考え　　b　自分の気持ち　　c　自分の意見

Q2 퀴즈 도전하기!

①筆者は、仕事のメールに顔文字や絵文字を使うことをどう考えていますか。

---

②それはどうしてですか。

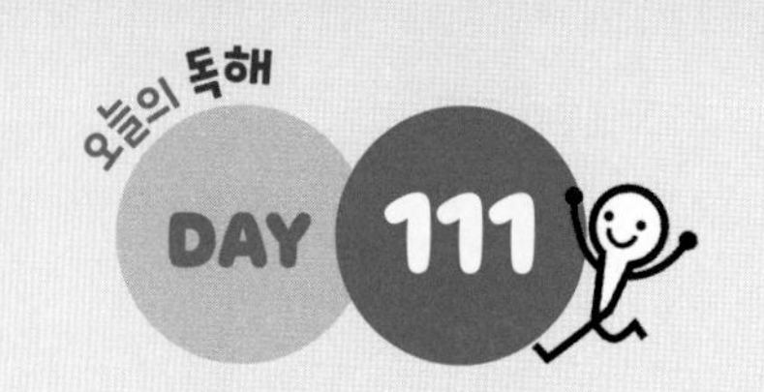

\できた！/
□

PICK UP

江戸時代(えどじだい)のファストフード

　ハンバーガーやチキンなど、値段(ねだん)が安くて忙(いそが)しいときにさっと食べられるファストフードはとても便利(べんり)なものです。実(じつ)は日本には350年ぐらい前の江戸時代(えどじだい)からファストフードがありました。それはすしとそばと天ぷらです。「すしは高いのにファストフード？」と思うかもしれませんが、昔(むかし)、江戸(えど)の町（今の東京）では近くの海でたくさん魚がとれたので、すしの値段(ねだん)はとても安くて、今の物価(ぶっか)にすると、コンビニのおにぎりと同じぐらいだったそうです。大きさも今のすし2つ分ぐらいで、おにぎりと同じぐらいだったようです。天ぷらは今のものと形がちがって、魚を串(くし)にさして油(あぶら)であげていたそうです。そばはしょう油(ゆ)で作ったつゆで食べることが多いですが、江戸時代(えどじだい)はみそ味(あじ)のつゆもありました。

　どうして江戸時代(えどじだい)にファストフードがあったのでしょうか。理由(りゆう)の一つは、江戸(えど)の町で大きい火事があったことです。この火事で町がほとんど焼(や)けてしまって、家を建てたり修理(しゅうり)したりするために遠(とお)くの町から男の人がおおぜい来ました。一人暮(ぐ)らしの場合(ばあい)、自分で料理するより外で食べるほうがお金がかからないし便利(べんり)なので、そばやすしを店で食べる人が多かったそうです。それで、江戸時代(えどじだい)に店が増(ふ)えて、町の人たちもファストフードをよく利用(りよう)するようになりました。

Q1 퀴즈 도전하기!　○ですか。×ですか。

① (　　　) 日本では、江戸時代(えどじだい)からファストフードがありました。

② (　　　) 今のファストフードと江戸時代(えどじだい)のファストフードは、変(か)わっていません。

③ (　　　) 火事で家がなくなった男の人たちは、江戸(えど)から遠(とお)くの町へ家を建てに行きました。

Q2 퀴즈 도전하기!　どうして江戸時代(えどじだい)にそばやすしなどの店が増(ふ)えたのですか。

できた！ ☐

トップ > ニュース > 記事

来年夏、みやま市にショッピングセンター

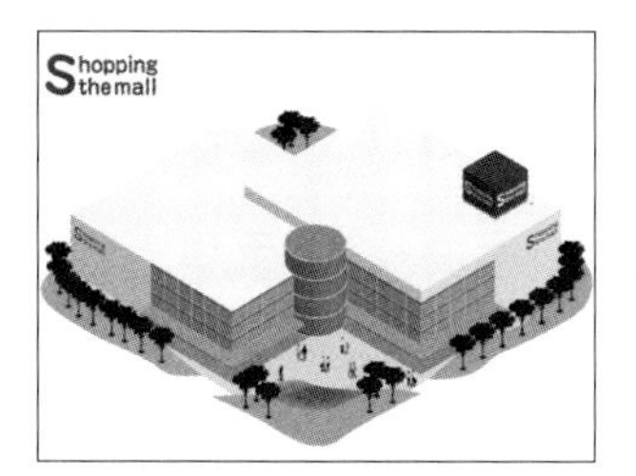

HASK グループは今月８日、みやま市にショッピングセンター「HASK ショッピング MALL みやま公園店」を来年７月にオープンすると発表した。

みやま市は「人が集まる町・みやま」を目標にして、３年前にみやま公園の近くに「みやま公園駅」を作った。その後、駅前にマンションが多く建てられ、人口が増えている。しかし、住民からは「みやま市には小さいスーパーしかないので、買い物が不便だ」という声が上がっていた。また、みやま公園はさくらの名所だが、公園の近くに食事や買い物ができる店があまりないため、観光客が少ない。みやま市も「大型ショッピングセンターがオープンすれば、観光客が増えるかもしれない」と考えている。

HASK グループは「みやま市のみなさまの生活がもっと便利で楽しくなるように、明るい店にしたい。市外からも多くの方に来ていただけたら」と話している。

Q1 퀴즈 도전하기! 〇ですか。×ですか。

① (　　　) みやま公園の近くには、３年前まで駅がなかった。

② (　　　) みやま市には、スーパーマーケットがない。

③ (　　　) 今みやま公園の近くには、たくさんの人が住んでいる。

Q2 퀴즈 도전하기!

新しいショッピングモールがオープンしたら、何がどう変わると考えられていますか。

・＿＿＿＿＿＿＿＿＿＿＿＿＿＿＿＿＿＿＿＿

・＿＿＿＿＿＿＿＿＿＿＿＿＿＿＿＿＿＿＿＿

＼できた！／ □

PICK UP

心理的リアクタンス

「やるなと言われたら、やりたくなった」、「やろうと思っていたのに、やれと言われたら、やる気がなくなった」、こんな経験はありませんか。このような心の動きを「心理的リアクタンス」と言います。言われなければ何とも思わなかったことなのに、「してはいけない」と言われると、「どうして止められたんだろう。それをやったら、どうなるんだろう。やってみたい」という気持ちが起きます。「やれ」と言われたら、「この人に私がやることを決められたくない」といやな気持ちになります。ですから、人に何か頼んだり注意したりするときには、心理的リアクタンスが起きないように、言い方に気をつけましょう。

また、「ない」と言われたら、急にほしくなるときがありますが、これも心理的リアクタンスです。例えば、店員に「〇〇は売り切れました」と言われたら、急にそれが食べたくなったり、「〇〇が買えるのは月末までです」と聞いて、ほしくなかったのに買ってしまったりしたことがあるでしょう。そんなとき、心理的リアクタンスのことを思い出して、本当に必要かどうかをよく考えてみるようにすれば、むだなものは買わなくなるかもしれません。

Q1 퀴즈 도전하기! 〇ですか。×ですか。

① (　　　) 「心理的リアクタンス」は人の心の動きだ。

② (　　　) 人間はほかの人から何か言われたら、それをしなければならないと思う。

③ (　　　) 買い物のときにも、心理的リアクタンスが起きることがある。

Q2 퀴즈 도전하기! 「心理的リアクタンス」の例はどれですか。 (　　　)

a 彼女と結婚したいと言ったら、親に反対された。ぜったいに結婚しようと思う。
かのじょ けっこん　　　　　　　おや はんたい　　　　　　　　　けっこん

b アパートの家賃が20,000円高くなると大家に言われた。払えないので引っ越すつもりだ。
やちん　　　　　　　　　　おおや　　　　　はら　　　　　　ひ こ

c 明日友だちがスキーに行く。でも私は寒いのがきらいだから、行かない。

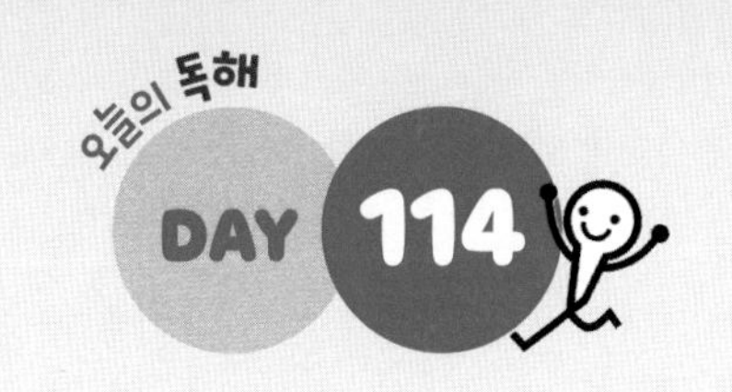

できた！ □

【おもしろい話】 京都(きょうと)のかえると大阪(おおさか)のかえる

むかしむかし、京都(きょうと)に一匹(ぴき)のカエルがいました。ずっと京都(きょうと)に住んでいるので、ほかの所を見たいと思っていましたが、ある日、大阪(おおさか)はにぎやかですばらしい所だと聞いて、行ってみることにしました。

ところで、大阪(おおさか)にも一匹(ぴき)のカエルがいました。ずっと大阪(おおさか)に住んでいるので、ほかの所を見たいと思っていましたが、ある日、京都(きょうと)はきれいですばらしい所だと聞いて、行ってみることにしました。

この二匹(ひき)のカエルは、京都(きょうと)と大阪(おおさか)の間にある天王山(てんのうざん)の一番上で出会(であ)いました。「こんにちは。どこへ行くんですか」と京都(きょうと)のカエルが聞きました。「京都(きょうと)です」と大阪(おおさか)のカエルが言いました。それを聞いて京都(きょうと)のカエルは「やめたほうがいい。京都(きょうと)はつまらない所です。だから私は大阪(おおさか)へ行くんです」と言いました。すると、大阪(おおさか)のカエルが「大阪(おおさか)？ 何もない所ですよ。ちょっと見てみたらどうですか。立ち上がるとここからよく見えますよ」と言ったので、京都(きょうと)のカエルは立ち上がって見てみました。「本当(ほんとう)だ。大阪(おおさか)は京都(きょうと)と同じですね」。大阪(おおさか)のカエルも立ち上がって見てみました。「京都(きょうと)も大阪(おおさか)とちがいませんね。それなら行っても意味(いみ)がない。帰りましょう」。二匹(ひき)のカエルは山を下りて自分の町へ帰って行きました。

でも、山の上で二匹(ひき)のカエルが見たのは、実(じつ)は自分たちの町だったのです。カエルの目は頭(あたま)の上にありますから。

Q 퀴즈 도전하기! この話はどうして「おもしろい話」なのですか。（　　）

a　自分の町を見ていることに気がつかなかったから

b　自分が住んでいる町を悪く言ったから

c　小さいカエルが高い山に登ったから

d　カエルが立ち上がるのはめずらしいことだから

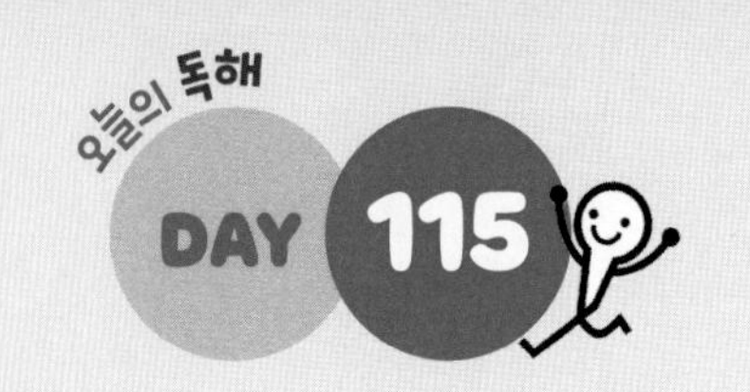

\できた!/ □

『外国語学習と翻訳機』

高田　空

　人工知能（AI）の研究が進んで、私たちの生活はどんどん便利になってきました。将来はきっとすばらしい翻訳機ができるから、外国語を勉強しなくてもよくなるだろうと考える人も少なくないようです。今も、人が話した言葉を外国語に翻訳して文字と音が出る機械が、あまり高くない値段で売られています。

　しかし、本当に外国語の勉強は必要なくなるのでしょうか。例えば、外国へ一週間ぐらい旅行しているときに、道を聞いたり、おすすめの料理を教えてもらったりするだけなら、翻訳機は便利だと思います。でも、外国人の友だちと一緒に出かけたり、仕事で会議に出席するときなどはどうでしょうか。考えてみてください。機械に何かを話して、それを機械が通訳する。それを聞いた相手も機械に何かを話して、今度はこちらが機械から出てきた音を聞く…。これはコミュニケーションでしょうか。それに、自分が言いたいことを機械が正しく翻訳してくれたかどうか、確認することもできないのです。

　本当に言いたいことや気持ちを伝えるためには、自分の口から話すべきなのではないでしょうか。機械(きかい)はすばらしいものですが、人間(にんげん)にしかできないこともあると思います。

Q1 퀴즈 도전하기! 筆者(ひっしゃ)の考えに合っているのはどれですか。（　　）

a 便利(べんり)な翻訳機(ほんやくき)が売られているので、外国語の勉強は必要(ひつよう)ない。

b 仕事でコミュニケーションをとるとき、翻訳機(ほんやくき)を使ったほうがいい。

c 機械(きかい)が翻訳(ほんやく)した場合、正しくないかもしれないので心配(しんぱい)だ。

Q2 퀴즈 도전하기! どうして「自分の口から話すべきだ」と言っているのですか。

\できた!/ □

PICK UP

　日本は安全な国だとよく言われますが、本当(ほんとう)にそうでしょうか。ある調査(ちょうさ)によると、「最近(さいきん)日本は安全ではなくなってきたと思う」と答えた人は全体の60%でした。また、別(べつ)の調査(ちょうさ)では、90%以上の人が「防犯(ぼうはん)カメラをもっと増(ふ)やしたほうがいい」と考えていることもわかりました。

　2000年ごろから、日本では町の中、病院、銀行、公園、店、マンションなど、いろいろな場所に防犯(ぼうはん)カメラが置(お)かれるようになってきました。防犯(ぼうはん)カメラを置(お)く目的(もくてき)の一つは、犯罪(はんざい)をやめさせることです。悪いことをしようと思っていても、防犯(ぼうはん)カメラを見つけて、それをやめる場合もあるのです。ですから、防犯(ぼうはん)カメラがあれば、安心する人も多いのでしょう。しかし反対(はんたい)に、「防犯(ぼうはん)カメラがあちこちにあると、いつだれとどこで何をしていたのかを、ほかの人に知られてしまう」と心配(しんぱい)する人も少なくありません。悪いことをしていなくても、自分のことをほかの人に知られたくないという考えもあるのです。みんなが安心して暮(く)らせるようにするためにどうすればいいか、考えなければなりません。

Q1 퀴즈 도전하기! ○ですか。×ですか。

① (　　) 日本は今より前のほうが安全だったと考える人が多い。

② (　　) 多くの人が日本は防犯(ぼうはん)カメラが足(た)りていると思っている。

③ (　　) 防犯(ぼうはん)カメラがあれば、悪いことをする人が少なくなると考えられている。

Q2 퀴즈 도전하기! どうして防犯(ぼうはん)カメラを置(お)くことに反対(はんたい)する人がいるのですか。

\できた!/
□

ガス器具安全点検のお知らせ
きぐあんぜんてんけん

TGS つなぐガス サービスセンター

207号室　山口　様
ごうしつ　やまぐち　さま

つなぐガスサービスでは、お客様(きゃくさま)にガスを安全にお使いいただくために、ガス器具(きぐ)の点検(てんけん)にうかがいます。下記(かき)の日時に担当者(たんとうしゃ)がお客様(きゃくさま)のお宅(たく)に入らせていただいてガス器具(きぐ)を拝見(はいけん)しますので、お忙(いそが)しいとは思いますがご自宅(じたく)にいてくださいますよう、よろしくお願(ねが)いいたします。

10月25日(木)午前9時～午後12時

※点検(てんけん)は15分ほどで終わります。この点検(てんけん)は無料(むりょう)です。
※別(べつ)の日に変更(へんこう)できます。ご希望(きぼう)の日時をサービスセンターにご連絡(れんらく)ください。

つなぐガス サービスセンター(安全点検担当)
あんぜんてんけんたんとう
0120-111-XXXX
【当社(とうしゃ)ホームページ】http//:www.tsunagugas.com

Q1 퀴즈 도전하기! ○ですか。×ですか。

① (　　)10月25日の午前中、山口(やまぐち)さんは家にいなくてはいけない。

② (　　)ガスが安全に使えるように、山口(やまぐち)さんが点検(てんけん)しなくてはいけない。

③ (　　)この点検(てんけん)には3時間ぐらいかかる。

Q2 퀴즈 도전하기! だれがどこで何をしますか。

できた！ □

日本初の国際人　ジョン万次郎
はつ　こくさいじん　　まんじろう

1841年1月、土佐（今の高知県）の海で魚をとっていた船が、強い風で500キロも流され、無人島に着いた。船から降りた5人は雨水を飲んだり魚や鳥を食べたりして、助けが来るのを待っていた。そして5か月後にアメリカの船がその島に来て、5人は助けられた。しかし、そのとき日本には「日本人が外国へ行ってはいけない。外国人が日本に入ってもいけない」というきまりがあったため、船長は日本ではなくハワイで5人を船から降ろした。

ところが、14歳の万次郎は船の中で少し英語を覚えて、「アメリカに連れて行って」と船長にたのんだ。万次郎は船長に「ジョン・マン」という名前をつけてもらって、そのまま船に乗ってアメリカへ行き、船長の家に住むことになった。そして、学校にも通わせてもらった。万次郎はいっしょうけんめいに勉強して、英語が話せるようになった。大学を卒業してからは、船に乗って世界中の海で鯨をとる仕事をした。そして1850年に自分の船を買って、それに乗って日本に帰った。

帰国した万次郎は、長崎で1年半の間、アメリカで何をしたかを調べられたが、1852年に家に帰ることができた。そして英語の教師になった。

しかしその次の年、万次郎は江戸（今の東京）に呼ばれた。アメリカから黒船と呼ばれる船が来たので、通訳をすることになったのだ。その後も、万次郎は大学で英語を教えるなど、72歳で土佐で亡くなるまで国のためにいろいろな仕事をした。

Q 퀴즈 도전하기! 万次郎が生活した場所はどこですか。順番に書いてください。
まんじろう　せいかつ　　　　　　　　　　じゅんばん

土佐 → （　　　　）→（　　　　）→（　　　　）→（　　　　）
とさ

→（　　　　）→ 土佐
とさ

できた！

정보 검색 문제

Q 퀴즈 도전하기！

今日は一日、「日本の料理」セミナーに参加します。「日本料理を作る」の講座には申し込んでありますが、ほかに受ける講座は会場に行ってから決めるつもりです。10時10分に会場に着きました。これから参加できるのはどれですか。

(　　　)

a 「日本料理と健康」　　b 「江戸時代の料理」

c 「日本料理の歴史」　　d 「日本料理を作る」

「日本の料理」セミナー

プログラム

A会場	B会場
「日本料理と健康」 **10：15～11：00** 和食が体にいい理由を知りましょう。 お話は料理研究家の青木花先生です。 ※前日までに申し込んでください。	**「正月料理の意味」** **10：00～11：00** 正月に食べる料理一つひとつの意味を知りましょう。 ※途中からは入れません。
「江戸時代の料理」 **11：15～13：00** 今から200年ほど前の料理を食べてみましょう。 ※午前9時から10時まで受付でチケットを配ります(30名)。チケットがないと、参加できません	**「日本料理の歴史」** **11：30～13：15** 日本ではどんな料理が食べられてきたのか、知りましょう。
「日本料理クイズ」 **14：30～16：00** クイズを楽しみながら、日本の料理を知りましょう。プレゼントもあります！	**「日本料理を作る」** **13：30～16：30** かんたんな日本料理を作ってみましょう。 ※前日までに申し込んでください。

\できた！/

청독해 문제

Q 퀴즈 도전하기！

女の人と男の人が本屋で本の紹介(しょうかい)を読みながら、話しています。
女の人はどの本を買いますか。　(　　　)

음원 듣기-10

a

『うちの楽しい家族』

著者(ちょしゃ)：山下高太郎(やましたこうたろう)

今年一番おもしろい本！
笑(わら)って、すっきりしましょう！

b

『朝のしずかな海』

著者(ちょしゃ)：大森有一(おおもりゆういち)

読んだら、あなたも泣(な)いてしまうでしょう。そして、心があたたかくなります。

c

『このプレゼントをあげる』

著者(ちょしゃ)：前川春(まえかわはる)

楽しいパーティーにだれも知らない人が一人…。この男はだれ？
ちょっとこわい話です。

d

『約束(やくそく)したのに』

著者(ちょしゃ)：小山(こやま)なおこ

サッカー選手(せんしゅ)になるのが夢(ゆめ)だった…。16歳(さい)で死んでしまった大切な息子(むすこ)・ノゾミの物語。

마지막 챕터까지 모두 클리어!
앞으로 어떤 독해 지문을 봐도
두렵지 않을 거예요!

학습자와 선생님을 위한 **부가자료**

- 문형 셀프 체크 리스트
- 어휘 셀프 체크 리스트
- 이 교재를 사용하시는 선생님들께
- 사용 문형·단어·표현 리스트 (교사용)

포인트만 쏙쏙 문형 셀프 체크 리스트

➔ 녹색 표시 문형은 퀴즈를 풀 때 꼭 필요한 문형

Day	페이지	문형	
Day 2-1	p. 10	☑ AはBです	A는 B입니다
Day 2-2	p. 11	□ Aは何 (%) ですか	A는 몇 퍼센트(%)입니까
		□ Aは何度 (℃) ですか	A는 몇 도(℃)입니까
Day 3	p. 12	□ Aの【位置】はBです	A의【위치】는 B입니다
		□ どの人ですか	어느 나라 사람입니까?
Day 4	p. 13	□ AのB (所属)	A는 B(소속)
		□ AはBです	A는 B입니다
		□【国】から来ました	【국가】에서 왔습니다
Day 5	p. 14	□ AはBです	A는 B입니다
		□ でも、～	하지만, ~
		□ AのB	A의 B
		□ ～ね	~네, ~구나
		□ ～よ	~야, ~어
Day 6	p. 15	□ Aは【国】から【国】へ来ました	A는【국가】에서【국가】에 왔습니다
		□【年】に来ました	【연도】에 왔습니다
		□【国】にAがあります	【국가】에 A가 있습니다
		□【国】にどんなAがありますか	【국가】에 어떤 A가 있습니까?
Day 7	p. 16	□ 全部でいくらですか	전부 얼마입니까?
Day 8	p. 17	□ Aの【位置】です	A의【위치】입니다
		□ Aはどこですか	A는 어디입니까?
		□ 今、どこですか	지금 어디입니까?
Day 9	p. 18	□ このAは～ですか	이 A는 ~입니까?
		□ AのB (所有)	A의 B(소유)
		□【い形容詞】の	【い형용사】의
		□ それはAです	그것은 A입니다
		□ だれですか	누구세요?
		□ AとB	A와 B
Day 10	p. 19	□【日時】に【場所】へ行きます	【일시】에【장소】에 갑니다

Day	페이지	문형	
Day 10	p. 19	□【目的地】は【場所】から【交通手段】で【所要時間】です	【목적지】는【장소】에서【교통수단】으로【소요시간】입니다
		□ ～たいです	~하고 싶습니다
		□ いつ～ますか	언제 ~합니까?
		□ 何時に～ますか	몇 시에 ~합니까?
		□【人】と	【사람】와(과)
		□【交通手段】で 行きます	【교통수단】으로 갑니다
		□ ～ませんか	~하지 않겠습니까?
Day 11	p. 20	□【人】はAを～ました	【사람】은(는) A를 ~합니다
		□ AとB	A와 B
		□ Cも～ました	C도 ~합니다
		□ 全部でいくらですか	전부 해서 얼마입니까?
Day 12	p. 21	□【人】はどのAを～ますか	【사람】은(는) 어느 A를 ~합니까?
		□ これ	이것
		□ ください	주세요
		□ Aはどこにありますか	A는 어디에 있습니까?
Day 13	p. 22	□（A）はBの【位置】にあります	(A)는 B의【위치】에 있습니다
		□【位置】のA	【위치】의 A
		□ どこですか	어디입니까?
		□ AはBが【な形容詞】です	A는 B가【な형용사】입니다
		□ AはBが【い形容詞】です	A는 B가【い형용사】입니다
Day 14	p. 23	□ 今、どこですか	지금 어디입니까?
		□【人】は【場所】にいます	【사람】은(는)【장소】에 있습니다
		□【場所】です	【장소】입니다
		□【交通手段】で【目的地】へ行きます	【교통수단】으로【목적지】에 갑니다
		□ どこにいますか	어디에 있습니까?
		□ どこへ行きますか	어디에 갑니까?
		□ Aは【時間】に来ます	A는【시간】에 옵니다
		□【目的地】まで【所要時間】かかります	【목적지】까지【소요시간】걸립니다
Day 15	p. 24	□【場所】で何をしますか	【장소】에서 무엇을 합니까?
		□ Aを～ます	A를 ~합니다
		□ ～ましょう	~합시다

Day	페이지	문형	
Day 15	p. 24	□【日時】に【行事・イベント】があります	【일시】에【행사·이벤트】가 있습니다
Day 16	p. 25	□でも、～	하지만, ~
		□～ました	~했습니다
		□～ませんでした	~하지 않았습니다
		□【場所】で～ました	【장소】에서 ~했습니다
		□ AはBが～です	A는 B가 ~입니다
		□【時間】まで	【시간】까지
		□そして、～	그리고, ~
		□とても～	매우 ~
Day 17	p. 26	□ Aを～ます	A를 ~합니다
		□ Aを持って行きます	A를 가지고 갑니다
		□ Aをお願いします	A를 부탁합니다
		□ Aはどうしますか	A는 어떻게 합니까?
		□ Aの【位置】にBがありません	A의【위치】에 B가 있습니다
Day 18	p. 27	□いつ～ますか	언제 ~합니까?
		□【交通手段】で 行きます	【교통수단】으로 갑니다
		□全部でいくらかかりますか	전부 얼마나 걸립니까?
		□ Aを【目的】に行きます	A를【목적】하러 갑니다
		□～ませんか	~하지 않겠습니까?
Day 19	p. 28	□ AとB	A와 B
		□ Aにしました	A로 했습니다
		□全部で～でした	전부 다해서 ~였습니다
		□ Aは何でしたか	A는 무엇이었습니까?
		□【場所】へAを【目的】に 行きます	【장소】에 A를【목적】하러 갑니다
		□【い形容詞】いA	【い형용사】한 A
		□でも、～	하지만, ~
		□【な形容詞】なA	【な형용사】한 A
		□ Aも	A도
		□～たいです	~하고 싶습니다
Day 20	p. 29	□ AはBのCです	A는 B의 C입니다
		□ Aは【い形容詞(味)】です	A는【い형용사(맛)】입니다

Day	페이지	문형	
Day 20	p. 29	□ AからBまで	A부터 B까지
		□【な形容詞】なA	【な형용사】한 A
		□ でも、～	하지만, ~
Day 21	p. 30	□ AがないB	A가 없는 B
		□ Aはいつですか	A는 언제입니까?
		□ AはBが【い形容詞】です	A는 B가【い형용사】합니다
		□【期間】に【回数】あります	【기간】에【횟수】있습니다
		□ そして、～	그리고, ~
Day 22	p. 31	□ Aは【な形容詞】なBです	A는【な형용사】한 B입니다
		□ ～から、～(理由)	~이기 때문에 ~(이유)
		□ どんなAですか	어떤 A입니까?
		□ どうして～ますか	어째서 ~합니까?
		□【場所】には(A)があります	【장소】에는 (A)가 있습니다
		□【場所】から【交通手段】で【所要時間】です	【장소】에서【교통수단】으로【소요시간】입니다
		□ ここは～です	여기는 ~입니다
Day 23	p. 32	□【期限】までに	【기한】까지
		□【人数】で	【인원수】로
		□ ～たいです	~하고 싶습니다
		□ いつ～ますか	언제 ~합니까?
		□ Aは【場所】へ～ます	A는【장소】에 ~합니다
Day 24	p. 33	□ どれを～ましたか	어느 것을 ~했습니까?
		□ ～ましたから	~했으니까
		□ AとB	A와 B
		□【人】が【場所】にいます	【사람】이(가)【장소】에 있습니다
		□ ～ませんか	~않겠습니까?
		□ ～から、～(理由)	~이기 때문에 ~(이유)
		□【い形容詞】かったです	【い형용사】했습니다
Day 25	p. 34	□ AはBが【な形容詞】です	A는 B가【な형용사】합니다
		□ AはBが【い形容詞】です	A는 B가【い형용사】합니다
		□【い形容詞】いA	【い형용사】한 A
		□【な形容詞】なA	【な형용사】한 A

Day	페이지	문형	
Day 25	p. 34	□ Aはどれですか	A는 어느 것입니까?
		□ Aがあります	A가 있습니다
		□【範囲】で一番【い形容詞】いA	【범위】에서 가장【い형용사】한 A
		□そして、～	그리고 ~
Day 26	p. 35	□【い形容詞】かったです	【い형용사】했습니다
		□【な形容詞】でした	【な형용사】했습니다
		□【な形容詞】では ありませんでした	【な형용사】하지 않았습니다
		□【名詞】でした	【명사】였습니다
		□～たいです	~하고 싶습니다
		□ Aはどれですか	A는 어느 것입니까?
		□でも、～	하지만, ~
		□そして、～	그리고 ~
		□【時期】に【場所】で～ました	【시기】에【장소】에서 ~했습니다
Day 27	p. 36	□【動詞 - 辞書形】	【동사-사전형】
		□【な形容詞】なA	【な형용사】한 A
		□【普通形】＋【名詞】	【보통형】+【명사】
		□【名詞】だ	【명사】이다
		□【場所】で【行事・イベント】がある	【장소】에서【행사·이벤트】가 있다
		□【手段】で	【수단】으로
Day 28	p. 37	□【動詞 - 辞書形】	【동사-사전형】
		□【動詞 - ない形】	【동사-ない형】
		□～から (理由)	~때문에(이유)
		□～たくないです	~하고 싶지 않습니다
		□【範囲】の中の【数】	【범위】 중의【수】
		□どこで～ますか	어디에서 ~합니까?
		□どうして～ませんか	어째서 ~하지 않습니까?
		□～と聞きます	~라고 묻습니다
		□ AやBなど	A나 B 등
		□そして、～	그리고, ~
		□何も～ない	아무것도 ~않다
		□だれも～ない	아무도 ~않다

Day	페이지	문형	
Day 29	p. 38	□【普通形 - 現在肯定】	【보통형-현재 긍정】
		□ 〜から、〜 (理由)	~때문에, ~(이유)
		□【普通形 - 現在否定】	【보통형-현재 부정】
		□【い形容詞】いA	【い형용사】한 A
		□【範囲】で一番【い形容詞】	【범위】에서 가장【い형용사】
		□ 〜が、〜 (逆説)	~지만 ~(역설)
		□ あまり〜ない	별로 ~하지 않다
		□ だから、〜	그렇기 때문에, ~
Day 30	p. 39	□【動詞 - た形】	【동사-た형】
		□【普通形 - 過去肯定】	【보통형-과거 긍정】
		□【普通形 - 過去否定】	【보통형-과거 긍정】
		□【場所】に行った	【장소】에 갔다
		□ 何も〜なかった	아무것도 ~하지 않았다
		□ だれが〜ましたか	누가 ~했습니까?
		□ 何を〜ましたか	무엇을 ~했습니까?
		□ そのA	그 A
		□ 〜たいです	~하고 싶습니다
		□【日時】から〜する	【일시】부터 ~하다
Day 31	p. 40	□【普通形】＋【名詞】	【보통형】+【명사】
		□【普通形】こと	【보통형】것
		□ 〜ない？	~않을래?
		□ 〜の？	~니?
Day 32	p. 41	□ 〜てください	~해 주세요
		□ 〜ないでください	~하지 말아주세요
		□ どのA	어느 A
		□ Aをもらいます	A를 받습니다
		□ AにBを書きます	A에 B를 씁니다
		□ Aを【場所・人】に出します	A를【장소·사람】에 냅니다
		□ 〜方	~방법
		□【普通形】＋【名詞】	【보통형】+【명사】
		□ 〜たいです	~하고 싶습니다

Day	페이지	문형	
Day 32	p. 41	□ ～まで	~까지
		□ 何も ～ない	아무것도 ~하지 않다
		□ ～ましょう	~합시다
Day 33	p. 42	□ ～ています (現在の行動)	~하고 있습니다(현재의 행동)
		□ まだ～ます	아직 ~합니다
		□【目的】に来ます	【목적】에 옵니다
		□ そして、～	그리고, ~
		□ でも、～	하지만, ~
Day 34	p. 43	□ ～ないでください	~하지 말아주세요
		□ ～てはいけません	~해서는 안 됩니다
		□ ～ましょう	~합시다
		□ ～てもいいです	~해도 됩니다
		□【動詞 - 辞書形】こと	【동사-사전형】것
		□ ～てください	~해 주세요
		□ ～から、～ (理由)	~때문에, ~(이유)
		□ AやB	A나 B
Day 35	p. 44	□ ～て、～ (行為の順番)	~해서, ~(행위의 순서)
		□ ～まで	~까지
		□ ～までに	~까지(기한)
		□ ～たいです	~하고 싶습니다
		□ どうやって～ますか	어떻게 ~합니까?
		□【交通手段】で	【교통수단】으로
Day 36	p. 45	□ 全部でいくらですか	전부 해서 얼마입니까?
		□ ～たいです	~하고 싶습니다
		□ AとBで【値段】	A와 B로【가격】
		□ Aじゃなくて、B	A가 아니라 B
		□ Aにします	A로 하겠습니다
		□ ～ています (現在の行動)	~하고 있습니다(현재의 행동)
Day 37	p. 46	□ ～てから、～	~하고 나서 ~
		□ ～てください	~해 주세요
		□【人】に聞きます	【사람】에게 묻습니다

Day	페이지	문형	
Day 37	p. 46	□ ～までに	~까지(기한)
		□ ～ています (結果の状態)	~하고 있습니다(결과의 상태)
Day 38	p. 47	□ ～ていました (結果の状態)	~했습니다(결과의 상태)
		□ ～ています (結果の状態)	~하고 있습니다(결과의 상태)
		□【目的】に行きます	【목적】하러 갑니다
		□【い形容詞】くて、～	【い형용사】하고 ~
Day 39	p. 48	□ (A) はBが【形容詞】です	(A)는 B가【형용사】입니다
		□ ～が、～ (逆説)	~지만 ~(역설)
Day 40	p. 49	□【人】に【物】をあげます	【사람】에게【사물】을 줍니다
		□【人】が【物】をもらいます	【사람】이【사물】을 받습니다
		□ ～というA	~라는 A
		□ ～だけ	~만
		□【人】に【物】をもらいます	【사람】에게【사물】을 받습니다
		□ Aになります	A가 됩니다
		□ ～たとき、～	~했을 때, ~
		□ ～ましょう	~합시다
Day 41	p. 50	□ ～て、～ (行動の順番)	~하고 ~(행동의 순서)
		□【人】に～てもらいます	【사람】에게 ~해 받습니다
		□ ～までに	~까지(기한)
Day 42	p. 51	□ ～と話します	~라고 이야기합니다
		□ ～ていただいて、ありがとうございました	~해 주셔서 감사합니다
		□【目的】に行きます	【목적】하러 갑니다
		□ ～て、～ (理由・原因)	~해서 ~(이유·원인)
Day 43	p. 52	□ AにBを入れます	A에 B를 넣습니다
		□ ～て、～ (行為の順番)	~해서 ~(행위의 순서)
		□ ～てください	~해 주세요
Day 44	p. 53	□ ～と、～	~하면 ~
		□ ～できます	~할 수 있습니다
		□ ～前に、～	~전에, ~
		□ ～てください	~해 주세요
		□ ～ないでください	~하지 마세요

Day	페이지	문형	
Day 44	p. 53	□ ～てはいけません	~해서는 안 됩니다
		□ ～こともあります	~경우도 있습니다
		□ ～方	~방법
		□ ～ましょう	~합시다
Day 45	p. 54	□ ～てくれない？	~해 주지 않을래?
		□ ～てみます	~해 보겠습니다
		□ ～んだけど、～	~한데, ~
		□ ～とき、～	~때, ~
		□ ～たいです	~하고 싶습니다
Day 46	p. 55	□ Aなので、～	A이기 때문에 ~
		□ Aなのです	A인 것입니다
		□ ～でしょうか	~일까요?
		□ ～でしょう	~겠지요
		□ ～てみたいです	~해 보고 싶습니다
Day 47	p. 56	□【普通形】＋【名詞】	【보통형】+【명사】
		□ 全部でいくらかかりますか	전부 해서 얼마 듭니까?
		□【目的】に行きます	【목적】하러 갑니다
		□ そして、～	그리고 ~
Day 48	p. 57	□ Aのとき、～	A 때, ~
		□ Aがいいです	A가 좋습니다
		□ ～て、～(行為の順番)	~하고, ~(행위의 순서)
		□ ～ています(現在の行動)	~하고 있습니다(현재의 행동)
		□ ～たいです	~하고 싶습니다
		□ ～て(ください)	~해 (주세요)
		□ どれにする？	~어떤 것으로 할래?
		□ ～けど…	~지만…
		□ ～かなあ	~까, ~려나
Day 49	p. 58	□ ～て、～(行為の順番)	~하고, ~(행위의 순서)
		□ ～てもらいます	~해 줍니다, ~해 받습니다
		□ ～たら、～	~하면 ~
		□ そして、～	그리고, ~

Day	페이지	문형	
Day 49	p. 58	□ ~てみます	~해 보겠습니다
		□ Aは~ことです	A는 ~하는 것입니다
		□ ~といいです	~하면 좋습니다
		□ ~ませんか	~하지 않겠습니까?
Day 50	p. 59	□【普通形】＋【名詞】	【보통형】+【명사】
		□ 何のAですか	무슨 A입니까?
		□ ~てください	~해 주세요
Day 51	p. 60	□ ~ので、~	~이므로, ~
		□【動詞 - 意向形】と思っています	【동사-의지형】라고 생각합니다
		□ ~を走ります	~를 달립니다
		□ ~たり、~たりします	~거나 ~거나 합니다
		□ ~て、~ (理由・原因)	~해서 ~(이유·원인)
		□ ~たいです	~하고 싶습니다
Day 52	p. 61	□【い形容詞】くなります	【い형용사】하게 됩니다
		□【な形容詞】になります	【な형용사】하게 됩니다
		□ ~たら、~	~하면 ~
		□ Aの前に、~	A 전에 ~
		□ ~て、~ (理由・原因)	~해서 ~(이유·원인)
		□ ~てみます	~해 봅니다
		□ ~て、~ (行為の順番)	~하고 ~(행위의 순서)
Day 53	p. 62	□【動詞 - 条件形】	【동사-가정형】
		□【動詞 - 意向形】	【동사-의지형】
		□ ~たら、どうですか	~하면 어떻습니까?
Day 54	p. 63	□ ~と、~	~하면 ~
		□【い形容詞】くなります	【い형용사】하게 됩니다
		□ ~たら、~	~하면 ~
		□ ~たことがあります	~한 적이 있습니다
Day 55	p. 64	□ ~なくなります	~하지 않게 됩니다
		□【い形容詞 - 条件形】	【い형용사-조건형】
		□ ~たら、~	~하면 ~
		□ ~てしまいます	~해 버립니다

Day	페이지	문형	
Day 55	p. 64	□ ～でしょう	~겠지요
		□ ＡかＢか	A일지 B일지
		□ ～からです	~때문입니다
Day 56	p. 65	□ ～ながら、～	~하면서 ~
		□ ～とき、～	~때, ~
		□ ～たら、～できていいです	~하면 ~할 수 있어서 좋습니다
		□ ～てはいけません	~하면 안 됩니다
		□ ～と、～できます	~하면 ~할 수 있습니다
		□ ～でしょう	~겠지요
		□ ～のです	~것입니다
Day 57	p. 66	□ ～てみます	~해 봅니다
		□ ～できます	~할 수 있습니다
		□ ～なければ、～	~없으면 ~
		□ ～とき、～	~때 ~
		□ ～方	~방법
Day 58	p. 67	□ ～から、～	~니까 ~
		□ ～けど、～	~지만 ~
		□【い形容詞】くなります	【い형용사】하게 됩니다
		□ ～の？	~니?
		□ Ａも～ません	A도 ~하지 않습니다
		□ ～んだ	~거든, ~구나
		□ ～ちゃった	~해 버렸다
		□ それで、～	그래서 ~
		□【動詞 - 意向形】	【동사-의지형】
Day 59	p. 68	□【動詞 - 意向形】と思っています	【동사-의지형】이라고 생각합니다
		□ ～から～まで	~부터 ~까지
Day 60	p. 69	□【動詞 - 意向形】と思っています	【동사-의지형】이라고 생각합니다
		□ ～ので、～	~이므로 ~
		□ ～たことがあります	~한 적이 있습니다
		□【普通形】＋【名詞】	【보통형】+【명사】
		□ ＡやＢなど	A나 B 등

Day	페이지	문형	
Day 61	p. 70	□【尊敬語】	【존경어】
		□ ～た後(で)、～	~한 후(에) ~
Day 62	p. 71	□ ご～になります	~십니다(존경)
		□ お～になります	~십니다(존경)
		□ ～ていただけませんか	~해 주시지 않겠습니까?
		□ ～ので、～	~이므로 ~
		□ ～前に、～	~전에 ~
Day 63	p. 72	□ ～ていただきます	~해 주십니다
		□【謙譲語】	【겸양어】
		□ ～でしょうか	~십니까?
Day 64	p. 73	□ お～します	~합니다(겸양)
		□ ご～します	~합니다(겸양)
		□ お～ください	~해 주십시오
Day 65	p. 74	□ AはBより～	A는 B보다~
		□【い形容詞】さ	【い형용사】함(명사화)
		□【い形容詞】くて、～	【い형용사】해서 ~
		□ ～ことができます	~할 수 있습니다
Day 66	p. 75	□ ～つもりでした	~생각이었습니다
		□ ～たらどうですか	~하면 어떻습니까?
		□ ～たほうがいいです	~하는 편이 좋습니다
		□ ～だろう	~일 것이다
		□ ～てしまいます	~해 버립니다
		□ ～たら、～	~하면 ~
		□ ～たり、～たりします	~거나 ~거나 합니다
Day 67	p. 76	□ ～のに使います	~하는 데에 쓰입니다
		□ ～と、～	~하면 ~
		□ ～ことができます	~할 수 있습니다
		□ ～て、～(理由・原因)	~해서 ~(이유·원인)
		□【動詞 - 条件形】	【동사-가정형】
Day 68	p. 77	□ ～ないつもりです	~하지 않을 생각입니다
		□【い形容詞】くします	【い형용사】하게 합니다

Day	페이지	문형	
Day 68	p. 77	□ ～なくてはいけません	~하지 않으면 안 됩니다
		□【い形容詞 - 条件形】	【い형용사-가정형】
		□ ～し、～	~하고 ~
Day 69	p. 78	□ ～と、～があります	~하면 ~이 있습니다
		□ ～やすいです	~하기 쉽습니다
		□ ～んです	~답니다
Day 70	p. 79	□ ～てから、～	~하고서 ~
		□ ～たら、～	~하면 ~
		□ ～て、～ (行為の順番)	~하고 ~(행위의 순서)
		□ まだ～ていません	아직 ~하지 않았습니다
		□ ～し、～から、～	~하고 ~하니까 ~
Day 71	p. 80	□ ～て、～	~해서 ~
		□ ～てもらいます	~해 받습니다
		□ ～が、～ (逆説)	~지만 ~(역설)
		□ ～ので、～	~때문에 ~
Day 72	p. 81	□ ～てはいけません	~해서는 안 됩니다
		□ ～ことができます	~할 수 있습니다
		□ ～たら、～	~하면 ~
		□ ～てもいいです	~해도 됩니다
		□ ～てあります	~해 있습니다
		□【動詞 - 可能形】	【동사-가능형】
Day 73	p. 82	□【動詞 - 可能形】	【동사-가능형】
		□ ～ではなくて、～	~가 아니라 ~
		□ ご～ください	~해 주십시오
Day 74	p. 83	□ ～なくてはいけません	~하지 않으면 안 됩니다
		□ ～のでしょうか	~것일까요?
		□【疑問詞】でもいいです	【의문사】라도 괜찮습니다
		□ ～し、～から、～	~하고 ~니까 ~
		□ ～てはいかがでしょうか	~하는 것은 어떠십니까?
Day 75	p. 84	□【動詞 - 受身形】	【동사-수동형】
		□ ～と考えています	~라고 생각합니다

Day	페이지	문형	
Day 75	p. 84	□ ～たら、いいですか	~하면 됩니까?
		□ ～のか	~걸까
		□ ～やすい	~하기 쉽다
		□ ～でなければ、～ません	~이 아니라면 ~안 됩니다
Day 76	p. 85	□ ～だけでなく、～	~뿐만 아니라 ~
		□ ～が見えます	~가 보입니다
		□ ～が聞こえます	~가 들립니다
		□ ～のは大変です	~것은 힘듭니다
Day 77	p. 86	□ Aが【自動詞】	A가【자동사】
		□ ～たら、～	~하면 ~
		□【動詞 - 可能形】ようにします	【동사-가능형】하도록 합니다
		□ ～てしまいます	~해 버립니다
		□ ～なくなります	~하지 않게 됩니다
Day 78	p. 87	□ Aが【自動詞】ています	A가【자동사】해 있습니다
		□ ～だけでなく、～	~뿐만 아니라 ~
		□ もし～たときには、～	만약 ~했을 때에는 ~
Day 79	p. 88	□ お～でないA	~하지 않으신 A
		□ ～てしまいます	~해 버립니다
		□ ～ので、～	~이므로 ~
Day 80	p. 89	□ ～ので、～	~이므로 ~
		□ ～のです	~답니다
		□ ～ようにします	~하게 합니다
		□ ～たほうがいいです	~하는 편이 좋습니다
		□【範囲】に【数】	【범위】에【수】
		□ ～と言われています	~라고 알려져 있습니다
		□ ～でしょう	~겠지요
Day 81	p. 90	□ Aが【自動詞】ています	A가【자동사】해 있습니다
		□ ～のに気づきます	~에 알아차렸습니다
		□ ～たほうがいいです	~하는 편이 좋다
		□ ～ちゃった	~해 버렸다
		□ ～かな	~까, ~려나

Day	페이지	문형	
Day 81	p. 90	□ まだ～ていません	아직 ~하지 않았습니다
		□ ～のに	~인데
		□ ～なくちゃ	~하지 않으면
		□ Aとか	A라던지
Day 82	p. 91	□ ～たら、～	~하면 ~
		□ ～のをやめます	~것을 그만둡니다
		□ Aの後、～	A의 후 ~
		□ ～前に	~전에
		□【疑問詞】ばいいですか	【의문사】하면 됩니까?
		□ ～ても、～ときは、～	~해도 ~때는 ~
Day 83	p. 92	□ ～と思っています	~라고 생각하고 있습니다
		□【な形容詞】なので、～	【な형용사】때문에 ~
		□ ～と考えています	~라고 생각하고 있습니다
		□【動詞 - 条件形】	【동사-가정형】
		□ ～ことができます	~할 수 있습니다
Day 84	p. 93	□ ～ながら、～	~하면서 ~
		□ ～ましょう	~합시다
		□【動詞 - 意向形】と思います	【동사-의지형】라고 생각합니다
		□ ～し、～	~하고 ~
		□ ～にします	~로 합니다
Day 85	p. 94	□ Aから【期間】	A부터【기간】
		□ ～ても、～	~해도 ~
		□ ～そうです (印象)	~인 것 같습니다(양태)
		□ ～てみます	~해 보겠습니다
		□ ～ませんか	~하지 않겠습니까?
Day 86	p. 95	□ ～ようです	~인 것 같습니다
		□ ～たばかりです	~한 지 얼마 안 됐습니다
		□ ～のに	~인데
		□【動詞 - 受身形】	【동사-수동형】
		□ ～のかな	~걸까나
Day 87	p. 96	□【動詞 - 受身形】(迷惑)	【동사-수동형】(피해 수동)

Day	페이지	문형	
Day 87	p. 96	□ 〜たら、〜	~했더니 ~
		□ 〜たり、〜たりします	~거나 ~거나 합니다
		□ しかし、〜	그러나, ~
		□ 〜かどうか〜	~인지 어떨지~
Day 88	p. 97	□ 〜ています (結果の状態)	~해 있습니다(결과의 상태)
		□ 〜なくなります	~없어집니다
		□【謙譲語】	【겸양어】
		□ 〜ますでしょうか	~해 주시겠습니까?
		□ 〜なくても、〜	~하지 않아도 ~
Day 89	p. 98	□ AがBに変わります	A가 B로 바뀝니다
		□ 〜ことに決めます	~것으로 정합니다
		□ 〜ではなくて、〜	~가 아니라 ~
		□ 〜なのでしょうか	~인 것일까요
		□ 〜たとき (は)、〜でした	~했을 때(는) ~이었습니다
		□ すると、〜	그러자, ~
		□ 〜という意味で	~라는 뜻으로
		□【動詞 - 受身形】	【동사-수동형】
		□ 〜ので、〜	~이므로 ~
Day 90	p. 99	□【物】をくれます	【사물】을 줍니다
		□ 〜ときに、〜	~때에 ~
		□【動詞 - 受身形】(非情の受身)	【동사-수동형】(주어가 사람이 아닌 수동)
		□ 〜てもらいます	~해 받습니다
		□ 〜やすいです	~하기 쉽습니다
		□ 〜ています (結果の状態)	~해져 있습니다(결과의 상태)
Day 91	p. 100	□ AのようなB	A같은 B
		□ お〜します	~합니다(겸양)
		□ 〜てくださいます	~해 주시다
		□【動詞 - 可能形】ように、〜	【동사-가능형】처럼 ~
Day 92	p. 101	□ AかB	A인지 B
		□ 〜ていただきます	~해 주십니다
		□ 〜なら、〜	~하면 ~

Day	페이지	문형	
Day 92	p. 101	□～ても、～	~해도 ~
		□お～します	~합니다(겸양)
		□お～ください	~해 주십시오
Day 93	p. 102	□【普通形】＋【名詞】	【보통형】+【명사】
		□～ておきます	~해 둡니다
		□～と、～	~하면 ~
		□～てみます	~해 보겠습니다
Day 94	p. 103	□ Aではなくて、B	A가 아니라 B
		□～ています	~하고 있습니다
		□～たら、～	~했더니 ~
		□【動詞 - 受身形】	【동사-수동형】
		□すると、～	그러자, ~
Day 95	p. 104	□ Aだけではなくて、Bも～	A뿐만 아니라 B도~
		□～つもりです	~할 생각입니다
		□～まで	~까지
Day 96	p. 105	□～のを忘れます	~것을 잊습니다
		□～てしまいます	~해 버립니다
		□～んです	~답니다
		□【動詞 - 受身形】（尊敬語）	【동사-수동형】(존경어)
		□【他動詞】 てあります	【타동사】해져 있습니다
Day 97	p. 106	□～はずです	~일 것입니다
		□～と、～	~하면 ~
		□～ないで、～	~하지 말고 ~
		□～、また、～	~, 혹은 ~
		□～ときがあります	~때가 있습니다
		□～てしまいます	~해 버립니다
Day 98	p. 107	□【謙譲語】	【겸양어】
		□ご～します	~합니다(겸양)
		□～場合、～	~경우 ~
		□ご～ください	~해 주십시오
		□～ますようお願いします	~하도록 부탁드립니다

Day	페이지	문형	
Day 98	p. 107	□ ～てくださいます	~해 주십니다
		□ お～します	~합니다(겸양)
Day 99	p. 108	□ ～ながら、～	~하면서 ~
		□ ～てもらいます	~해 받습니다
		□ ～場合は、～	~경우는 ~
Day 100	p. 109	□ ～そうです (伝聞)	~라고 합니다(전문)
		□ ～ないで、～	~말고 ~
		□【動詞 - 可能形】ようになります	【동사-가능형】하게 됩니다
		□ ～のではなく、～	~것이 아니라 ~
		□ ～ながら、～	~하면서 ~
		□ ～たら、～	~했더니 ~
		□ ～ことを、～と言います	~것을 ~라고 합니다
Day 101	p. 110	□ ～たら、～	~했더니 ~
		□ ～たほうがいいです	~하는 편이 좋습니다
		□ ～ちゃった	~해 버렸다
		□ ～ようにしています	~하도록 하고 있습니다
		□ ～のに	~인데
		□ ～んだって	~했대
		□ ～の？	~니?
		□ ～って	~한대
		□ ～なあ	~네
		□ ～かな (あ)	~려나
		□ ～より、～たほうが、～	~보다 ~하는 편이 ~
		□ ～なくて、～ (理由・原因)	~아니라, ~(이유·원인)
Day 102	p. 111	□ ～という A	~라고 하는 A
		□ ～らしいです	~한 것 같습니다
		□ ～かどうかわかりません	~인지 어떨지 모르겠습니다
		□ ～ながら、～	~하면서 ~
		□ ～とき (に)、～	~때(에) ~
		□ ～そうです (伝聞)	~라고 합니다(전문)
Day 103	p. 112	□ ～たまま、～	~한 채 ~

Day	페이지	문형	
Day 103	p. 112	□ ～より、～たほうが、～	~보다 ~하는 편이 ~
		□ ～ければ、～くなります	~할수록 ~하게 됩니다
		□ ～ということなのです	~라는 것입니다
		□ ～ないで、～	~않고 ~
		□ ～ようにします	~하게 합니다
		□ ～ように、～	~처럼, ~
		□ ～そうです (伝聞)	~라고 합니다(전문)
		□ ～そうです (印象)	~일 것 같습니다(양태)
Day 104	p. 113	□ ～たことがあります	~한 적이 있습니다
		□ ～のは、～	~것은 ~
		□ ～というA	~라는 A
		□ ～ても、～	~해도 ~
		□【動詞 - 可能形】なくて、～	【동사-가능형】할 수 없어서 ~
		□ ～と、～	~하면 ~
		□ ～だけではなく、～	~뿐만 아니라 ~
		□ ～てはどうでしょうか	~하면 어떠십니까?
Day 105	p. 114	□ ～なさい	~해라, ~하세요
		□ Aじゃなくて、B	A가 아니라 B
		□ ～まで、～	~까지 ~
		□【動詞 - 受身形】て来ます	【동사-수동형】해 옵니다
		□ ～そうです (印象)	~한 것 같습니다(양태)
		□ ところが、～	그런데 ~
		□【動詞 - 使役形】	【동사-사역형】
		□【動詞 - 可能形】	【동사-가능형】
Day 106	p. 115	□ ～ていただけます	~하실 수 있습니다
		□ Aとは～ことです	A라는 것은 ~것입니다
		□ ～し、～ので、～	~하고 ~때문에 ~
		□ どうやって～	어떻게 ~
		□【動詞 - 使役形】	【동사-사역형】
Day 107	p. 116	□ ～ようです	~인 것 같습니다
		□ ～てみます	~해 보겠습니다

Day	페이지	문형	
Day 107	p. 116	□【疑問詞】～ばいいですか	【의문사】~하면 됩니까?
		□ お～ください	~해 주십시오
		□ ご～いただけます	~하실 수 있습니다
		□ ～て、～ (付帯状況)	~하고 ~(동시에 진행되는 상황)
Day 108	p. 117	□ ～ながら、～	~하면서 ~
		□ どれぐらいの～のか	어느 정도의 ~인지
		□ ～にします	~로 합니다
		□ そんなことはないです	그렇지 않습니다
		□ ～ていただきたいんですが	~하고 싶은데요
		□ ～より、～	~보다 ~
		□ ～やすいです	~하기 쉽습니다
Day 109	p. 118	□ ご～いただけます	~하실 수 있습니다
		□【動詞 - 受身形】(非情の受身)	【동사-수동형】(주어가 사람이 아닌 수동)
		□ お～ください	~해 주십시오
		□ ～なら、～	~면 ~
		□ ご～ください	~해 주십시오
		□ ～のため、～ (目的)	~위해서 ~(목적)
		□ ～ようお願いします	~하도록 부탁드립니다
		□ ～ないで、～	~하지 말고 ~
		□ お～します	~합니다
		□ ～た場合、～	~한 경우 ~
Day 110	p. 119	□ ～ても、～ば、～	~해도 ~하면 ~
		□【動詞 - 可能形】ように、～	【동사-가능형】하게 ~
		□ ～ので、～	~때문에 ~
		□ ～ないほうがいいです	~않는 편이 좋습니다
		□ ～かもしれません	~일지도 모릅니다
		□【動詞 - 受身形】ようになります	【동사-수동형】하게 됩니다
		□ ～ようになって、【期間】	~하게 되어서【기간】
		□ ～だって	~한대
		□ ～たほうがいいです	~하는 편이 좋습니다
		□ ～てもいいです	~해도 좋습니다

Day	페이지	문형	
Day 110	p. 119	□ Aのほうが、Bよりも、～	A가 B보다도 ~
		□ ～そうです（伝聞）	~라고 합니다(전문)
Day 111	p. 120	□ どうして～のでしょうか	어째서 ~것일까요?
		□ ～ために、～（目的）	~위해서 ~(목적)
		□ ～より、～ほうが、～	~보다 ~편(쪽)이 ~
		□ それで、～	그래서 ~
		□ ～ようになります	~하게 됩니다
		□ ～のに、～	~인데 ~
		□ ～かもしれません	~일지도 모릅니다
		□ AをBにすると、～	A를 B로 하면 ~
		□ ～そうです（伝聞）	~라고 합니다(전문)
		□ ～ようです	~인 것 같습니다
Day 112	p. 121	□ ～しか～ありません	~밖에 ~없습니다
		□ ～ため、～（原因）	~때문에 ~(원인)
		□ ～かもしれません	~일지도 모릅니다
		□ ～ように、～	~하도록 ~
		□ ～ていただきます	~해 주십니다
		□ ～たら、～	~하면 ~
Day 113	p. 122	□ ～な（禁止）と言われます	~하지 마(금지) 라고 듣습니다
		□【動詞 - 意向形】と思います	【동사-의지형】라고 생각합니다
		□ ～のに、～	~인데 ~
		□【動詞 - 命令形】と言われます	【동사-명령형】라고 듣습니다
		□ ～たら、～	~하면 ~
		□ ～つもりです	~할 생각입니다
		□【動詞 - 受身形】（迷惑）	【동사-수동형】(피해)
		□ ～ないように、～	~하지 않도록 ~
		□ また、～	또, ~
		□ ～たことがあります	~한 적이 있습니다
		□ ～かどうか～	~한지 어떨지 ~
		□ ～ようにすれば、～	~하도록 하면 ~
		□ ～かもしれません	~일지도 모릅니다

Day	페이지	문형	
Day 114	p. 123	□ ～のは、～	~것은 ~
		□ ～ので	~때문에
		□ ところで、～	그런데, ~
		□ ～ことにします	~하기로 합니다
		□ ～たほうがいいです	~하는 편이 좋습니다
		□ すると、～	그러자, ~
		□ ～たらどうですか	~하면 어떻습니까?
Day 115	p. 124	□ ～かどうか～	~한지 어떨지~
		□ ～ために、～ (目的)	~위해서 ~(목적)
		□ ～べきです	~해야 합니다
		□ ～のではないでしょうか	~것은 아니십니까?
		□ ～だろう	~일 것이다
		□【動詞 - 受身形】ています (非情の受身)	【동사-수동형】해지고 있습니다 (주어가 사람이 아닌 수동)
		□ ～たり、～たりします	~거나 ~거나 합니다
		□ ～しか～ません	~밖에 ~하지 않습니다
Day 116	p. 126	□ ～によると、～	~에 따르면 ~
		□ ～て来ます	~해 옵니다
		□ ～たほうがいい	~하는 편이 낫다
		□【疑問詞】～のかを、～	【의문사】~것인지를 ~
		□【動詞 - 使役形】	【동사-사역형】
		□ Aより、Bのほうが、～	A보다 B쪽이 ~
		□ ～と考えられています	~라고 생각됩니다
		□【動詞 - 受身形】(非情の受身)	【동사-수동형】(주어가 사람이 아닌 수동)
		□【動詞 - 受身形】ようになります	【동사-수동형】하게 됩니다
		□ Aは～ことです	A는 ~것입니다
		□【動詞 - 可能形】ようにします	【동사-가능형】하게 합니다
		□ ～ために、～ (目的)	~위해서 ~(목적)
Day 117	p. 127	□【謙譲語】	【겸양어】
		□ お～いただきます	~해 주십니다
		□ ～ていただきます	~해 주십니다

Day	페이지	문형	
Day 117	p. 127	□ ～てくださいますよう、お願いいたします	~해 주시도록 부탁드립니다
		□ ～なくてはいけません	~하지 않으면 안 됩니다
		□ ご～ください	~해 주세요
Day 118	p. 128	□ ～ことになります	~하게 됩니다
		□ ～てもらいます	~해 받습니다
		□【動詞 - 可能形】ようになります	【동사-가능형】하게 됩니다
		□【動詞 - 受身形】	【동사-수동형】
		□ ～たり、～たりします	~거나 ~거나 합니다
		□ ～てはいけません	~해서는 안 됩니다
		□ ～というA	~라는 A
		□ ～ため、～ (原因)	~때문에 ~(원인)
		□ ～ではなく、～	~가 아니라 ~
		□ ～のために、～ (目的)	~위해서 ~(목적)
Day 119	p. 129	□【動詞 - 可能形】	【동사-가능형】
		□ ～までに、～	~까지(기한) ~
		□ ～と、～	~하면 ~
		□【他動詞】てあります	【타동사】해져 있습니다
		□ ～てから、～	~하고 나서 ~
		□ ～つもりです	~할 생각입니다
Day 120	p. 130	□ ～たら、～	~하면 ~
		□ ～てしまいます	~해 버립니다
		□ ～でしょう	~겠지요
		□ ～になります	~가 됩니다
		□ ～にします	~으로 합니다
		□ ～ながら、～	~하면서 ~
		□ AとかBとか	A라든지 B라든지
		□ ～そうです (印象)	~인 것 같습니다(양태)

독해가 술술 어휘 셀프 체크 리스트

➔ 체크 박스로 어휘 다시 한번 점검하기

Day	어휘	뜻
Day 2-1	☑ 明日(あした)	내일
	□ 天気(てんき)	날씨
	□ 晴(は)れ	맑음
	□ 曇(くも)り	흐림
	□ 雨(あめ)	비
Day 2-2	□ 週間天気(しゅうかんてんき)	주간 날씨
	□ 日付(ひづけ)	날짜
	□ 天気(てんき)	날씨
	□ 降水確率(こうすいかくりつ)	강수 확률
	□ 気温(きおん)	기온
	□ 最高(さいこう)	최고
	□ 最低(さいてい)	최저
	□ パーセント	퍼센트(%)
	□ ～度(ど)	~도(℃)
Day 3	□ 人(ひと)	사람
	□ 一番(いちばん)	가장, 제일
	□ 右(みぎ)	오른쪽
	□ 隣(となり)	바로 옆
	□ 後(うし)ろ	뒤
	□ 前(まえ)	앞
	□ 左(ひだり)	왼쪽
Day 4	□ 新(あたら)しい	새롭다
	□ 学生(がくせい)	학생
	□ 初(はじ)めまして	처음 뵙겠습니다
	□ 大学(だいがく)	대학
	□ 学生(がくせい)	학생
	□ ベトナム	베트남
	□ どうぞ よろしく お願(ねが)いします	아무쪼록 잘 부탁 드립니다

Day	어휘	뜻
Day 4	□ 先生(せんせい)	선생님
	□ 国(くに)	나라, 모국
Day 5	□ ～さん	~ 씨 * 이름 뒤에 붙여 경의를 나타냄
	□ おはようございます	안녕하세요 (아침 인사)
	□ 今日(きょう)	오늘
	□ いい	좋다
	□ 天気(てんき)	날씨
	□ 夜(よる)	밤
	□ 花火(はなび)	불꽃놀이
	□ 雨(あめ)	비
	□ 今(いま)	지금
Day 6	□ 日本(にほん)	일본
	□ いろいろな	다양한
	□ 国(くに)	나라, 국가
	□ 飲(の)み物(もの)	음료
	□ お茶(ちゃ)	차
	□ ～年頃(ねんごろ)	~년경, ~년쯤
	□ 中国(ちゅうごく)	중국
	□ コーヒー	커피
	□ オランダ	네덜란드
	□ 紅茶(こうちゃ)	홍차
	□ イギリス	영국
	□ ～ぐらい前(まえ)	~정도 전
Day 7	□ 昼(ひる)ご飯(はん)	점심밥
	□ お願(ねが)いします	부탁드립니다
	□ サンドイッチ	샌드위치
	□ 2つ(ふた)	2개

Day	어휘	뜻
Day 7	□ コーヒー	커피
	□ 1つ(ひと)	1개
	□ おにぎり	주먹밥
	□ お茶(ちゃ)	차
	□ ハンバーガー	햄버거
	□ りんごジュース	사과 주스
	□ よろしくお願(ねが)いします	잘 부탁드립니다
	□ 円(えん)	엔(일본 화폐 단위)
Day 8	□ ～さん	~씨
	□ ～階(かい)	~층
	□ めがね	안경
	□ ～売(う)り場(ば)	매장
	□ 帽子(ぼうし)	모자
	□ 隣(となり)	바로 옆
	□ エレベーター	엘리베이터
	□ 前(まえ)	앞
	□ エスカレーター	에스컬레이터
	□ 近(ちか)く	근처
	□ わかりました	알겠습니다
Day 9	□ 傘(かさ)	우산
	□ 黒(くろ)い	검다, 까맣다
	□ 白(しろ)い	희다, 하얗다
	□ 短(みじか)い	짧다
Day 10	□ 今週(こんしゅう)	이번 주
	□ 土曜日(どようび)	토요일
	□ ～月(がつ)	~월
	□ ～日(にち)	~일
	□ 公園(こうえん)	공원
	□ 駅(えき)	역
	□ バス	버스
	□ ～分(ふん) / 分(ぷん)	~분

Day	어휘	뜻
Day 10	□ ～時半(じはん)	~시 반
	□ 私(わたし)たち	우리들
	□ ～分前(ふんまえ)	~분 전
	□ バス停(てい)	버스정류장
	□ 一緒(いっしょ)に	같이, 함께
Day 11	□ ～セット	~세트
	□ 刺身(さしみ)	회
	□ 食(た)べます	먹습니다【食べる】
	□ 天(てん)ぷら	튀김
	□ 二人(ふたり)	두 사람
	□ 飲(の)みます	마십니다【飲む】
	□ メニュー	메뉴, 메뉴판
	□ サラダ	샐러드
	□ 卵焼(たまごや)き	계란말이
Day 12	□ 男(おとこ)の人(ひと)	남자
	□ 本(ほん)	책
	□ 買(か)います	삽니다【買う】
	□ 知(し)ります	압니다【知る】
	□ 言葉(ことば)	단어, 말
	□ 黄色(きいろ)い	노랗다
	□ りんご	사과
	□ 小(ちい)さい	작다
	□ 学校(がっこう)	학교
	□ 時間(じかん)	시간
	□ 話(はなし)	이야기
	□ すみません	실례합니다
	□ いらっしゃいませ	어서 오세요
	□ あのう	저기…
	□ こちら	이쪽
	□ ありがとうございます	감사합니다

Day	어휘	뜻
Day 12	□ じゃあ	그럼
Day 13	□ 公園(こうえん)	공원
	□ 近(ちか)く	근처
	□ カフェ	카페
	□ 紹介(しょうかい)します	소개합니다【紹介する】
	□ 隣(となり)	바로 옆
	□ 春(はる)	봄
	□ 桜(さくら)	벚꽃
	□ きれいな	예쁜
	□ 病院(びょういん)	병원
	□ 向(む)かい	맞은편
	□ コーヒー	커피
	□ チョコレートケーキ	초콜릿 케이크
	□ ～をどうぞ	~을 드셔 보세요
	□ スーパー	슈퍼
	□ 花屋(はなや)	꽃집
	□ この	이
	□ いちごケーキ	딸기 케이크
	□ おいしい	맛있다
Day 14	□ ～さん	~씨
	□ 今(いま)	지금
	□ すみません	죄송합니다
	□ 駅(えき)	역
	□ これから	이제(부터)
	□ 電車(でんしゃ)	전차, 전철
	□ 次(つぎ)の	다음의
Day 15	□ 日本語(にほんご)	일본어
	□ 話(はな)します	이야기합니다【話す】
	□ ～町(まち)	~마을
	□ 図書館(としょかん)	도서관

Day	어휘	뜻
Day 15	□ 毎週(まいしゅう)	매주
	□ 土曜日(どようび)	토요일
	□ クラス	강좌, 수업, 클래스
	□ 休(やす)み時間(じかん)	쉬는 시간
	□ お茶(ちゃ)	차
	□ お菓子(かし)	과자
	□ ～をどうぞ	~을 드세요
	□ 漢字(かんじ)	한자
	□ 勉強(べんきょう)します	공부합니다【勉強する】
	□ 会話(かいわ)	회화
	□ 日本人(にほんじん)	일본인
	□ お問(と)い合(あ)わせ	문의
	□ 本(ほん)	책
	□ 読(よ)みます	읽습니다【読む】
	□ 練習(れんしゅう)をします	연습을 합니다
	□ 歌(うた)	노래
	□ 歌(うた)います	노래합니다【歌う】
Day 16	□ 土曜日(どようび)	토요일
	□ 日曜日(にちようび)	일요일
	□ 休(やす)み	휴일
	□ 金曜日(きんようび)	금요일
	□ 夜(よる)	밤
	□ いつも	항상, 언제나
	□ ゲームをします	게임을 합니다
	□ 昨日(きのう)	어제
	□ 寝(ね)ます	잡니다【寝る】
	□ 今日(きょう)	오늘
	□ 起(お)きます	일어납니다【起きる】
	□ 午前中(ごぜんちゅう)	오전에
	□ プール	수영장

Day	어휘	뜻
Day 16	□ 午後(ごご)	오후
	□ 図書館(としょかん)	도서관
	□ 勉強(べんきょう)します	공부합니다【勉強する】
	□ うち	집
	□ 映画(えいが)	영화
	□ 見(み)ます	봅니다【見る】
	□ いい	좋다
	□ 一日(いちにち)	하루
	□ この人(ひと)	이 사람
	□ 泳(およ)ぎます	수영합니다【泳ぐ】
	□ 映画館(えいがかん)	영화관
Day 17	□ ～さん	~씨
	□ こんにちは	안녕하세요(낮 인사)
	□ 日曜日(にちようび)	일요일
	□ バーベキュー	바비큐
	□ 楽(たの)しみな	기대되는
	□ 買(か)い物(もの)	쇼핑
	□ 公園(こうえん)	공원
	□ 近(ちか)く	근처
	□ スーパー	슈퍼
	□ 私(わたし)	나, 저
	□ 土曜日(どようび)	토요일
	□ 肉(にく)	고기
	□ 野菜(やさい)	야채
	□ 買(か)います	삽니다【買う】
	□ 果物(くだもの)	과일
	□ 飲(の)み物(もの)	음료
	□ ～をお願(ねが)いします	~을 부탁드립니다
Day 18	□ 相撲(すもう)	스모
	□ 見(み)ます	봅니다【見る】

Day	어휘	뜻
Day 18	□ ～月(がつ)	~월
	□ ～日(にち)	~일
	□ 土曜日(どようび)	토요일
	□ お弁当(べんとう)	도시락
	□ 学校(がっこう)	학교
	□ ～ホール	~홀(Hall)
	□ バス	버스
	□ 申(もう)し込(こ)み	신청
	□ 受付(うけつけ)	접수(처)
	□ 乗(の)ります	탑니다【乗る】
	□ クラス	반(학급), 클래스
	□ 名前(なまえ)	이름
Day 19	□ 友(とも)だち	친구
	□ 一緒(いっしょ)に	같이, 함께
	□ 駅前(えきまえ)	역 앞
	□ 新(あたら)しい	새롭다
	□ レストラン	레스토랑
	□ 昼(ひる)ご飯(はん)	점심(밥)
	□ 食(た)べます	먹습니다【食べる】
	□ ～さん	~씨
	□ ピザ	피자
	□ プリン	푸딩
	□ ちょうど	딱
	□ きれいな	예쁜
	□ サンドイッチ	샌드위치
Day 20	□ たらこ	명란
	□ スパゲッティー	스파게티
	□ イタリア	이탈리아
	□ 料理(りょうり)	요리
	□ 子(こ)ども	아이
	□ お年寄(としよ)り	노인, 어르신

Day	어휘	뜻
Day 20	□ みんな	모두, 다
	□ 好(す)きな	좋아하는
	□ 食(た)べ物(もの)	음식
	□ 日本人(にほんじん)	일본인
	□ アイデア	아이디어
	□ 魚(さかな)	생선
	□ 卵(たまご)	알
	□ ちょっと	조금
	□ 塩辛(しおから)い	짜다
	□ 海(うみ)	바다
	□ 味(あじ)	맛
	□ ぜひどうぞ	꼭 드셔 보세요
	□ 小(ちい)さい	작다
	□ すっぱい	시다
Day 21	□ 日本(にほん)	일본
	□ 祝日(しゅくじつ)	국경일
	□ 多(おお)い	많다
	□ 1年間(ねんかん)	1년간
	□ ~日(にち)	~일
	□ ~月(がつ)	~월
	□ 連休(れんきゅう)	연휴
	□ ほかにも	그 밖에도, 이외에도
	□ 月曜日(げつようび)	월요일
	□ 土曜日(どようび)	토요일
	□ たくさんの	많은
Day 22	□ ~県(けん)	~현 (일본의 행정 구분)
	□ 空港(くうこう)	공항
	□ 地下鉄(ちかてつ)	지하철
	□ ~分(ぷん)(間(かん))	~분(동안)
	□ とても	매우
	□ にぎやかな	활기찬
	□ 町(まち)	마을
	□ おいしい	맛있다
	□ 食(た)べ物(もの)	음식
	□ たくさん	많이
	□ その中(なか)で	그중에서
	□ ラーメン	라면
	□ 人気(にんき)があります	인기가 있습니다 [많습니다]
	□ ~の近(ちか)く	~근처
	□ 勉強(べんきょう)	공부
	□ 神様(かみさま)	신
	□ 神社(じんじゃ)	신사
	□ 学生(がくせい)	학생
	□ 来(き)ます	옵니다
Day 23	□ ~さん	~씨
	□ タイ	태국
	□ 出張(しゅっちょう)します	출장 갑니다
	□ 前(まえ)の日(ひ)	전날
	□ 3人(さんにん)	3명
	□ ミーティング	미팅, 회의
	□ します	합니다【する】
	□ ~日(にち)	~일
	□ ~曜日(ようび)	~요일
	□ 中国(ちゅうごく)	중국
	□ 休(やす)み	휴가
	□ ベトナム	베트남
	□ インド	인도
Day 24	□ 女(おんな)の人(ひと)	여자
	□ 男(おとこ)の人(ひと)	남자
	□ レストラン	레스토랑

Day	어휘	뜻
Day 24	□ 食べます	먹습니다【食べる】
	□ ランチ	런치, 점심
	□ メニュー	메뉴, 메뉴판
	□ スパゲッティー	스파게티
	□ デザート	디저트, 후식
	□ サラダ	샐러드
	□ ステーキ	스테이크
	□ 来ます	옵니다
	□ いただきます	잘 먹겠습니다
	□ おいしい	맛있다
	□ あのう	저…
	□ 私	나, 저
	□ お腹	배
	□ いっぱい	(배가) 부르다, 가득
	□ 大きい	크다
	□ サラダ	샐러드
	□ おいしい	맛있다
	□ ごちそうさまでした	잘 먹었습니다
Day 25	□ 四国	시코쿠(지명)
	□ 4つ	4개
	□ 県	현 (일본의 행정 구분)
	□ 広い	넓다
	□ 有名な	유명한
	□ 小さい	작은
	□ うどん	우동
	□ とても	매우
	□ おいしい	맛있다
	□ いい	좋다
	□ 温泉	온천
	□ 隣	바로 옆
	□ 祭り	축제
	□ もの	~것
Day 26	□ スキーをする	스키를 타다
	□ 冬休み	겨울 방학
	□ 初めて	처음으로
	□ 雪	눈
	□ とても	매우
	□ きれいな	예쁜
	□ 簡単な	간단한
	□ 難しい	어렵다
	□ もっと	더욱
	□ 練習します	연습합니다 [연습하겠습니다]
	□ その後	그 후
	□ 入ります	들어갑니다【入る】
	□ 気持ちがいい	기분이 좋다
	□ おいしい	맛있다
	□ 蕎麦	메밀국수
	□ 食べます	먹습니다【食べる】
	□ いい	좋다
	□ ところ	곳, 장소
	□ また	또, 다시
	□ 行きます	갑니다【行く】
Day 27	□ 毎年	매년
	□ ~月	~월
	□ ~県	~현 (일본의 행정 구분)
	□ 毎年	매년
	□ 100万人	100만 명
	□ ~ぐらいの	~정도의
	□ 人	사람
	□ 見ます	봅니다【見る】

Day	어휘	뜻
Day 27	□ 行(い)きます	갑니다【行く】
	□ とても	매우
	□ 有名(ゆうめい)な	유명한
	□ 祭(まつ)り	축제
	□ ～チーム	~팀
	□ 人(ひと)たち	사람들
	□ 道(みち)	길
	□ 踊(おど)ります	춤춥니다【踊る】
	□ みんな	모두, 다
	□ 右(みぎ)	오른쪽
	□ 左(ひだり)	왼쪽
	□ 手(て)	손
	□ 持(も)ちます	듭니다【持つ】
	□ 音(おと)	소리
	□ 出(で)ます	나옵니다【出る】
	□ 楽器(がっき)	악기
	□ にぎやかな	활기찬, 떠들썩한
Day 28	□ 朝(あさ)ご飯(はん)	아침밥
	□ ～について	~에 대해서
	□ アンケート	앙케트
	□ 結果(けっか)	결과
	□ ～社(しゃ)	~사 (회사)
	□ ～町(まち)	~마을
	□ 男女(だんじょ)	남녀
	□ ～人(にん)	~명
	□ 会社員(かいしゃいん)	회사원
	□ 食(た)べます	먹습니다【食べる】
	□ 家(いえ)	집
	□ 会社(かいしゃ)	회사
	□ レストラン	레스토랑
	□ 同(おな)じ	같은

Day	어휘	뜻
Day 28	□ ～ぐらい	~정도
	□ 理由(りゆう)	이유
	□ 寝(ね)ます	잡니다【寝る】
	□ 時間(じかん)	시간
	□ 朝(あさ)	아침
	□ 家族(かぞく)	가족
	□ 半分(はんぶん)	절반, 반
Day 29	□ 日本(にほん)	일본
	□ 小(ちい)さい	작다
	□ 国(くに)	나라, 국가
	□ 南北(なんぼく)	남북
	□ 長(なが)い	길다
	□ 北(きた)	북쪽
	□ 南(みなみ)	남쪽
	□ 気温(きおん)	기온
	□ 違(ちが)います	다릅니다【違う】
	□ ～市(し)	~시
	□ 冬(ふゆ)	겨울
	□ とても	매우
	□ 寒(さむ)い	춥다
	□ 夏(なつ)	여름
	□ 高(たか)い	높다
	□ クーラー	냉방기, 에어컨
	□ 使(つか)います	사용합니다【使う】
	□ ～ぐらい	~정도
	□ 家(いえ)	집
	□ ない	없다
	□ 多(おお)い	많다
	□ 近(ちか)く	근처
	□ 一年間(いちねんかん)	1년간
	□ 少(すく)ない	적다

Day	어휘	뜻
Day 30	□ 学校(がっこう)	학교
	□ 近(ちか)く	근처
	□ 店(みせ)	가게
	□ ネパール	네팔
	□ 料理(りょうり)	요리
	□ 食(た)べます	먹습니다【食べる】
	□ とても	매우
	□ おいしい	맛있다
	□ 今日(きょう)	오늘
	□ 隣(となり)	바로 옆
	□ カラオケ	노래방
	□ 行(い)きます	갑니다【行く】
	□ 日本(にほん)	일본
	□ 歌(うた)	노래
	□ 歌(うた)います	노래합니다【歌う】
	□ 英語(えいご)	영어
	□ みんな	모두, 다
	□ ベトナム	베트남
	□ ない	없다
	□ 今度(こんど)は	다음 번에는
	□ ぼく	나, 저(남자)
	□ 明日(あした)	내일
	□ 練習(れんしゅう)します	연습합니다【練習する】
	□ 書(か)きます	씁니다【書く】
Day 31	□ うち	우리집
	□ 私(わたし)	나
	□ 部屋(へや)	방
	□ 前(まえ)	앞
	□ 今(いま)	지금
	□ わあ	우와(감탄사)
	□ 使(つか)います	사용합니다【使う】
	□ 全部(ぜんぶ)	전부
	□ 捨(す)てます	버립니다【捨てる】
	□ 重(おも)い	무겁다
	□ 大変(たいへん)な	힘든
	□ 今度(こんど)の	이번
	□ 週末(しゅうまつ)	주말
	□ 行(い)きます	갑니다【行く】
	□ 新(あたら)しい	새롭다
	□ 引(ひ)っ越(こ)します	이사합니다【引っ越す】
	□ もの	물건
	□ たくさん	많이
	□ あります	(사물, 식물 등이) 있습니다【ある】
Day 32	□ 本(ほん)	책
	□ 借(か)ります	빌립니다【借りる】
	□ 人(ひと)	사람
	□ 図書館(としょかん)	도서관
	□ カード	카드
	□ 受付(うけつけ)	접수(처)
	□ 持(も)って来(き)ます	가져옵니다【持って 来る】
	□ ～冊(さつ)	~권
	□ 初(はじ)めて	처음으로
	□ 作(つく)ります	만듭니다【作る】
	□ 申込書(もうしこみしょ)	신청서
	□ 出(だ)します	냅니다【出す】
	□ 名前(なまえ)	이름
	□ 住所(じゅうしょ)	주소
	□ みんな	모두, 다
	□ 大切(たいせつ)に	소중하게

Day	어휘	뜻
Day 32	□ 読みます	읽습니다【読む】
	□ 順番	순서
	□ 持って行きます	가져갑니다【持って行く】
Day 33	□ 友だち	친구
	□ 泳ぎます	수영합니다【泳ぐ】
	□ 海	바다
	□ とても	매우
	□ きれいな	예쁜
	□ 午前中	오전에
	□ ～時間	~시간
	□ ～ぐらい	~정도
	□ サーフィン	서핑
	□ 今	지금
	□ バーベキュー	바비큐
	□ 一人で	혼자서
	□ 肉	고기
	□ 焼きます	굽습니다【焼く】
	□ おいしい	맛있다
	□ ぼく	나(남성)
	□ 食べます	먹습니다【食べる】
	□ ～分前	~분 전
Day 34	□ 公園	공원
	□ ルール	룰, 규칙
	□ 自転車	자전거
	□ 駐輪場	자전거 주차장
	□ 止めます	세웁니다【止める】
	□ 中	안
	□ 乗ります	탑니다【乗る】
	□ 危ない	위험하다
	□ ボール	볼(ball), 공

Day	어휘	뜻
Day 34	□ 遊びます	놉니다【遊ぶ】
	□ 火	불
	□ 使います	사용합니다【使う】
	□ お弁当	도시락
	□ ゴミ	쓰레기
	□ 持って帰ります	가지고 돌아갑니다【持って帰る】
	□ 木	나무
	□ 花	꽃
	□ 大切にします	소중히 합니다【大切にする】
	□ ～課	~과(부서)
	□ 電話	전화
	□ バスケットボール	농구공
	□ 食べます	먹습니다【食べる】
Day 35	□ 午前	오전
	□ ～時	~시
	□ ～分	~분
	□ 学校	학교
	□ 出ます	나옵니다【出る】
	□ 美術館	미술관
	□ 行きます	갑니다【行く】
	□ バス	버스
	□ 電車	전철
	□ ～円	~엔(일본 화폐 단위)
	□ 歩きます	걷습니다【歩く】
Day 36	□ 女の人	여자
	□ 男の人	남자
	□ ネットショッピング	인터넷 쇼핑
	□ サイト	사이트
	□ 見ます	봅니다【見る】
	□ 二人	두 사람

Day	어휘	뜻
Day 36	□ 買い物	쇼핑
	□ テレビ	TV
	□ ～インチ	~인치
	□ ノートパソコン	노트북
	□ タブレット	태블릿
	□ 新しい	새롭다
	□ パソコン	개인용 컴퓨터 (PC)
	□ ほしい	원하다
	□ 安い	저렴하다
	□ ぼく	나, 저(남자)
	□ 買います	삽니다【買う】
	□ 小さい	작다
	□ ～万円	~만 엔
	□ 高い	비싸다
	□ とても	매우
	□ いい	좋다
	□ それ	그것
	□ これ	이것
	□ そうだね	그렇네
Day 37	□ ～クラス	~반(학급), 클래스
	□ ～さん	~씨
	□ 夏休み	여름 방학, 여름 휴가
	□ ホームステイ	홈스테이
	□ 説明書	설명서
	□ 申込書	신청서
	□ よく	잘
	□ 読みます	읽습니다【読む】
	□ 書きます	씁니다【書く】
	□ 金曜日	금요일
	□ 午後	오후

Day	어휘	뜻
Day 37	□ 出します	냅니다【出す】
	□ 青い	파랗다
	□ 眼鏡をかけます	안경을 씁니다【眼鏡をかける】
	□ 男の人	남자
	□ わかります	압니다【わかる】
	□ この後	이후
	□ 初めに	처음에
Day 38	□ 去年	작년
	□ ベトナム	베트남
	□ 留学します	유학합니다【留学する】
	□ 今年	올해
	□ 結婚します	결혼합니다【結婚する】
	□ 今	지금
	□ 料理	요리
	□ レストラン	레스토랑
	□ 経営します	경영합니다【経営する】
	□ 安い	저렴하다
	□ おいしい	맛있다
	□ 趣味	취미
	□ 旅行	여행
	□ 店	가게
	□ 写真	사진
	□ アップします	업로드합니다[하겠습니다]
	□ 見ます	봅니다【見る】
Day 39	□ 公園	공원
	□ 紹介します	소개합니다【紹介する】
	□ 緑	초록색, 푸르름

Day	어휘	뜻
Day 39	□ 多い	많다
	□ ジョギング	조깅
	□ コース	코스
	□ あります	(사물, 식물 등이) 있습니다【ある】
	□ 駐車場	주차장
	□ 狭い	좁다
	□ 駅	역
	□ 歩きます	걷습니다【歩く】
	□ ～分 / 分	~분
	□ 隣	바로 옆
	□ 美術館	미술관
	□ バーベキュー	바비큐
	□ エリア	구역
	□ 事務所	사무소
	□ 予約します	예약합니다【予約する】
	□ 地図	지도
Day 40	□ 日本	일본
	□ バレンタインデー	밸런타인데이
	□ 女の人	여자
	□ 好きな	좋아하는
	□ 人	사람
	□ チョコレート	초콜릿
	□ 私	나, 저
	□ あなた	당신
	□ 恋人	연인, 애인
	□ メッセージ	메시지
	□ とても	매우
	□ 嬉しいです	기쁩니다
	□ 待ちます	기다립니다【待つ】
	□ 友だち	친구

Day	어휘	뜻
Day 40	□ これからもよろしく	앞으로도 잘 부탁해
	□ 意味	의미
	□ よく	잘
	□ 考えます	생각합니다【考える】
Day 41	□ 会議	회의
	□ 資料	자료
	□ メール	메일
	□ 送ります	보냅니다【送る】
	□ 去年	작년
	□ 発表会	발표회
	□ データ	데이터
	□ 見ます	봅니다【見る】
	□ 作ります	만듭니다【作る】
	□ 課長	과장(님)
	□ チェックします	체크합니다【チェックする】
	□ 去年	작년
	□ コピーします	복사합니다【コピーする】
	□ 会議室	회의실
	□ 予約します	예약합니다【予約する】
	□ 来週	다음 주
	□ 火曜日	화요일
	□ 順番	순서
	□ やります	합니다【やる】
Day 42	□ 高校生	고등학생
	□ 迷子	미아
	□ 女の子	여자아이
	□ 交番	파출소
	□ 昨日	어제
	□ 午後	오후

Day	어휘	뜻
Day 42	□ ~時頃(じごろ)	~시경, ~시쯤
	□ ~歳(さい)	~세, ~살(나이)
	□ 娘(むすめ)	딸
	□ 家族(かぞく)	가족
	□ 警察(けいさつ)	경찰
	□ 連絡(れんらく)	연락
	□ その後(ご)	그 후
	□ 連(つ)れて来(き)ます	데려옵니다【連れて来る】
	□ 無事(ぶじ)に	무사히
	□ 家族(かぞく)	가족
	□ 帰(かえ)ります	돌아갑니다【帰る】
	□ 高校(こうこう)	고등학교
	□ 小(ちい)さい	작다
	□ 学校(がっこう)	학교
	□ ~の前(まえ)	~앞
	□ 一人(ひとり)	혼자
	□ 泣(な)きます	웁니다【泣く】
	□ びっくりします	깜짝 놀랍니다【びっくりする】
	□ 車(くるま)	자동차
	□ 多(おお)い	많다
	□ 道(みち)	길
	□ 心配(しんぱい)な	걱정스러운
	□ 話(はな)します	이야기합니다【話す】
	□ 連(つ)れて行(い)きます	데려갑니다【連れて行く】
	□ 本当(ほんとう)に	정말로
	□ 娘(むすめ)	딸
	□ お礼(れい)	감사 인사
Day 43	□ 電子(でんし)レンジ	전자레인지
	□ 簡単(かんたん)な	간단한
	□ おいしい	맛있다
	□ ツナ	참치
	□ トマト	토마토
	□ パスタ	파스타
	□ 材料(ざいりょう)	재료
	□ スパゲッティー	스파게티
	□ グラム	그램(g)
	□ トマト	토마토
	□ 缶詰(かんづめ)	통조림
	□ 水(みず)	물
	□ シーシー (cc)	시시(cc)
	□ 半分(はんぶん)	절반, 반
	□ 折(お)ります	자릅니다【折る】
	□ 大(おお)きい	크다
	□ お皿(さら)	접시
	□ 塩(しお)	소금
	□ 少(すこ)し	조금
	□ 混(ま)ぜます	섞습니다【混ぜる】
	□ 上(うえ)	위
	□ ラップ	랩, 랩으로 덮다
	□ ワット	와트(W)
	□ ~分(ふん)	~분
	□ ~ぐらい	~정도
	□ 一度(いちど)	한번
	□ 出(だ)します	꺼냅니다【出す】
	□ 日本(にほん)	일본
Day 44	□ 温泉(おんせん)	온천
	□ 以上(いじょう)	이상
	□ あります	(사물, 식물 등이) 있습니다【ある】

Day	어휘	뜻
Day 44	□ ～度(ど)(℃)	~도(℃)
	□ ～ぐらい	~정도
	□ 熱(あつ)い	뜨겁다
	□ あまり～ない	별로 ~지 않다
	□ ゆっくり	천천히
	□ 入(はい)ります	들어갑니다【入る】
	□ リラックスします	긴장을 풉니다, 릴랙스합니다 【リラックスする】
	□ 病気(びょうき)	병
	□ けが	상처
	□ 体(からだ)	몸
	□ 洗(あら)います	씻습니다【洗う】
	□ タオル	수건, 타월
	□ お湯(ゆ)	뜨거운 물
	□ 入(い)れます	넣습니다【入れる】
	□ 楽(たの)しい	즐겁다
	□ ～の中(なか)で	~중에서
	□ 泳(およ)ぎます	수영합니다【泳ぐ】
	□ たくさんの	많은
	□ 気(き)をつけます	주의합니다 【気をつける】
	□ 全部(ぜんぶ)	전부
	□ 選(えら)びます	고릅니다【選ぶ】
Day 45	□ ～ちゃん	~아(야), ~이 * 이름 뒤에 붙여 친근감을 나타냄
	□ 私(わたし)	나
	□ 来週(らいしゅう)	다음 주
	□ テレビ	TV
	□ 出(で)ます	나옵니다【出る】
	□ 水曜日(すいようび)	수요일
	□ クイズ	퀴즈

Day	어휘	뜻
Day 45	□ 番組(ばんぐみ)	프로그램
	□ 見(み)ます	봅니다【見る】
	□ すごい	굉장하다
	□ がんばってね	힘내
	□ で、～	그래서 ~
	□ お願(ねが)いがあります	부탁이 있습니다 【お願ねがいがある】
	□ ワンピース	원피스
	□ 貸(か)します	빌려줍니다【貸す】
	□ 着(き)ます	입습니다【着る】
	□ あれ	그것
	□ 姉(あね)	언니, 누나
	□ 今晩(こんばん)	오늘 밤
	□ 聞(き)きます	묻습니다, 듣습니다【聞く】
	□ 本当(ほんとう)?	정말?
	□ ありがとう	고마워
	□ よろしく	잘 부탁해
Day 46	□ これ	이것
	□ 動物(どうぶつ)	동물
	□ 鳴(な)き声(ごえ)	(동물의) 울음소리
	□ 日本(にほん)	일본
	□ 犬(いぬ)	개
	□ 表(あらわ)します	표현합니다, 나타냅니다
	□ 鳴(な)きます	(동물이) 웁니다 【鳴く】
	□ 猫(ねこ)	고양이
	□ 牛(うし)	소
	□ ライオン	사자
	□ では	그럼
	□ キリン	기린

Day	어휘	뜻
Day 46	□ 知(し)ります	압니다【知る】
	□ 人(ひと)	사람
	□ 多(おお)い	많다
	□ 実(じつ)は	실은
	□ 仲間(なかま)	친구, 동료
	□ 同(おな)じ	같은
	□ 聞(き)きます	듣습니다, 묻습니다【聞く】
Day 47	□ ～さん	~씨
	□ 今度(こんど)の	이번
	□ 日曜日(にちようび)	일요일
	□ みんなで	다 같이, 다 함께
	□ いちご狩(が)り	딸기 따기
	□ 奥(おく)さん	아내
	□ 小学校(しょうがっこう)	초등학교
	□ 入(はい)ります	들어갑니다【入る】
	□ 男(おとこ)の子(こ)	남자아이
	□ 去年(きょねん)	작년
	□ 生(う)まれます	태어납니다 【生まれる】
	□ 女(おんな)の子(こ)	여자아이
	□ 料金(りょうきん)	요금
	□ ～分間(ぷんかん)	~분간, ~분 동안
	□ 大人(おとな)	어른
	□ 中学生(ちゅうがくせい)	중학생
	□ 子(こ)ども	아이
	□ ～歳(さい)	~세, ~살(나이)
Day 48	□ デパート	백화점
	□ 男(おとこ)の人(ひと)	남자아이
	□ 女(おんな)の人(ひと)	여자아이
	□ 話(はな)します	이야기합니다 【話す】

Day	어휘	뜻
Day 48	□ 二人(ふたり)	두 사람
	□ この後(あと)	이후
	□ 行(い)きます	갑니다【行く】
	□ 地下(ちか)	지하
	□ ～階(かい)	~층
	□ 買(か)い物(もの)	쇼핑
	□ クリスマスプレゼント	크리스마스 선물
	□ チケット	티켓
	□ お買(か)い物(もの)	쇼핑(정중한 말)
	□ ありがとうございます	감사합니다
	□ みなさま	여러분
	□ 用意(ようい)します	준비합니다 【用意する】
	□ 受付(うけつけ)カウンター	접수 카운터
	□ カードゲーム	카드게임
	□ ネクタイ	넥타이
	□ アクセサリー	액세서리
	□ ワイン	와인
	□ 全部(ぜんぶ)	전부
	□ 終(お)わります	끝납니다【終わる】
	□ 疲(つか)れます	지칩니다【疲れる】
	□ コーヒー	커피
	□ 飲(の)みます	마십니다【飲む】
	□ ちょっと	조금
	□ 待(ま)ちます	기다립니다【待つ】
	□ もらいます	받습니다【もらう】
	□ 本当(ほんとう)は	사실은
	□ ほしい	원하다
	□ でも	하지만, 그렇지만
	□ 来週(らいしゅう)	다음 주

Day	어휘	뜻
Day 48	□ パーティー	파티
	□ みんな	모두, 다
	□ 使(つか)います	사용합니다【使う】
	□ もの	물건, 것
	□ そうだね	그렇네
	□ じゃあ	그럼
	□ それから	그러고 나서
Day 49	□ みなさん	여러분
	□ 入学(にゅうがく)	입학
	□ おめでとうございます	축하합니다
	□ 先輩(せんぱい)	선배
	□ メッセージ	메시지
	□ 私(わたし)	나, 저
	□ いい	좋다
	□ 思(おも)います	생각합니다【思う】
	□ 勉強(べんきょう)	공부
	□ やります	합니다【やる】
	□ 日記(にっき)	일기
	□ 書(か)きます	씁니다【書く】
	□ 友(とも)だち	친구
	□ 一緒(いっしょ)に	같이, 함께
	□ 次(つぎ)の	다음(의)
	□ 日(ひ)	날
	□ 読(よ)みます	읽습니다【読む】
	□ 下(した)	아래
	□ 書(か)きます	씁니다【書く】
	□ 知(し)ります	압니다【知る】
	□ 言葉(ことば)	단어, 말
	□ 覚(おぼ)えます	기억합니다, 외웁니다【覚える】

Day	어휘	뜻
Day 49	□ 作文(さくぶん)	작문
	□ 会話(かいわ)	회화
	□ 使(つか)います	사용합니다【使う】
	□ 楽(たの)しい	즐겁다
	□ 順番(じゅんばん)	순서
	□ 渡(わた)します	건넵니다【渡す】
	□ 受(う)け取(と)ります	받습니다【受け取る】
	□ 自分(じぶん)	자신
	□ 返(かえ)します	돌려줍니다【返す】
Day 50	□ チケット	티켓
	□ 定員(ていいん)	정원
	□ ~名(めい)	~명(인원수)
	□ 食(た)べ物(もの)	음식
	□ 言葉(ことば)	말, ~어
	□ 文化(ぶんか)	문화
	□ 紹介(しょうかい)します	소개합니다【紹介する】
	□ 音楽(おんがく)	음악
	□ 人気(にんき)	인기
	□ バンド	밴드
	□ コンサート	콘서트
	□ ダンス	댄스, 춤
	□ グループ	그룹
	□ みなさん	여러분
	□ 踊(おど)り	춤
	□ 楽(たの)しみます	즐깁니다【楽しむ】
	□ ~名様(めいさま)	~분
	□ 旅行(りょこう)	여행
	□ プレゼント	선물
	□ あります	(사물, 식물 등이) 있습니다【ある】

Day	어휘	뜻
Day 50	□ 料理(りょうり)	요리
	□ 食(た)べます	먹습니다【食べる】
	□ みんな	모두, 다
	□ 一緒(いっしょ)に	같이, 함께
	□ 旅行(りょこう)する	여행하다
Day 51	□ 楽(たの)しい	즐겁다
	□ 自転車(じてんしゃ)	자전거
	□ 旅行(りょこう)	여행
	□ 夏休(なつやす)み	여름 방학, 여름 휴가
	□ 一昨年(おととし)	재작년
	□ 去年(きょねん)	작년
	□ 今年(ことし)	올해
	□ 一週間(いっしゅうかん)	일주일
	□ ～の中(なか)で	~중에서
	□ ～日間(にちかん)	~일간, ~일 동안
	□ 雨(あめ)	비
	□ 降(ふ)ります	(눈, 비 등이) 내립 니다【降る】
	□ 大変(たいへん)な	힘든
	□ おいしい	맛있다
	□ もの	~것
	□ 食(た)べます	먹습니다【食べる】
	□ きれいな	예쁜
	□ 景色(けしき)	경치
	□ 見(み)ます	봅니다【見る】
	□ 初(はじ)めての	첫
	□ 本当(ほんとう)に	정말로
	□ 楽(たの)しい	즐겁다
	□ でも	그런데
	□ とても	매우
	□ 広(ひろ)い	넓다

Day	어휘	뜻
Day 51	□ まだ	아직
	□ 行(い)きます	갑니다【行く】
	□ 所(ところ)	곳, 장소
	□ たくさん	많이
	□ あります	(사물, 식물 등이) 있습니다【ある】
	□ また	또, 다시
Day 52	□ 薬(くすり)	약
	□ 仕事(しごと)	일, 업무
	□ 忙(いそが)しい	바쁘다
	□ 疲(つか)れます	피곤합니다 【疲れる】
	□ 元気(げんき)	기운
	□ 出(で)ます	(기운이) 납니다 【出る】
	□ そんな	그런
	□ 飲(の)みます	마십니다【飲む】
	□ すぐに	금방, 곧
	□ 体(からだ)	몸
	□ 温(あたた)かい	따뜻하다
	□ 運動(うんどう)します	운동합니다 【運動する】
	□ よく	잘
	□ 食(た)べます	먹습니다【食べる】
	□ 寝(ね)ます	잡니다【寝る】
	□ 勉強(べんきょう)	공부
	□ 遊(あそ)び	노는 것
	□ がんばります	힘냅니다 【がんばる】
Day 53	□ 悩(なや)み	고민
	□ 相談(そうだん)	상담
	□ 私(わたし)	나, 저
	□ 恋人(こいびと)	연인, 애인

Day	어휘	뜻
Day 53	□ 中国人(ちゅうごくじん)	중국인
	□ 結婚(けっこん)	결혼
	□ 約束(やくそく)	약속
	□ でも	그런데
	□ 中国(ちゅうごく)	중국
	□ 会社(かいしゃ)	회사
	□ 就職(しゅうしょく)	취직
	□ 決(き)まります	결정됩니다【決まる】
	□ 来月(らいげつ)	다음 달
	□ 帰国(きこく)します	귀국합니다【帰国する】
	□ 一緒(いっしょ)に	같이, 함께
	□ 行(い)きます	갑니다【行く】
	□ 言(い)います	말합니다【言う】
	□ 中国語(ちゅうごくご)	중국어
	□ できます	할 수 있습니다【できる】
	□ 友(とも)だち	친구
	□ います	(사람, 동물 등이) 있습니다【いる】
	□ 住(す)みます	삽니다【住む】
	□ 練習(れんしゅう)します	연습합니다【練習する】
	□ 上手(じょうず)な	잘하는, 능숙한
	□ みんな	모두, 다
	□ 心配(しんぱい)な	걱정스러운
	□ 難(むずか)しい	어렵다
	□ 問題(もんだい)	문제
	□ 家族(かぞく)	가족
	□ よく	잘
	□ 話(はな)します	이야기합니다【話す】

Day	어휘	뜻
Day 53	□ まず	우선, 먼저
	□ 勉強(べんきょう)します	공부합니다【勉強する】
Day 54	□ フラミンゴ	플라밍고, 홍학
	□ ピンク色(いろ)	핑크색
	□ きれいな	예쁜
	□ 鳥(とり)	새
	□ あなた	당신
	□ 白(しろ)い	희다, 하얗다
	□ 見(み)ます	봅니다【見る】
	□ 実(じつ)は	실은
	□ 生(う)まれます	태어납니다【生まれる】
	□ 藻(も)	수초, 해초
	□ 水(みず)	물
	□ ～の中(なか)	~속
	□ 草(くさ)	풀
	□ 食(た)べます	먹습니다【食べる】
	□ βカロチン(ベータ)	베타카로틴
	□ 入(はい)ります	들어갑니다【入る】
	□ 人参(にんじん)	당근
	□ 唐辛子(とうがらし)	고추
	□ 赤(あか)い	붉다, 빨갛다
	□ 色(いろ)	색깔
	□ もの	물질, 것
	□ 体(からだ)	몸
	□ だんだん	점점
	□ 初(はじ)めは	처음에는
	□ みんな	모두, 다
Day 55	□ 動物(どうぶつ)	동물
	□ オス	수컷
	□ メス	암컷

Day	어휘	뜻
	□ 数 (かず)	수
	□ だいたい	대개, 대체로
	□ 1:1 (いちたいいち)	일 대 일
	□ 今 (いま)	지금
	□ ウミガメ	바다거북이
	□ 少ない (すく)	적다
	□ オーストラリア	호주
	□ 調べます (しら)	조사합니다, 알아 봅니다【調べる】
	□ パーセント	퍼센트(%)
	□ 地球 (ち きゅう)	지구
	□ 温度 (おん ど)	온도
	□ 高い (たか)	높다
	□ 卵 (たまご)	알
Day 55	□ ～の中 (なか)	~속
	□ 周り (まわ)	주변
	□ 場所 (ば しょ)	장소
	□ 決まります (き)	결정됩니다【決まる】
	□ 低い (ひく)	낮다
	□ これから	앞으로
	□ もっと	더욱
	□ 上がります (あ)	높아집니다【上がる】
	□ 生まれます (う)	태어납니다【生まれる】
	□ いません	(사람, 동물 등이) 없습니다【いない】
	□ 暑い (あつ)	덥다
	□ 死にます (し)	죽습니다【死ぬ】
Day 56	□ テレビ	TV
	□ スマホ	스마트폰
	□ 見ます (み)	봅니다【見る】

Day	어휘	뜻
	□ 勉強 (べんきょう)	공부
	□ できます	할 수 있습니다【できる】
	□ では	그럼
	□ 音楽 (おんがく)	음악
	□ 好きな (す)	좋아하는
	□ 聞きます (き)	듣습니다, 묻습니다【聞く】
	□ リラックスする	긴장을 풀다, 릴랙스하다
	□ 思います (おも)	생각합니다【思う】
Day 56	□ 静かな (しず)	조용한
	□ 場所 (ば しょ)	장소
	□ 始めます (はじ)	시작합니다【始める】
	□ すぐに	금방, 곧
	□ 疲れます (つか)	지칩니다【疲れる】
	□ 海 (うみ)	바다
	□ 川 (かわ)	강
	□ 木の葉 (き は)	나뭇잎
	□ 音 (おと)	소리
	□ 自然 (し ぜん)	자연
	□ 練習 (れんしゅう)	연습
	□ 問題 (もんだい)	문제
	□ 教科書 (きょう か しょ)	교과서
	□ あります	(사물, 식물 등이) 있습니다【ある】
Day 57	□ パソコン	개인용 컴퓨터 (PC)
	□ 使います (つか)	사용합니다【使う】
	□ ホームページ	홈페이지
	□ ダウンロード	다운로드
	□ スマートフォン	스마트폰

Day	어휘	뜻
Day 57	□ アプリ	앱(애플리케이션)
	□ 説明	설명
	□ パスワード	패스워드
	□ 公式	공식
Day 58	□ 今日	오늘
	□ ごめんね	미안해
	□ 海	바다
	□ 楽しい	재미있다
	□ ～くん	~아(야), ~군
	□ 来ます	옵니다【来る】
	□ 連絡	연락
	□ みんな	모두, 다
	□ 心配します	걱정합니다【心配する】
	□ スマホ	스마트폰
	□ 家	집
	□ 忘れます	잊습니다, 깜빡합니다【忘れる】
	□ 駅	역
	□ おなか	배
	□ 痛い	아프다
	□ トイレ	화장실
	□ 帰ります	돌아갑니다, 돌아옵니다【帰る】
	□ 寝ます	잡니다【寝る】
	□ 今	지금
	□ 起きます	일어납니다【起きる】
	□ 大丈夫な	괜찮은
	□ 病院	병원
	□ 行きます	갑니다【行く】
	□ ううん	아니야
	□ じゃあ	그럼

Day	어휘	뜻
Day 58	□ 今度は	다음에는
	□ 一緒に	같이, 함께
Day 59	□ クラス	강좌, 수업, 클래스
	□ 大学生	대학생
	□ ～さん	~씨
	□ ヨガ	요가
	□ 始めます	시작합니다【始める】
	□ 授業	수업
	□ 平日	평일
	□ 午前	오전
	□ 午後	오후
	□ 週末	주말
	□ アルバイト	아르바이트
	□ 将棋	장기(놀이)
	□ 習います	배웁니다【習う】
	□ 仕事	일
	□ 休み	휴일
	□ 夜	밤
	□ カルチャーセンター	문화센터
	□ 毎週	매주
	□ ～回	~회
	□ 一か月	1개월
	□ 小学生	초등학생
	□ 定休	정기휴무
Day 60	□ 女の人	여자
	□ 男の人	남자
	□ 料理教室	요리교실
	□ パンフレット	팸플릿
	□ 見ます	봅니다【見る】
	□ 入ります	들어갑니다【入る】
	□ クラス	강좌, 수업, 클래스

Day	어휘	뜻
Day 60	□ 和食(わしょく)	일식
	□ 洋食(ようしょく)	양식
	□ 簡単(かんたん)な	간단한
	□ 練習(れんしゅう)します	연습합니다【練習する】
	□ お正月(しょうがつ)	정월, 설날
	□ 特別(とくべつ)な	특별한
	□ 作(つく)ります	만듭니다【作る】
	□ いろいろな	다양한
	□ 国(くに)	나라
	□ デザート	디저트
	□ ピザ	피자
	□ スパゲッティー	스파게티
	□ イタリア	이탈리아
	□ 来月(らいげつ)	다음 달
	□ 行(い)きます	갑니다【行く】
	□ 見(み)せます	보여줍니다【見せる】
	□ ぼく	나, 저(남성)
	□ 習(なら)います	배웁니다【習う】
	□ もうすぐ	이제 곧
	□ 仕事(しごと)	일, 업무
	□ 間(ま)に合(あ)います	시간에 맞춥니다【間に合う】
	□ 好(す)きな	좋아하는
	□ 勉強(べんきょう)します	공부합니다【勉強する】
Day 61	□ 敬老会(けいろうかい)	경로회
	□ お元気(げんき)で	건강하세요
	□ 敬老(けいろう)の日(ひ)	경로의 날
	□ お祝(いわ)い会(かい)	축하 행사
	□ いらっしゃいます	오십니다【いらっしゃる】

Day	어휘	뜻
Day 61	□ ご覧(らん)になります	보십니다【ご覧になる】
	□ 召(め)し上(あ)がります	드십니다【召し上がる】
	□ 楽(たの)しみにします	기대합니다【楽しみにする】
	□ 子(こ)どもたち	아이들
	□ おっしゃいます	말씀하십니다【おっしゃる】
	□ お祝(いわ)いします	축하드립니다【お祝いする】
Day 62	□ お疲(つか)れさまです	수고 많으십니다
	□ お先(さき)に失礼(しつれい)します	먼저 실례하겠습니다
	□ 部長(ぶちょう)	부장(님)
	□ 出席(しゅっせき)します	참석합니다【出席する】
	□ 出(で)かけます	외출합니다【出かける】
	□ 資料(しりょう)	자료
	□ 机(つくえ)	책상
	□ 出発(しゅっぱつ)	출발
	□ 予定(よてい)	예정
	□ タクシー	택시
	□ 呼(よ)びます	부릅니다【呼ぶ】
Day 63	□ わさび	고추냉이
	□ お買(か)い上(あ)げ	구매
	□ アンケート	앙케트
	□ 答(こた)えます	대답합니다【答える】
	□ 全員(ぜんいん)	전원
	□ 新商品(しんしょうひん)	신상품
	□ 差(さ)し上(あ)げます	드립니다【差し上げる】
	□ 意見(いけん)	의견

Day	어휘	뜻
Day 63	□ 商品(しょうひん)	상품
	□ 当社(とうしゃ)	당사
Day 64	□ スポーツ	스포츠
	□ 会員(かいいん)	회원
	□ 招待(しょうたい)	초대
	□ セール	세일
	□ 特別(とくべつ)な	특별한
	□ お客様(きゃくさま)	고객님
	□ スペシャル	스페셜
	□ レジ	계산대
	□ チケット	티켓
	□ 見(み)せます	보여줍니다【見せる】
	□ オフ	할인(off)
	□ 用意(ようい)します	준비합니다【用意する】
Day 65	□ 生(う)まれます	태어납니다【生まれる】
	□ テニス	테니스
	□ バレーボール	배구
	□ 似(に)ています	닮았습니다【似ている】
	□ 柔(やわ)らかい	부드럽다
	□ コート	코트
	□ 真(ま)ん中(なか)	한가운데
	□ ネット	네트
	□ 相手(あいて)	상대
	□ 打(う)ちます	칩니다【打つ】
	□ 打(う)ち返(かえ)します	되받아칩니다【打ち返す】
	□ ラケット	라켓
	□ 安全(あんぜん)な	안전한
	□ お年寄(としよ)り	노인, 어르신

Day	어휘	뜻
Day 65	□ 楽(たの)しみます	즐깁니다【楽しむ】
Day 66	□ 最近(さいきん)	최근
	□ 趣味(しゅみ)	취미
	□ ゲーム	게임
	□ 世界(せかい)	세계
	□ 素晴(すば)らしい	훌륭하다
	□ 忘(わす)れます	잊습니다, 깜빡합니다【忘れる】
	□ 時計(とけい)	시계
	□ 生活(せいかつ)	생활
	□ 大切(たいせつ)な	소중한, 중요한
	□ 眠(ねむ)い	졸리다
	□ やめます	그만둡니다【やめる】
	□ ノート	노트
	□ きっと	분명, 꼭
	□ 考(かんが)え	생각
Day 67	□ おすすめ	추천
	□ 一家(いっか)	한 집
	□ ~台(だい)	~대
	□ 充電器(じゅうでんき)	충전기
	□ 台風(たいふう)	태풍
	□ 地震(じしん)	지진
	□ 電気(でんき)	전기
	□ 止(と)まります	끊깁니다, 멈춥니다【止まる】
	□ 携帯電話(けいたいでんわ)	휴대전화
	□ 充電(じゅうでん)	충전
	□ なくなります	없어집니다【なくなる】
	□ 本当(ほんとう)に	정말로
	□ 困(こま)ります	곤란합니다【困る】

Day	어휘	뜻
Day 67	□ こちら	이쪽
	□ 便利(べんり)な	편리한
	□ パネル	패널
	□ 開(ひら)きます	엽니다, 폅니다【開く】
	□ 明(あか)るい	밝다
	□ 置(お)きます	둡니다【置く】
	□ つなぎます	연결합니다【つなぐ】
	□ 強(つよ)い	강하다
	□ 太陽(たいよう)	태양
	□ 光(ひかり)	빛
	□ 部屋(へや)	방
	□ 安心(あんしん)な	안심되는
Day 68	□ 将来(しょうらい)	장래
	□ 物価(ぶっか)	물가
	□ 留学(りゅうがく)	유학
	□ アルバイト	아르바이트
	□ 給料(きゅうりょう)	급여
	□ 上手(じょうず)に	잘, 능숙하게
	□ 筆者(ひっしゃ)	필자
	□ ～に合(あ)います	~에 맞습니다, 부합합니다【~に合う】
Day 69	□ 観光(かんこう)	관광
	□ 協会(きょうかい)	협회
	□ 花火大会(はなびたいかい)	불꽃축제
	□ 会場(かいじょう)	행사장
	□ 浴衣(ゆかた)	유카타
	□ 山(やま)	산
	□ ～の方(ほう)	~쪽
	□ まっすぐ	쭉, 곧장
	□ 橋(はし)	다리
	□ 曲(ま)がります	꺾습니다【曲がる】
	□ 遠(とお)い	멀다
	□ ビル	빌딩
Day 70	□ 親子丼(おやこどん)	닭고기 계란덮밥
	□ 材料(ざいりょう)	재료
	□ ご飯(はん)	밥
	□ 鶏肉(とりにく)	닭고기
	□ 玉(たま)ねぎ	양파
	□ 卵(たまご)	달걀, 계란
	□ 砂糖(さとう)	설탕
	□ 大(おお)さじ	큰 숟가락(계량용)
	□ しょう油(ゆ)	간장
	□ みりん	미림(조미료)
	□ 晩(ばん)ご飯(はん)	저녁밥
	□ メニュー	메뉴, 메뉴판
	□ 決(き)まります	결정됩니다【決まる】
	□ いかがですか	어떠십니까?
	□ まず	우선, 먼저
	□ 切(き)ります	자릅니다【切る】
	□ 次(つぎ)に	그 다음에
	□ 鍋(なべ)	냄비
	□ ガス	가스
	□ 火(ひ)	불
	□ つけます	켭니다【つける】
	□ 熱(あつ)い	뜨겁다
	□ 煮(に)ます	끓입니다【煮る】
	□ 最後(さいご)に	마지막으로
	□ 載(の)せます	올립니다, 얹습니다
Day 71	□ 平日(へいじつ)	평일
	□ 戻(もど)ります	돌아옵(갑)니다【戻る】

Day	어휘	뜻
Day 71	□ お知らせ	공지, 알림
	□ 荷物	짐
	□ ご不在連絡票	부재연락표
	□ 届けます	배달합니다, 보내 줍니다【届ける】
	□ 持ち帰ります	가지고 돌아갑니다【持ち帰る】
	□ 希望	희망
	□ 再配達日	재배송일
	□ 知らせます	알립니다【知らせる】
	□ 受付	접수
Day 72	□ 試験	시험
	□ 担当	담당
	□ 説明します	설명합니다【説明する】
	□ ～について	~에 대해서
	□ 質問します	질문합니다【質問する】
	□ 筆記試験	필기시험
	□ 作文	작문
	□ 昼休み	점심시간
	□ 面接	면접
	□ 貿易	무역
	□ 入社試験	입사시험
	□ 注意	주의
	□ スマホ	스마트폰
	□ 辞書	사전
	□ 早く	빨리
	□ 食事	식사
	□ フリー	무료(free)
	□ Wi-Fi	와이파이
	□ 順番	순서

Day	어휘	뜻
Day 72	□ ホームページ	홈페이지
	□ 受けます	(시험 등을) 봅니다【受ける】
	□ 紙	종이
Day 73	□ B級グルメ	B급 먹거리 * 저렴하면서 맛있는 요리
	□ お好み焼き	오코노미야키
	□ ギョーザ	교자(만두)
	□ 大人気	매우 인기 있음
	□ 集まります	모입니다【集まる】
	□ 人気	인기
	□ イベント	이벤트, 행사
	□ 日本全国	일본 전국
	□ 教えます	가르칩니다【教える】
	□ コンテスト	콘테스트, 경연
	□ ～位	~위(순위)
	□ 選びます	선발합니다
	□ 無料	무료
	□ 参加します	참가합니다【参加する】
	□ 市役所	시청
Day 74	□ 悩み	고민
	□ 相談	상담
	□ 先月	지난달
	□ 週末	주말
	□ 連れて行きます	데려갑니다【連れて行く】
	□ 送ります	배웅합니다【送る】
	□ 車を降ります	차에서 내립니다【車を降りる】
	□ ガソリン代	주유비, 기름값
	□ 払います	지불합니다【払う】

Day	어휘	뜻
Day 74	□ 誘(さそ)います	초대합니다【誘う】
	□ 変(へん)な	이상한
	□ 銀行員(ぎんこういん)	은행원
	□ 残念(ざんねん)な	유감스러운
	□ そんなこと	그런 말
	□ 考(かんが)えます	생각합니다【考える】
Day 75	□ 面接(めんせつ)	면접
	□ 就職試験(しゅうしょくしけん)	취직시험
	□ 理由(りゆう)	이유
	□ 必(かなら)ず	반드시
	□ 質問(しつもん)します	질문합니다【質問する】
	□ 入社(にゅうしゃ)します	입사합니다【入社する】
	□ 将来(しょうらい)	장래
	□ 社員(しゃいん)	사원
	□ 力(ちから)を合(あ)わせます	힘을 합칩니다【力を合わせる】
	□ ですから	그렇기 때문에
	□ まず	우선, 먼저
	□ やりたいこと	하고 싶은 일
	□ はっきり	확실히, 분명히
	□ そう思(おも)います	그렇게 생각합니다【そう思う】
	□ 思(おも)い	생각, 마음
	□ 伝(つた)えます	전합니다【伝える】
Day 76	□ ぼくたち	우리들
	□ 足(あし)	다리
	□ 悪(わる)い	불편하다, 나쁘다
	□ 車(くるま)いす	휠체어
	□ 住(す)みます	삽니다【住む】
	□ 不便(ふべん)な	불편한

Day	어휘	뜻
Day 76	□ 入(い)り口(ぐち)	입구
	□ 狭(せま)い	좁다
	□ 何度(なんど)も	몇 번이나, 여러 번
	□ エレベーター	엘리베이터
	□ 手伝(てつだ)います	돕습니다【手伝う】
	□ 目(め)	눈
	□ 耳(みみ)	귀
	□ 困(こま)ります	곤란합니다【困る】
Day 77	□ 市役所(しやくしょ)	시청
	□ 市民(しみん)	시민
	□ もうすぐ	이제 곧
	□ 台風(たいふう)	태풍
	□ 季節(きせつ)	계절
	□ 倒(たお)れます	쓰러집니다【倒れる】
	□ けがをします	다칩니다【けがをする】
	□ そば	근처
	□ 通(とお)ります	지나갑니다【通る】
	□ ～か所(しょ)	~군데
	□ 安全(あんぜん)	안전
	□ 確認(かくにん)	확인
	□ 物価(ぶっか)	물가
	□ 壊(こわ)れます	부서집니다【壊れる】
	□ 連絡(れんらく)します	연락합니다【連絡する】
Day 78	□ 忘(わす)れ物(もの)	분실물
	□ 落(お)とし物(もの)	분실물
	□ 注意(ちゅうい)	주의
	□ 先週(せんしゅう)	지난주
	□ 図書館(としょかん)	도서관

Day	어휘	뜻
Day 78	□ 落(お)ちます	떨어집니다【落ちる】
	□ 情報(じょうほう)	정보
	□ 取(と)ります	(물건을) 찾습니다, 가집니다【取る】
	□ 警察(けいさつ)	경찰
	□ 届(とど)けます	전달합니다【届ける】
	□ 教科書(きょうかしょ)	교과서
	□ 事務局(じむきょく)	사무국
	□ 自分(じぶん)	자신
	□ 持(も)ち物(もの)	소지품
	□ なくします	잃어버립니다【なくす】
	□ 一度(いちど)	한번
	□ 注意(ちゅうい)します	주의를 줍니다, 주의합니다【注意する】
Day 79	□ 診察(しんさつ)	진찰
	□ 受(う)けます	받습니다【受ける】
	□ 初(はじ)めて	처음
	□ 受付(うけつけ)	접수(처)
	□ 申込書(もうしこみしょ)	신청서
	□ 保険証(ほけんしょう)	(건강)보험증
	□ コピー	복사
	□ 予約(よやく)	예약
	□ 診察券(しんさつけん)	진찰권
	□ 受診票(じゅしんひょう)	진찰증, 수신표
	□ 受(う)け取(と)ります	받습니다, 수취합니다【受け取る】
	□ 確認(かくにん)します	확인합니다【確認する】
Day 80	□ 花粉症(かふんしょう)	화분증(꽃가루 알레르기성 비염)
	□ 花粉(かふん)	꽃가루
	□ アレルギー	알레르기
	□ 鼻水(はなみず)	콧물
	□ 止(と)まります	멈춥니다【止まる】
	□ くしゃみ	재채기
	□ かゆい	가렵다
	□ サクラ	벚꽃
	□ 春(はる)	봄
	□ 飛(と)びます	날아갑니다【飛ぶ】
	□ 嫌(いや)な	싫은
	□ 季節(きせつ)	계절
	□ また	또
	□ スギ	삼나무
	□ ヒノキ	편백나무
	□ 増(ふ)えます	늘어납니다, 증가합니다【増える】
	□ 時期(じき)	시기
	□ マスク	마스크
Day 81	□ リュック	백팩, 배낭
	□ ポケット	주머니
	□ 汚(よご)れます	더러워집니다, 오염됩니다【汚れる】
	□ 気(き)がつきます	알아차립니다, 깨닫습니다【気がつく】
	□ 取(と)りかえます	바꿉니다, 교환합니다【取りかえる】
	□ レシート	영수증
	□ 財布(さいふ)	지갑
	□ 捨(す)てます	버립니다【捨てる】
	□ コート	코트
	□ 見(み)つかります	발견됩니다【見つかる】

Day	어휘	뜻
Day 81	□ 紙袋 (かみぶくろ)	종이 봉투
Day 82	□ 薬 (くすり)	약
	□ 説明書 (せつめいしょ)	설명서
	□ 色 (いろ)	색깔
	□ 形 (かたち)	형태
	□ 働き (はたら)	효능, 작용
	□ ～錠 (じょう)	~정(알약)
	□ 熱 (ねつ)	열
	□ 下げます (さ)	낮춥니다
	□ 食後 (しょくご)	식후
	□ 下がります (さ)	내려갑니다, 떨어집니다【下がる】
	□ 鼻水 (はなみず)	콧물
	□ 朝食 (ちょうしょく)	아침 식사
	□ 夕食 (ゆうしょく)	저녁 식사
	□ 担当 (たんとう)	담당
	□ 医師 (いし)	의사
	□ 相談します (そうだん)	상담합니다【相談する】
	□ ～袋 (ぶくろ)	~봉지
	□ ひどい	심하다
	□ 夕べ (ゆう)	어젯밤, 어제저녁
Day 83	□ 苦手な (にがて)	서투른, 꺼려하는
	□ 必要な (ひつよう)	필요한
	□ レベルチェックテスト	레벨 체크 테스트
	□ ～点 (てん)	~점
	□ ビジネス	비즈니스
	□ 文書 (ぶんしょ)	문서
	□ 今学期 (こんがっき)	이번 학기
	□ 〇を付けます (つ)	〇를 표시합니다【〇を付ける】

Day	어휘	뜻
Day 83	□ 点数 (てんすう)	점수
	□ 敬語 (けいご)	경어
	□ 書類 (しょるい)	서류
	□ 場面 (ばめん)	상황
	□ 準備をします (じゅんび)	준비를 합니다【準備をする】
Day 84	□ カラオケ	노래방
	□ 部屋 (へや)	방
	□ ～以上 (いじょう)	~이상
	□ タイプ	타입, 유형
	□ ～以下 (いか)	~이하
	□ 無料 (むりょう)	무료
	□ 忘年会 (ぼうねんかい)	송년회, 망년회
	□ 予約します (よやく)	예약합니다【予約する】
	□ 参加します (さんか)	참가합니다【参加する】
	□ 全員 (ぜんいん)	전원
	□ 半分 (はんぶん)	절반, 반
	□ 分けます (わ)	나눕니다【分ける】
Day 85	□ 写真展 (しゃしんてん)	사진전
	□ 難民 (なんみん)	난민
	□ 逃げます (に)	도망칩니다【逃げる】
	□ 文化センター (ぶんか)	문화센터
	□ 行います (おこな)	시행합니다
	□ 難民キャンプ (なんみん)	난민 캠프
	□ 悲しい (かな)	슬프다
	□ 母親 (ははおや)	어머니
	□ 写真 (しゃしん)	사진
	□ 平和な (へいわ)	평화로운
Day 86	□ 運転手 (うんてんしゅ)	운전사

Day	어휘	뜻
Day 86	□ お客(きゃく)さん	손님
	□ 救急車(きゅうきゅうしゃ)	구급차
	□ けがをします	다칩니다【けがをする】
	□ 運(はこ)びます	옮깁니다, 운반합니다【運ぶ】
	□ 警察(けいさつ)	경찰
	□ 事故(じこ)	사고
	□ こわい	무섭다
	□ 交差点(こうさてん)	교차로
	□ 目(め)の前(まえ)	눈 앞
	□ 事故(じこ)が起(お)きます	사고가 일어납니다
	□ ぶつかります	부딪칩니다【ぶつかる】
	□ よく	자주
Day 87	□ 女性(じょせい)	여성
	□ なぐります	세게 때립니다【なぐる】
	□ 現金(げんきん)	현금
	□ 財布(さいふ)	지갑
	□ 取(と)ります	빼앗습니다【取る】
	□ ごみを出(だ)します	쓰레기를 배출합니다【ごみを出す】
	□ もどります	돌아옵니다, 돌아갑니다【もどる】
	□ 軽(かる)い	가볍다
	□ けがをします	다칩니다【けがをする】
	□ 探(さが)します	찾습니다【探す】
	□ 泥棒(どろぼう)	도둑
	□ 事件(じけん)	사건
	□ ～件(けん)	~건
	□ これまでは	이제까지는
	□ 昼間(ひるま)	낮 동안

Day	어휘	뜻
Day 87	□ 窓(まど)ガラス	유리창
	□ 割(わ)ります	깨뜨립니다【割る】
	□ 玄関(げんかん)	현관
	□ かぎ	열쇠
	□ 壊(こわ)します	부숩니다【壊す】
	□ かぎが閉(し)まります	(문이) 잠깁니다【かぎが閉まる】
	□ 犯人(はんにん)	범인
	□ 外出(がいしゅつ)します	외출합니다【外出する】
	□ かぎをかけます	(문을) 잠급니다【かぎをかける】
	□ 呼(よ)びかけます	호소합니다【呼びかける】
	□ 早朝(そうちょう)	이른 아침
	□ ゴミ出(だ)し	쓰레기 배출
Day 88	□ 忘(わす)れ物(もの)	분실물
	□ ～について	~에 대해서
	□ ホテル	호텔
	□ ～御中(おんちゅう)	귀중, 귀하, 재중
	□ ～号室(ごうしつ)	~호실
	□ 宿泊(しゅくはく)します	숙박합니다【宿泊する】
	□ お世話(せわ)になりました	신세 많이 졌습니다
	□ 実(じつ)は	실은
	□ 伺(うかが)います	여쭙습니다【伺う】
	□ ファイル	파일
	□ コンサート	콘서트
	□ ～枚(まい)	~장
	□ 見(み)つかります	발견됩니다, 찾게 됩니다【見つかる】
	□ サービス	서비스
Day 89	□ 流(なが)れます	흐릅니다【流れる】

Day	어휘	뜻
Day 89	□ 血	피
	□ ～型	~형
	□ 血液型	혈액형
	□ 実は	실은
	□ 研究	연구
	□ 後から	나중에
	□ 両方	양쪽
	□ 性質	성질
	□ 見つかります	발견됩니다, 찾게 됩니다【見つかる】
	□ 間違えます	착각합니다【間違える】
	□ 専門家	전문가
	□ 相談します	상담합니다【相談する】
Day 90	□ ちょうど	정확히, 딱
	□ 自動販売機	자동판매기
	□ ポケットティッシュ	휴대용 티슈
	□ 終り頃	끝날 무렵, ~말
	□ 多くの	많은
	□ 知らせます	알립니다【知らせる】
	□ やり方	방식
	□ ティッシュ	티슈
	□ (店が) できます	(가게가) 생깁니다【できる】
	□ 情報	정보
	□ インターネット	인터넷
	□ もっと	더욱
	□ 伝えます	전합니다【伝える】
	□ 使い終わります	다 씁니다【使い終わる】
	□ 何度も	몇 번이나

Day	어휘	뜻
Day 90	□ サービス	서비스
	□ 覚えます	기억합니다, 외웁니다【覚える】
	□ 時間がかかります	시간이 걸립니다【時間がかかる】
	□ 効果があります	효과가 있습니다【効果がある】
	□ よく	자주
Day 91	□ クラス会	동창회
	□ 久しぶり	오랜만
	□ 奥様	사모님, 부인
	□ ヨーロッパ	유럽
	□ びっくりします	깜짝 놀랍니다【びっくりする】
	□ 卒業式	졸업식
	□ いつか	언젠가
	□ 思い出します	생각납니다【思い出す】
	□ チャレンジします	도전합니다【チャレンジする】
	□ お目にかかります	뵙습니다【お目にかかる】
	□ ずっと	쭉, 계속
	□ お元気で	건강하세요
Day 92	□ 最新	최신
	□ モデル	모델
	□ 注文します	주문합니다【注文する】
	□ 支払い	지불, 결제
	□ クレジットカード	신용카드
	□ ～払い	지불, 결제
	□ 送料	배송료
	□ 無料	무료
	□ 休業	휴업

Day	어휘	뜻
Day 92	□ サービス	서비스
	□ キャンセル	취소
	□ 受(う)けます	받습니다【受ける】
	□ 返品(へんぴん)	반품
	□ 交換(こうかん)	교환
	□ 返(かえ)します	돌려줍니다【返す】
	□ ～足(そく)	~켤레
Day 93	□ 大好(だいす)きな	매우 좋아하는
	□ 遊(あそ)び	놀이
	□ 頭(あたま)	머리
	□ テーマ	테마, 주제
	□ 例(たと)えば	예를 들면
	□ 反対(はんたい)	반대
	□ 最後(さいご)に	마지막에
	□ 文字(もじ)	문자
	□ 最初(さいしょ)	처음
	□ 終(お)わります	끝납니다【終わる】
	□ ミックスします	섞습니다 【ミックスする】
	□ ぜひ	꼭
Day 94	□ 急(きゅう)に	갑자기
	□ 食中毒(しょくちゅうどく)	식중독
	□ 原因(げんいん)	원인
	□ 細菌(さいきん)	세균
	□ 生(い)きもの	날 것
	□ 注意(ちゅうい)します	주의를 줍니다, 주의합니다 【注意する】
	□ 気(き)をつけます	조심합니다 【気をつける】
	□ それなのに	그런데도
	□ 高熱(こうねつ)	고열

Day	어휘	뜻
Day 94	□ インフルエンザ	인플루엔자
	□ ウイルス	바이러스
	□ 違(ちが)います	다릅니다【違う】
	□ 気(き)になります	궁금합니다 【気になる】
	□ 調(しら)べます	조사합니다, 알아 봅니다【調べる】
	□ 細胞(さいぼう)	세포
	□ 生物(せいぶつ)	생물
	□ 栄養(えいよう)	영양
	□ 分(わ)けます	나눕니다【分ける】
	□ どんどん	점점
	□ 増(ふ)えます	늘어납니다, 증가 합니다【増える】
	□ DNA	DNA
	□ (病気(びょうき)が) うつります	(병이) 옮습니다 【うつる】
	□ 広(ひろ)げます	퍼뜨립니다 【広げる】
	□ 違(ちが)い	차이
Day 95	□ ジム	헬스장
	□ 通(かよ)います	다닙니다【通う】
	□ マシントレーニング	기구 운동
	□ 水泳(すいえい)	수영
	□ 習(なら)います	배웁니다【習う】
	□ 平日(へいじつ)	평일
	□ コース	코스
	□ いつでも	언제든, 언제나
	□ しっかり	확실히, 제대로
	□ トレーニングします	트레이닝 합니다 【トレーニングす る】
	□ (体(からだ)を) 動(うご)かします	(몸을) 움직이게 합니다【動かす】

Day	어휘	뜻
Day 95	□ 続けます	계속합니다【続ける】
	□ エアロビクス	에어로빅
Day 96	□ 伝言メモ	부재중 메모
	□ 人事部	인사부
	□ 書類	서류
	□ 置きます	둡니다【置く】
	□ ミーティング	미팅, 회의
	□ 夕方	저녁 때
	□ お帰りなさい	다녀오셨어요(귀가 인사)
	□ お疲れさまでした	수고하셨습니다
	□ 電話番号	전화번호
	□ 申し訳ありません	죄송합니다
Day 97	□ 緊張	긴장
	□ 大勢	여럿, 많은 사람
	□ 試合	시합
	□ 緊張します	긴장합니다【緊張する】
	□ うまくやります	잘 합니다【うまくやる】
	□ 失敗します	실패합니다【失敗する】
	□ 心	마음
	□ 固い	굳다
	□ 息	숨
	□ (息を)吸います	(숨을) 쉽니다【吸う】
	□ (息を)吐きます	(숨을) 뱉습니다【吐く】
	□ 首	목
	□ 肩	어깨
	□ 回します	돌립니다【回す】

Day	어휘	뜻
Day 97	□ リラックスします	릴랙스합니다【リラックスする】
	□ 慣れます	익숙해집니다【慣れる】
	□ 楽な	편안한
Day 98	□ 健康	건강
	□ セミナー	세미나
	□ スケジュール	스케줄
	□ 変更	변경
	□ 先日	요전(에)
	□ 大変	대단히
	□ 申し訳ない	죄송하다
	□ 内容	내용
	□ 案内します	안내합니다【案内する】
	□ 変わります	바뀝니다, 변합니다【変わる】
	□ 以下	이하
	□ プログラム	프로그램
	□ ストレッチ	스트레칭
	□ 参加費	참가비
	□ 半額	반값
Day 99	□ 開講	개강
	□ 就職します	취직합니다【就職する】
	□ 帰国します	귀국합니다【帰国する】
	□ 期間	기간
	□ ビジネスマナー	비즈니스 매너
	□ 面接	면접
	□ 練習	연습
	□ 学費	학비
	□ 学期	학기

Day	어휘	뜻
Day 99	□ 受講(じゅこう)します	수강합니다【受講する】
Day 100	□ ペット	펫, 애완동물
	□ 死(し)	죽음
	□ 亡(な)くなります	떠납니다, 죽습니다【亡くなる】
	□ 会社員(かいしゃいん)	회사원
	□ 生活(せいかつ)します	생활합니다【生活する】
	□ 愛犬(あいけん)	애견
	□ 亡(な)くします	(죽어서) 잃습니다, 여읩니다【亡くす】
	□ 泣(な)きます	웁니다【泣く】
	□ 飼(か)います	(동물을) 키웁니다, 기릅니다【飼う】
	□ 同僚(どうりょう)	동료
	□ 眠(ねむ)ります	잠듭니다【眠る】
	□ 体調(たいちょう)	몸 상태, 컨디션
	□ だんだん	점점
	□ 無理(むり)をします	무리를 합니다【無理をする】
	□ 悲(かな)しみます	슬퍼합니다【悲しむ】
	□ アドバイスします	조언합니다【アドバイスする】
	□ できるだけ	가능한 한
Day 101	□ 会(あ)います	만납니다【会う】
	□ すごく	굉장히, 엄청
	□ やせます	살이 빠집니다【やせる】
	□ 食欲(しょくよく)	식욕
	□ 太ります	살찝니다【太る】
	□ 体重(たいじゅう)	체중
	□ キロ	킬로그램(kg)

Day	어휘	뜻
Day 101	□ 毎晩(まいばん)	매일 밤
	□ ジョギングします	조깅합니다【ジョギングする】
	□ 量(りょう)	양
	□ やっぱり	역시
Day 102	□ ライオン	사자
	□ 逃(に)げます	도망칩니다【逃げる】
	□ 地震(じしん)が起(お)きます	지진이 일어납니다【地震が起きる】
	□ 動物園(どうぶつえん)	동물원
	□ 情報(じょうほう)	정보
	□ 驚(おどろ)きます	놀랍니다
	□ 次々(つぎつぎ)と	연달아, 계속
	□ 助(たす)けます	구조합니다, 돕습니다【助ける】
	□ 電話(でんわ)がかかってきます	전화가 걸려 옵니다【電話がかかってくる】
	□ 発表(はっぴょう)します	발표합니다【発表する】
	□ 怒(おこ)ります	화냅니다【怒る】
	□ うそ	거짓말
	□ SNS	SNS(소셜 네트워킹 서비스)
	□ 捕(つか)まります	체포됩니다, 잡힙니다【捕まる】
	□ おもしろい	재미있다
	□ もちろん	물론
	□ 信(しん)じます	믿습니다【信じる】
	□ 原因(げんいん)	원인
	□ 事件(じけん)	사건
	□ 例(れい)	사례
Day 103	□ エアコン	에어컨

Day	어휘	뜻
Day 103	□ 蒸し暑い	무덥다
	□ 一日中	하루 종일
	□ 電気代	전기료
	□ 涼しい	시원하다
	□ 消します	(불, 전기 등을) 끕니다【消す】
	□ 暑い	덥다
	□ 消えます	(불, 전기 등이) 꺼집니다【消える】
	□ タイマー	타이머
	□ セットします	설정합니다【セットする】
	□ ベッド	침대
	□ 実は	실은
	□ 温度	온도
Day 104	□ 続けます	계속합니다【続ける】
	□ 朝活	아침 활동
	□ 全体	전체
	□ 約～	약~
	□ 外国語	외국어
	□ 店員	점원
	□ 動きます	움직입니다【動く】
	□ ネット	인터넷
	□ ニュース	뉴스
	□ 新聞	신문
	□ 経済	경제
	□ 政治	정치
	□ 経営者	경영자
	□ 意見	의견
	□ ～ほど	~정도
	□ 理由	이유
	□ 期間	기간
Day 105	□ 真ん中	한가운데
	□ 昔	옛날(에)
	□ ある所に	어느 곳에
	□ 殿様	군주
	□ 息子	아들
	□ 誕生会	생일잔치
	□ 城	성
	□ 住みます	삽니다【住む】
	□ 運びます	옮깁니다, 운반합니다【運ぶ】
	□ 座ります	앉습니다【座る】
	□ ひざ	무릎
	□ 周り	주변
	□ 丸	(둥근)원
	□ なるほど	과연, 그렇군
	□ さすが	역시, 과연
	□ よし	그래, 좋아
	□ 招待します	초대합니다【招待する】
Day 106	□ マーケット	마켓, 시장
	□ 噴水	분수
	□ 和食	일식
	□ 召し上がります	드십니다【召し上がる】
	□ 地産地消	지산지소(지역 생산, 지역 소비)
	□ イベント	이벤트
	□ 新鮮な	신선한
	□ いただきます	먹습니다【いただく】
Day 107	□ ポスター	포스터
	□ 始まります	시작됩니다【始まる】
	□ 入口	입구

Day	어휘	뜻
Day 107	□ 第～回(だい かい)	제 ~회
	□ オーケストラ	오케스트라
	□ 野外(やがい)	야외
	□ 風(かぜ)	바람
	□ ステージ	스테이지, 무대
	□ 当日(とうじつ)	당일
	□ 配(くば)ります	배부합니다, 나눠줍니다
	□ 入場(にゅうじょう)	입장
	□ 並(なら)びます	줄 섭니다【並ぶ】
	□ ～席(せき)	~석(자리)
	□ 早(はや)めに	일찌감치, 빨리
Day 108	□ プレゼンテーション	프레젠테이션, 발표
	□ 資料(しりょう)	자료
	□ 部分(ぶぶん)	부분
	□ 直(なお)します	고칩니다
	□ 数(かず)	숫자
	□ グラフ	그래프
	□ 報告(ほうこく)	보고
	□ シリーズ	시리즈
	□ 来場者(らいじょうしゃ)	방문자
	□ 人数(にんずう)	인원수
Day 109	□ バス	버스
	□ 利用(りよう)	이용
	□ 案内(あんない)	안내
	□ 乗車券(じょうしゃけん)	승차권
	□ 購入(こうにゅう)	구입
	□ 乗車(じょうしゃ)	승차
	□ バスセンター	버스터미널
	□ 支払(しはら)います	지불합니다 【支払う】
	□ 期限(きげん)	기한

Day	어휘	뜻
Day 109	□ 過(す)ぎます	지납니다, 끝납니다【過ぎる】
	□ 手続(てつづ)き	수속, 절차
	□ 予定日(よていび)	예정일
	□ キャンセル料(りょう)	취소료
	□ 走行(そうこう)	주행
	□ 通路(つうろ)	통로
	□ 床下(ゆかした)	바닥 밑
	□ トランクルーム	(차의) 트렁크
	□ 預(あず)かります	맡습니다, 보관합 니다【預かる】
	□ シートベルト	안전벨트
	□ 着用(ちゃくよう)します	착용합니다 【着用する】
	□ 車内(しゃない)	차내
	□ 禁煙(きんえん)	금연
	□ マナーモード	매너모드
	□ 設定(せってい)します	설정합니다 【設定する】
	□ 通話(つうわ)	통화
	□ 遠慮(えんりょ)します	삼갑니다 【遠慮する】
	□ 変更(へんこう)します	변경합니다 【変更する】
Day 110	□ 顔文字(かおもじ)	문자 이모티콘
	□ 絵文字(えもじ)	그림 이모티콘
	□ デザイン	디자인
	□ メッセージ	메시지
	□ 意見(いけん)	의견
	□ 反対(はんたい)	반대
Day 111	□ 江戸時代(えどじだい)	에도시대
	□ ファストフード	패스트푸드
	□ チキン	치킨
	□ 値段(ねだん)	가격

Day	어휘	뜻
Day 111	□ さっと	재빨리, 확
	□ 寿司	스시, 초밥
	□ 天ぷら	튀김
	□ (魚)を捕ります	(물고기)를 잡습니다【捕る】
	□ 2つ分	2개 분량
	□ 串	꼬치
	□ 刺します	찌릅니다, 끼웁니다【刺す】
	□ 油	기름
	□ 揚げます	튀깁니다【揚げる】
	□ つゆ	쯔유(면을 찍어 먹는 국물)
	□ 味噌	된장
	□ 火事	화재
	□ ほとんど	대부분, 거의
	□ 焼けます	그을립니다, 탑니다【焼ける】
	□ 建てます	(건물을) 세웁니다【建てる】
	□ 修理します	수리합니다【修理する】
	□ 一人暮らし	혼자 생활함, 자취
Day 112	□ ショッピングセンター	쇼핑센터
	□ オープンします	오픈합니다【オープンする】
	□ 目標	목표
	□ 駅前	역 앞
	□ マンション	맨션
	□ 人口	인구
	□ 住民	주민
	□ 声が上がります	목소리가 높아집니다【声が上がる】

Day	어휘	뜻
Day 112	□ 名所	명소
	□ 観光客	관광객
	□ 大型	대형
	□ 市外	시외
Day 113	□ やる気	의욕, 할 마음
	□ 経験	경험
	□ 動き	작용
	□ 何とも	아무렇지도
	□ 頼みます	부탁합니다【頼む】
	□ 売り切れます	매진됩니다【売り切れる】
	□ 月末	월말
	□ 無駄な	쓸데없는
	□ 絶対に	절대로
	□ 家賃	집세
	□ 大家	집주인
Day 114	□ カエル	개구리
	□ ~匹	~마리(조수사)
	□ 間	사이
	□ 出会います	(우연히) 만납니다【出会う】
	□ つまらない	시시하다, 재미없다
	□ 立ち上がります	일어섭니다【立ち上がる】
	□ 山を下ります	산을 내려옵니다【山を下りる】
	□ 帰って行きます	돌아갑니다【帰って行く】
	□ 登ります	오릅니다【登る】
	□ めずらしい	드물다
Day 115	□ 学習	학습
	□ 翻訳機	번역기
	□ 人工知能	인공지능

Day	어휘	뜻
Day 115	□ AI(エーアイ)	AI
	□ 研究(けんきゅう)	연구
	□ 進(すす)みます	진행됩니다【進む】
	□ 将来(しょうらい)	장래, 앞으로
	□ 翻訳(ほんやく)します	번역합니다【翻訳する】
	□ 機械(きかい)	기계
	□ おすすめ	추천
	□ 出席(しゅっせき)します	출석합니다, 참석합니다【出席する】
	□ 通訳(つうやく)します	통역합니다【通訳する】
	□ コミュニケーション	커뮤니케이션
	□ 正(ただ)しい	올바르다
	□ 確認(かくにん)します	확인합니다【確認する】
	□ すばらしい	훌륭하다
	□ 人間(にんげん)	인간, 사람
Day 116	□ 安全(あんぜん)な	안전한
	□ ある～	어느~
	□ 調査(ちょうさ)	조사
	□ 全体(ぜんたい)	전체
	□ 別(べつ)の～	다른~
	□ 防犯(ぼうはん)カメラ	CCTV, 방범 카메라
	□ 増(ふ)やします	늘립니다【増やす】
	□ 目的(もくてき)	목적
	□ 犯罪(はんざい)	범죄
	□ 見(み)つけます	발견합니다【見つける】
	□ 安心(あんしん)します	안심합니다【安心する】
	□ あちこち	여기저기

Day	어휘	뜻
Day 116	□ 暮(く)らします	지냅니다【暮らす】
	□ 足(た)ります	충분합니다【足りる】
Day 117	□ ガス器具(きぐ)	가스기기
	□ 点検(てんけん)	점검
	□ 伺(うかが)います	방문하겠습니다【伺う】
	□ 下記(かき)	하기, 아래
	□ 日時(にちじ)	일시
	□ 担当者(たんとうしゃ)	담당자
	□ お宅(たく)	댁
	□ 拝見(はいけん)します	살펴보겠습니다【拝見する】
	□ 自宅(じたく)	자택
	□ 変更(へんこう)します	변경합니다【変更する】
	□ 希望(きぼう)	희망
	□ 当社(とうしゃ)	당사
Day 118	□ ～初(はつ)	첫~
	□ 国際人(こくさいじん)	국제적인 인물, 국제인
	□ 船(ふね)	배
	□ 流(なが)します	떠내려 보냅니다【流す】
	□ 無人島(むじんとう)	무인도
	□ 着(つ)きます	닿습니다, 도착합니다【着く】
	□ 降(お)ります	(탈 것에서) 내려옵니다【降りる】
	□ 雨水(あまみず)	빗물
	□ 助(たす)け	구조, 도움
	□ 決(き)まり	결정
	□ 船長(せんちょう)	선장
	□ 降(お)ろします	내려줍니다【降ろす】

Day	어휘	뜻
Day 118	□ 名前をつけます	이름을 짓습니다 【名前をつける】
	□ そのまま	그대로
	□ 一生懸命	열심히
	□ 卒業します	졸업합니다 【卒業する】
	□ 世界中	전 세계
	□ 鯨	고래
	□ 教師	교사
	□ 通訳	통역
Day 119	□ 講座	강좌
	□ 歴史	역사
	□ 体にいい	몸에 좋다
	□ 前日	전날
	□ クイズ	퀴즈
	□ プレゼント	선물
	□ 意味	의미
	□ 正月	정월, 설날
	□ 途中	도중
Day 120	□ 笑います	웃습니다【笑う】
	□ すっきりします	상쾌·후련합니다 【すっきりする】
	□ 怖い	무섭다
	□ 約束します	약속합니다 【約束する】
	□ 選手	선수
	□ 夢	꿈
	□ 物語	이야기
	□ だめな	안 되는, 나쁜
	□ 小説	소설
	□ 幸せな	행복한

이 책을 사용하시는 선생님들께 この本を使う先生方へ

本書は、初級レベルの学習者が「読む」ことに慣れて、「短い時間で正確に読む力」をつけることを目的にして作成しました。

「読む力」を伸ばすには、少し難しいものにチャレンジをしていく必要があります。しかし、少し難しいものに挑戦するとき、少しやさしいレベルの文章を「しっかり、楽に読む力」を持っていないと、ただ難しくて大変な作業になり、読む力を伸ばすことにつながらなくなってしまいます。つまり、「読む力」を伸ばすには、①少しやさしい文章を楽に読めるようになるトレーニング、②少し難しい文章にチャレンジするトレーニング、の二つが必要だということです。スポーツで言うと、①は基礎体力養成と、今の技を意識しなくても楽にできるようになること、②は新しい技を身につけること、に相当します。①の基礎体力が養成されていることで、スムーズに次のレベルの力を養成することができます。

本書は、①をねらいとする学習活動の教材として使っていただきたいと考えています。1日に1題、10分程度の学習活動を続けることで、「短い時間で正確に読む」トレーニングをしていただくことができます。120題の読解問題がありますので、毎日継続して読ませてください。日本語の学習を始めて、ひらがな・カタカナの学習が終わったころから始められるようになっています。読解問題は、やさしいものから難しいものへと並んでいます。「使用文型・ことば・表現リスト（☞ p.133-142）」では、各読解問題に、主にどんな文型・語彙・表現が使われているか、一目でわかるようにしました。

読解問題の素材としては、日常生活の実践的な読みの力の養成につながるように、メール、メモ、SNS、記事、エッセイ、案内、お知らせなどを用意しました。文章の内容が理解できたかどうかを問う問題だけでなく、案内やお知らせなどを読んで必要な情報を探し出す（情報検索）問題、案内やお知らせなどを見ながら会話を聞いて必要な情報を読み取る（聴読解）問題も入れました。聞き取りと読み取りを同時にする「聴読解」は、日常生活で必要なスキルの一つです。初級のうちから慣れておくと役に立ちます。

聴読解の問題には、音声がついています。そのほかの読解問題の音声も用意しています（一部の問題を除く）。音読用の素材として、ぜひご活用ください。音読の練習をすることは発話力の養成につながると期待されます。

漢字の使用については、初級でまず学習する漢字から使い始めて、Day 31 以降は生活の中でよく使われる漢字は漢字表記にしました。Day 1 〜 Day 60 は総ルビ、Day 61 〜 96 は N5 相当の漢字にルビなし、Day 97 〜 Day 120 は N5・N4 相当の漢字にルビなし、としました。

読む活動の仕方も大切です。先生の指示で読んで、先生の質問に答えるという受動的な読み方ではなく、学習者自身が自分の考えで読み進めて、わかったことやわからないことをクラスメートなど他の人と話し合う中で、能動的な読み方が身につくと考えます。互いに読み取ったことを伝え合い、質問し合いながら読みの活動を進めてください。その活動をすることで、新しいことに気づくことができ、自分の考えを言葉にして言うことで、考えが明確になり、「読み」が深まると期待されます。

読み終わったら、「もくじ（☞ p.003-007）」に「読んだ日」や「かかった時間」を記録させてください。楽に読めるようになるまで、くり返して読むことをおすすめします。

※『つなぐにほんご初級』の教科書もお使いの場合は、各課の終わりにある「よみましょう」と併用してお使いください。『つなぐにほんご初級』の「よみましょう」は、②の「少し難しい文章にチャレンジするトレーニング」のための教材として作成されています。

〈学習の進め方〉

1 日 1 題 10 分程度学習します。

学習活動は、以下のように二人で行うと、より効果があります。

1．一人で読んで、質問に答える。（1 〜 2 分程度）
2．二人で、読み取った内容を確認し合う。（5 分程度）
3．二人で話し合ったこと、質問の答え、その理由を教師に報告する。（1 〜 2 分程度）
4．教師は、報告を聞いて、ポイントを確認する。

聴読解の問題では、聞き取りと読み取りを同時に練習します。

1．一人で音声を聞きながら、読む。
2．二人で、読み取った内容を確認し合う。
3．もう一度、一人で音声を聞きながら読んで、内容を確認する。
4．二人で、読み取った内容をもう一度確認し合う。
5．二人で話し合ったこと、質問の答え、その理由を教師に報告する。（1 〜 2 分程度）
　※話し合いが終わった人から報告に来るようにすると時間が短縮できます。
6．教師は、報告を聞いて、ポイントを確認する。
7．必要に応じて、音声をもう一度聞いて、内容を確認する。
　※個別にでもクラス全体ででも、必要に応じてで構いません。

사용 문형·단어·표현 리스트 使用文型・ことば・表現リスト(교사용)

리스트에 있는 모든 문형·단어·표현을 모른다고 해서 문제를 풀지 못하는 것은 아닙니다. 학습 보조자료로 리스트를 활용해 보세요!

Day 1 ~ Day 60에는 초급 학습자분들을 위해 본문에 등장한 대부분의 문형·단어·표현을 수록, Day 61 ~ Day 120에는 처음 등장한 문형·단어·표현 위주로 수록하였습니다.

🔍 … 情報検索の問題　　🎧 … 聴読解の問題

Day	ページ	音声	問題を解くのに必要な文型	そのほかの文型	ことば・表現
□Day 1-1	p. 8				
□Day 1-2	p. 9				
□Day 2-1	p. 10		Aは Bです		明日／天気／晴れ／曇り／雨
□Day 2-2	p. 11		Aは 何パーセント(%)ですか／Aは 何度(℃)ですか		週間天気／日付／天気／降水確率／気温／最高／最低／パーセント(%)／度(℃)
□Day 3	p. 12		Aの【位置】は Bです／どの 人ですか		人／一番／右／隣／後ろ／前／左
□Day 4	p. 13	○	Aの B（所属）／Aは Bです／【国】から 来ました		新しい／学生／初めまして／大学／学生／ベトナム／どうぞ よろしく お願いします／先生／国
□Day 5	p. 14	○	Aは Bです／でも、～／Aの B	～ね／～よ	～さん／おはようございます／今日／いい／天気／夜／花火／雨／今
□Day 6	p. 15	○	Aは【国】から【国】へ 来ました／【年】に 来ました	【国】に Aが あります／【国】に どんな Aが ありますか	日本／いろいろな／国／飲み物／お茶／～年頃／中国／コーヒー／オランダ／紅茶／イギリス／～ぐらい前
□Day 7	p. 16	○	全部で いくらですか		昼ご飯／お願いします／サンドイッチ／２つ／コーヒー／１つ／おにぎり／お茶／ハンバーガー／りんごジュース／よろしく お願いします／円
□Day 8	p. 17	○	Aの【位置】です／Aは どこですか	今、どこですか	～さん／～階／めがね／～売り場／帽子／隣／エレベーター／前／エスカレーター／近く／わかりました
□Day 9	p. 18	○	この Aは ～ですか／Aの B（所有）／【い形容詞】の／それは Aです／だれのですか	Aと B	傘／黒い／白い／短い
□Day 10	p. 19	○	【日時】に【場所】へ 行きます／【目的地】は【場所】から【交通手段】で【所要時間】です／～たいです／いつ ～ますか／何時に ～ますか	【人】と／【交通手段】で 行きます／～ませんか	今週／土曜日／～月／～日／公園／駅／バス／～分／～時半／私たち／～分前／バス停／一緒に
□Day 11 🔍	p. 20		【人】は Aを ～ました／Aと B／Cも ～ました／全部で いくらですか		～セット／刺身／食べます／天ぷら／二人／コーヒー／飲みます／メニュー／サラダ／卵焼き

Day	ページ	音声	問題を解くのに必要な文型	そのほかの文型	ことば・表現
□Day 12	p. 21	○(聴読解 1)	【人】は どの Aを ～ますか／これ／ください	Aは どこに ありますか	男の人／本／買います／知ります／言葉／黄色い／りんご／小さい／学校／時間／話／すみません／いらっしゃいませ／あのう／こちら／ありがとうございます／じゃあ
□Day 13	p. 22	○	(A)は Bの【位置】に あります／【位置】の A／どこですか	Aは Bが【な形容詞】です／Aは Bが【い形容詞】です	公園／近く／カフェ／紹介します／隣／春／桜／きれいな／病院／向かい／コーヒー／チョコレートケーキ／～を どうぞ／スーパー／花屋／この／いちごケーキ／おいしい
□Day 14	p. 23	○	今、どこですか／【人】は【場所】に います／【場所】です／【交通手段】で【目的地】へ 行きます／どこに いますか／どこへ 行きますか	Aは【時間】に 来ます／【目的地】まで【所要時間】かかります	～さん／今／すみません／駅／これから／電車／次の
□Day 15	p. 24	○	【場所】で 何を しますか／Aを ～ます	～ましょう／【日時】に【行事・イベント】が あります	日本語／話します／～町／図書館／毎週／土曜日／クラス／休み時間／お茶／お菓子／～を どうぞ／漢字／勉強します／会話／日本人／お問い合わせ／本／読みます／練習を します／歌／歌います
□Day 16	p. 25	○	でも、～／～ました／～ませんでした／【場所】で ～ました	Aは Bが ～です／【時間】まで／そして、～／とても～	土曜日／日曜日／休み／金曜日／夜／いつも／ゲームを します／昨日／寝ます／今日／起きます／午前中／プール／午後／図書館／勉強します／うち／映画／見ます／いい／一日／この 人／泳ぎます／映画館
□Day 17	p. 26	○	Aを ～ます／Aを 持って 行きます／Aを お願いします	Aは どうしますか／Aの【位置】に Bが ありません	～さん／こんばんは／日曜日／バーベキュー／楽しみな／買い物／公園／近く／スーパー／私／土曜日／肉／野菜／買います／果物／飲み物／～を お願いします
□Day 18	p. 27	○	いつ ～ますか／【交通手段】で 行きます／全部で いくら かかりますか	Aを【目的】に 行きます／～ませんか	相撲／見ます／～月／～日／土曜日／お弁当／学校／～ホール／バス／申し込み／受付／乗ります／クラス／名前
□Day 19	p. 28	○	Aと B／Aに しました／全部で ～でした／Aは 何でしたか	【場所】へ Aを【目的】に 行きます／【い形容詞】い A／でも、～／【な形容詞】な A／Aも／～たいです	友だち／一緒に／駅前／新しい／レストラン／昼ご飯／食べます／～さん／ピザ／プリン／ちょうど／きれいな／サンドイッチ
□Day 20	p. 29	○	Aは Bの Cです／Aは【い形容詞(味)】です	Aから Bまで／【な形容詞】な A／でも、～	たらこ／スパゲッティー／イタリア／料理／子ども／お年寄り／みんな／好きな／食べ物／日本人／アイデア／魚／卵／ちょっと／塩辛い／海／味／ぜひ どうぞ／小さい／すっぱい
□Day 21	p. 30	○	Aが ない B／Aは いつですか	Aは Bが【い形容詞】です／【期間】に【回数】あります／そして、～	日本／祝日／多い／１年間／～日（間）／～月／連休／ほかにも／月曜日／土曜日／たくさんの／人／いろいろな／所／出かけます／ない／月
□Day 22	p. 31	○	Aは【な形容詞】な Bです／～から、～（理由）／どんな Aですか／どうして ～ますか	【場所】に（は）Aが あります／【場所】から【交通手段】で【所要時間】です／ここは ～です	～県／空港／地下鉄／～分（間）／とても／にぎやかな／町／おいしい／食べ物／たくさん／その 中で／ラーメン／人気が あります／～の近く／勉強／神様／神社／学生／来ます
□Day 23	p. 32		【期限】までに／【人数】で／～たいです／いつ ～ますか	Aは【場所】へ ～ます	～さん／タイ／出張します／前の 日／３人／ミーティングを します／～日／～曜日／中国／休み／ベトナム／インド

Day	ページ	音声	問題を解くのに必要な文型	そのほかの文型	ことば・表現
□Day 24	p. 33	○(聴読解２)	どれを ～ましたか／～ましたから	Aと B／【人】が【場所】に います／～ませんか／～から、～（理由）／【い形容詞】かったです	女の人／男の人／レストラン／食べます／ランチ／メニュー／スパゲッティー／デザート／サラダ／ステーキ／来ます／いただきます／おいしい／あのう／私／お腹／いっぱい／大きい／サラダ／おいしい／ごちそうさまでした
□Day 25	p. 34	○	Aは Bが【な形容詞】です／Aは Bが【い形容詞】です／【い形容詞】い A／【な形容詞】な A／Aは どれですか	Aが あります／【範囲】で 一番【い形容詞】い A／そして、～	四国／４つ／県／広い／有名な／小さい／うどん／とても／おいしい／いい／温泉／隣／祭り／もの
□Day 26	p. 35	○	【い形容詞】かったです／【な形容詞】でした／【な形容詞】では ありませんでした／【名詞】でした／～たいです／Aは どれですか／でも、～／そして、～	【時期】に【場所】で ～ました	スキー／冬休み／初めて／雪／とても／きれいな／簡単な／難しい／もっと／練習します／その 後／入ります／気持ちが いい／おいしい／蕎麦／食べます／いい／所／また／行きます
□Day 27	p. 36	○	【動詞 - 辞書形】／【な形容詞】な A／【普通形】＋【名詞】／【名詞】だ	【場所】で【行事・イベント】が ある／【手段】で	毎年／～月／～県／毎年／ 100 万人／～ぐらいの／人／見ます／行きます／とても／有名な／祭り／～チーム／人たち／道／踊ります／みんな／右／左／手／持ちます／音／出ます／楽器／にぎやかな
□Day 28	p. 37	○	【動詞 - 辞書形】／【動詞 - ない形】／～から（理由）／～たくないです／【範囲】の 中の【数】	どこで ～ますか／どうして ～ませんか／～と 聞きます／Aや Bなど／そして、～／何も ～ない／だれも ～ない	朝ご飯／～に ついて／アンケート／結果／～社／～町／男女／～人／会社員／食べます／家／会社／レストラン／同じ／～ぐらい／理由／寝ます／時間／朝／家族／半分
□Day 29	p. 38	○	【普通形 - 現在肯定】／～から、～（理由）／【普通形 - 現在否定】／【い形容詞】い A／【範囲】で 一番【い形容詞】	～が、～（逆説）／あまり ～ない／だから、～	日本／小さい／国／南北／長い／北／南／気温／違います／～市／冬／とても／寒い／夏／高い／クーラー／使います／～ぐらい／家／ない／多い／近く／一年間／少ない
□Day 30	p. 39	○	【動詞 - た形】／【普通形 - 過去肯定】／【普通形 - 過去否定】／【場所】に 行った／何も ～なかった／だれが ～ましたか／何を ～ましたか	その A／～たいです／【日時】から ～する	学校／近く／店／ネパール／料理／食べます／とても／おいしい／今日／隣／カラオケ／行きます／日本／歌／歌います／英語／みんな／ベトナム／ない／今度は／ぼく／明日／練習します／書きます
□Day 31	p. 40	○	【普通形】＋【名詞】／【普通形】こと	～ない？／～の？	うち／私／部屋／前／今／わあ／使います／全部／捨てます／重い／大変な／今度の／週末／行きます／新しい／引っ越します／もの／たくさん／あります
□Day 32	p. 41	○	～て ください／～ないで ください／どの A／Aを もらいます／Aに Bを 書きます／Aを【場所・人】に 出します	～方／【普通形】＋【名詞】／～たいです／～まで／何も ～ない／～ましょう	本／借ります／人／図書館／カード／受付／持って 来ます／～冊／初めて／作ります／申込書／出します／名前／住所／みんな／大切に／読みます／順番／持って 行きます

Day	ページ	音声	問題を解くのに必要な文型	そのほかの文型	ことば・表現
□Day 33	p. 42	○	～て います（現在の行動）／まだ～ます	【目的】に 来ます／そして、～／でも、～	友だち／泳ぎます／海／とても／きれいな／午前中／～時間／～ぐらい／サーフィン／今／バーベキュー／一人で／肉／焼きます／おいしい／ぼく／食べます／～分前
□Day 34	p. 43	○	～ないで ください／～ては いけません／～ましょう／～ても いいです／【動詞 - 辞書形】こと	～て ください／～から、～（理由）／Aや B	公園／ルール／自転車／駐輪場／止めます／中／乗ります／危ない／ボール／遊びます／火／使います／お弁当／ゴミ／持って 帰ります／木／花／大切に します／～課／電話／バスケットボール／食べます
□Day 35	p. 44		～て、～（行為の順番）／～まで／～までに／～たいです／どうやって～ますか／【交通手段】で		午前／～時／～分／学校／出ます／美術館／行きます／バス／電車／～円／歩きます
□Day 36	p. 45	○(聴読解３)	全部で いくらですか／～たいです／Aと Bで【値段】／A じゃなくて、B／Aに します	～て います（現在の行動）	女の人／男の人／ネットショッピング／サイト／見ます／二人／買い物／テレビ／～インチ (inch)／ノートパソコン／タブレット／新しい／パソコン／ほしい／安い／ぼく／買います／小さい／～万円／高い／とても／いい／それ／これ／そうだね
□Day 37	p. 46	○	～て から､～／～て ください／【人】に 聞きます	～までに／～て います（結果の状態）	～クラス／～さん／夏休み／ホームステイ／説明書／申込書／よく／読みます／書きます／金曜日／午後／出します／青い／眼鏡を かけます／男の人／わかります／この 後／初めに
□Day 38	p. 47	○	～て いました（結果の状態）／～て います（結果の状態）／【目的】に 行きます	【い形容詞】くて、～	去年／ベトナム／留学します／今年／結婚します／今／料理／レストラン／経営します／安い／おいしい／趣味／旅行／店／写／アップします／見ます
□Day 39	p. 48	○	（A）は Bが【形容詞】です／～が、～（逆説）		公園／紹介します／緑／多い／ジョギング／コース／あります／駐車場／狭い／駅／歩きます／～分／隣／美術館／バーベキュー／エリア／事務所／予約します／地図
□Day 40	p. 49	○	【人】に【物】を あげます／【人】が【物】を もらいます／～という A／～だけ	【人】に【物】を もらいます／Aに なります／～た とき、～／～ましょう	日本／バレンタインデー／女の人／好きな／人／チョコレート／私／あなた／恋人／メッセージ／とても／嬉しいです／待ちます／友だち／これからもよろしく／意味／よく／考えます
□Day 41	p. 50	○	～て、～（行動の順番）／【人】に～て もらいます	～までに	会議／資料／メール／送ります／去年／発表会／データ／見ます／作ります／課長／チェックします／去年／コピーします／会議室／予約します／来週／火曜日／順番／やります
□Day 42	p. 51	○	～と 話します／～て いただいて、ありがとうございました／【目的】に 行きます	～て、～（理由・原因）	高校生／迷子／女の子／交番／昨日／午後／～時頃／～歳／娘／家族／警察／連絡／その後／連れて 来ます／無事に／家／帰ります／高校／小さい／学校／～の前／一人／泣きます／びっくりします／車／多い／道／心配な／話します／連れて 行きます／本当に／娘／お礼
□Day 43	p. 52	○	Aに Bを 入れます／～て、～（行為の順番）	～て ください	電子レンジ／簡単な／おいしい／ツナ／トマト／パスタ／材料／スパゲッティー／ g（グラム）／トマト／缶詰／水／ cc（シーシー）／半分／折ります／大きい／お皿／塩／少し／混ぜます／上／ラップ／W（ワット）／～分／～ぐらい／一度／出します

Day	ページ	音声	問題を解くのに必要な文型	そのほかの文型	ことば・表現
□Day 44	p. 53	○	～と、～／～できます／～前に、～／～て ください／～ないで ください／～ては いけません	～ことも あります／～方／～ましょう	日本／温泉／以上／あります／～℃（ど）／～ぐらい／熱い／あまり～ない／ゆっくり／入ります／リラックスします／病気／けが／体／洗います／タオル／お湯／入れます／楽しい／～の中で／泳ぎます／たくさんの／気をつけます／全部／選びます
□Day 45	p. 54	○	～て くれない？／～て みます	～んだけど、～／～とき、～／～たいです	～ちゃん／私／来週／テレビ／出ます／水曜日／クイズ／番組／見ます／すごい／がんばってね／で、～／お願いが あります／ワンピース／貸します／着ます／あれ／姉／今晩／聞きます／本当？／ありがとう／よろしく
□Day 46	p. 55	○	Aなので、～／Aなのです	～でしょうか／～でしょう／～てみたいです	これ／動物／鳴き声／日本／犬／表します／鳴きます／猫／牛／ライオン／では／キリン／知ります／人／多い／実は／仲間／同じ／聞きます
□Day 47	p. 56		【普通形】＋【名詞】／全部で いくら かかりますか	【目的】に 行きます／そして、～	～さん／今度の／日曜日／みんなで／いちご狩り／奥さん／小学校／入ります／男の子／去年／生まれます／女の子／料金／～分間／大人／中学生／子ども／～歳
□Day 48	p. 57	○(聴読解４)	Aの とき、～／Aが いいです／～て、～（行為の順番）	～て います（現在の行動）／～たいです／～て（ください）／どれに する？／～けど…／～かなあ	デパート／男の人／女の人／話します／二人／この 後／行きます／地下／～階／買い物／クリスマスプレゼント／チケット／お買い物／ありがとうございます／みなさま／用意します／受付カウンター／カードゲーム／ネクタイ／アクセサリー／ワイン／全部／終わります／疲れます／コーヒー／飲みます／ちょっと／待ちます／もらいます／本当は／ほしい／でも／来週／パーティー／みんな／使います／もの／そうだね／じゃあ／それから
□Day 49	p. 58	○	～て、～（行為の順番）／～て もらいます／～たら、～／そして、～／～て みます	Aは ～ことです／～と いいです／～ませんか	みなさん／入学／おめでとうございます／先輩／メッセージ／私／いい／思います／勉強／やります／日記／書きます／友だち／一緒に／次の／日／読みます／下／書きます／知ります／言葉／覚えます／作文／会話／使います／楽しい／順番／渡します／受け取ります／自分／返します
□Day 50	p. 59	○	【普通形】＋【名詞】／何の Aですか	～て ください	チケット／定員／～名／食べ物／言葉／文化／紹介します／音楽／人気／バンド／コンサート／ダンス／グループ／みなさん／踊り／楽しみます／～名様／旅行／プレゼント／あります／料理／食べます／みんな／一緒に／旅行する
□Day 51	p. 60	○	～ので、～／【動詞 - 意向形】と 思って います	～を 走ります／～たり、～たり します／～て、～（理由・原因）／～たいです	楽しい／自転車／旅行／夏休み／一昨年／去年／今年／一週間／～の中で／～日間／雨／降ります／大変な／おいしい／もの／食べます／きれいな／景色／見ます／初めての／本当に／楽しい／でも／とても／広い／まだ／行きます／所／たくさん／あります／また
□Day 52	p. 61	○	【い形容詞】く なります／【な形容詞】に なります／～たら、～	Aの 前に、～／～て、～（理由・原因）／～て みます／～て、～（行為の順番）	薬／仕事／忙しい／疲れます／元気／出ます／そんな／飲みます／すぐに／体／温かい／運動します／よく／食べます／寝ます／勉強／遊び／がんばります

Day	ページ	音声	問題を解くのに必要な文型	そのほかの文型	ことば・表現
□Day 53	p. 62	○	【動詞 - 条件形】	【動詞 - 意向形】／～たら、どうですか	悩み／相談／私／恋人／中国人／結婚／約束／でも／中国／会社／就職／決まります／来月／帰国します／一緒に／行きます／言います／中国語／できます／友だち／います／住みます／練習します／上手な／みんな／心配な／難しい／問題／家族／よく／話します／まず／勉強します
□Day 54	p. 63	○	～と、～／【い形容詞】く なります／～たら、～	～た ことが あります	フラミンゴ／ピンク色／きれいな／鳥／あなた／白い／見ます／実は／生まれます／藻／水／～の中／草／食べます／βカロチン／入ります／人参／唐辛子／赤い／色／もの／体／だんだん／初めは／みんな
□Day 55	p. 64	○	～なく なります／【い形容詞 - 条件形】／～たら、～／～て しまいます／～でしょう	Ａか Ｂか／～からです	動物／オス／メス／数／だいたい／１：１／今／ウミガメ／少ない／オーストラリア／調べます／パーセント（%）／地球／温度／高い／卵／～の中／周り／場所／決まります／低い／これから／もっと／上がります／生まれます／いません／暑い／死にます
□Day 56	p. 65	○	～ながら、～／～とき、～／～たら、～できて いいです／～ては いけません／～と、～できます	～でしょう／～のです／～て みます	テレビ／スマホ／見ます／勉強／できます／では／音楽／好きな／聞きます／リラックスする／思います／静かな／場所／始めます／すぐに／疲れます／海／川／木の葉／音／自然
□Day 57	p. 66	○	～できます／～なければ、～／～とき、～	～方	練習／問題／教科書／あります／パソコン／使います／ホームページ／ダウンロード／スマートフォン／アプリ／説明／パスワード／公式
□Day 58	p. 67	○	～から、～／～けど、～／【い形容詞】く なります	～の？／Ａも ～ません／～んだ／～ちゃった／それで、～／【動詞 - 意向形】	今日／ごめんね／海／楽しい／～くん／来ます／連絡／みんな／心配します／スマホ／家／忘れます／駅／おなか／痛い／トイレ／帰ります／寝ます／今／起きます／大丈夫な／病院／行きます／ううん／じゃあ／今度は／一緒に
□Day 59	p. 68		【動詞 - 意向形】と 思って います／～から ～まで		クラス／大学生／～さん／ヨガ／始めます／授業／平日／午前／午後／週末／アルバイト／将棋／習います／仕事／休み／夜／カルチャーセンター／毎週／～回／一か月／小学生／クラス／定休
□Day 60	p. 69	○(聴読解５)	【動詞 - 意向形】と 思って います／～ので、～／～た ことが あります	【普通形】＋【名詞】／Ａや Ｂなど	女の人／男の人／料理教室／パンフレット／見ます／入ります／クラス／和食／洋食／簡単な／練習します／クラス／お正月／特別な／作ります／いろいろな／国／デザート／ピザ／スパゲッティー／イタリア／来月／行きます／見せます／ぼく／習います／もうすぐ／仕事／間に合います／好きな／勉強します
□Day 61	p. 70	○	【尊敬語】	～た後（で）、～	敬老会／お元気で／敬老の日／お祝い会／いらっしゃいます／ご覧になります／召し上がります／楽しみにします／子どもたち／おっしゃいます／お祝いします
□Day 62	p. 71	○	ご～になります／お～になります／～ていただけませんか	～ので、～／～前に、～	お疲れさまです／お先に失礼します／部長／出席します／出かけます／資料／机／出発／予定／タクシー／呼びます
□Day 63	p. 72	○	～ていただきます／謙譲語	～でしょうか	わさび／お買い上げ／アンケート／答えます／全員／新商品／差し上げます／意見／商品／当社

Day	ページ	音声	問題を解くのに必要な文型	そのほかの文型	ことば・表現
□Day 64	p. 73	○	お～します／ご～します	お～ください	スポーツ／会員／招待／セール／特別な／お客様／スペシャル／レジ／チケット／見せます／オフ／用意します
□Day 65	p. 74	○	AはBより～／【い形容詞】さ	【い形容詞】くて、～／～ことができます	生まれます／テニス／バレーボール／似ています／柔らかい／コート／真ん中／ネット／相手／打ちます／打ち返します／ラケット／安全な／お年寄り／楽しみます
□Day 66	p. 75	○	～つもりでした／～たらどうですか／～たほうがいいです	～だろう／～てしまいます／～たら、～／～たり、～たりします	最近／趣味／ゲーム／世界／素晴らしい／忘れます／時計／生活／大切な／眠い／やめます／ノート／きっと／考え
□Day 67	p. 76	○	～のに使います／～と、～／～ことができます	～て、～（理由・原因）／【動詞 - 条件形】	おすすめ／一家／～台／充電器／台風／地震／電気／止まります／携帯電話／充電／なくなります／本当に／困ります／こちら／便利な／パネル／開きます／明るい／置きます／つなぎます／強い／太陽／光／部屋／安心な
□Day 68	p. 77	○	～ないつもりです／【い形容詞】くします／～なくてはいけません	【い形容詞 - 条件形】／～し、～	将来／物価／留学／アルバイト／給料／上手に／筆者／～に合います
□Day 69	p. 78	○	～と、～があります	～やすいです／～んです	観光／協会／花火大会／会場／浴衣／山／～の方／まっすぐ／橋／曲がります／遠い／ビル
□Day 70	p. 79	○	～て から、～／～たら、～／～て、～（行為の順番）	まだ～ていません／～し、～から、～	親子丼／材料／ご飯／鶏肉／玉ねぎ／卵／砂糖／大さじ／しょう油／みりん／晩ご飯／メニュー／決まります／いかがですか／まず／切ります／次に／鍋／ガス／火／つけます／熱い／煮ます／最後に／載せます
□Day 71 🔍	p. 80		～て、～／～てもらいます	～が、～（逆説）／～ので、～	平日／戻ります／お知らせ／荷物／ご不在連絡票／届けます／持ち帰ります／希望／再配達日／知らせます／受付
□Day 72 🎧	p. 81	○(聴読解６)	～てはいけません／～ことができます	～たら、～／～てもいいです／～てあります／【動詞 - 可能形】	試験／担当／説明します／～について／質問します／筆記試験／作文／昼休み／面接／貿易／入社試験／注意／スマホ／辞書／早く／食事／フリー／Wi-Fi／順番／ホームページ／受けます／紙
□Day 73	p. 82	○	【動詞 - 可能形】／～ではなくて、～	ご～ください	B級グルメ／お好み焼き／ギョーザ／大人気／集まります／人気／イベント／日本全国／教えます／コンテスト／～位／選びます／無料／参加します／市役所
□Day 74	p. 83	○	～なくてはいけません／～のでしょうか	【疑問詞】でもいいです／～し、～から、～／～てはいかがでしょうか	悩み／相談／先月／週末／連れて行きます／送ります／車を降ります／ガソリン代／払います／誘います／変な／銀行員／残念な／そんなこと／考えます
□Day 75	p. 84	○	【動詞 - 受身形】／～と 考えています／～たら、いいですか	～のか／～やすい／～でなければ、～ません	面接／就職試験／理由／必ず／質問します／入社します／将来／社員／力を合わせます／ですから／まず／やりたいこと／はっきり／そう思います／思い／伝えます
□Day 76	p. 85	○	～だけでなく、～／～が見えます／～が聞こえます	～のは大変です	ぼくたち／足／悪い／車いす／住みます／不便な／入口／狭い／何度も／エレベーター／手伝います／目／耳／困ります
□Day 77	p. 86	○	Aが【自動詞】／～たら、～／【動詞 - 可能形】ようにします	～てしまいます／～なくなります	市役所／市民／もうすぐ／台風／季節／倒れます／けがをします／そば／通ります／～か所／安全／確認／物／壊れます／連絡します

Day	ページ	音声	問題を解くのに必要な文型	そのほかの文型	ことば・表現
□Day 78	p. 87	○	Aが【自動詞】ています／～だけでなく、～	もし～たときには、～	忘れ物／落とし物／注意／先週／図書館／落ちます／情報／取ります／警察／届けます／教科書／事務局／自分／持ち物／なくします／一度／注意します
□Day 79	p. 88	○	お～でないA／～てしまいます	～ので、～	診察／受けます／初めて／受付／申込書／保険証／コピー／予約／診察券／受診票／受け取ります／確認します
□Day 80	p. 89	○	～ので、～／～のです／～ようにします／～たほうがいいです	【範囲】に【数】／～と言われています／～でしょう	花粉症／花粉／アレルギー／鼻水／止まります／くしゃみ／かゆい／サクラ／春／飛びます／嫌な／季節／また／スギ／ヒノキ／増えます／時期／マスク
□Day 81	p. 90	○	Aが【自動詞】ています／～のに気づきます／～たほうがいいです／～ちゃった／～かな	まだ～ていません／～のに／～なくちゃ／Aとか	リュック／ポケット／汚れます／気がつきます／取りかえます／レシート／財布／捨てます／コート／見つかります／紙袋
□Day 82	p. 91	○	～たら、～／～のをやめます／Aの後、～／～前に／【疑問詞】ばいいですか	～ても、～ときは、～	薬／説明書／色／形／働き／～錠／熱／下げます／食後／下がります／鼻水／朝食／夕食／担当／医師／相談します／～袋／ひどい／夕べ
□Day 83	p. 92		～と思っています／【な形容詞】なので、～／～と考えています	【動詞 - 条件形】／～ことができます	苦手な／必要な／レベルチェックテスト／～点／ビジネス／文書／今学期／○を付けます／点数／敬語／書類／場面／準備をします
□Day 84	p. 93	○(聴読解7)	～ながら、～／～ましょう	【動詞 - 意向形】と思います／～し、～／～にします	カラオケ／～部屋／～以上／タイプ／～以下／無料／忘年会／予約します／参加します／全員／半分／分けます
□Day 85	p. 94	○	Aから【期間】	～ても、～／～そうです（印象）／～てみます／～ませんか	写真展／難民／逃げます／文化センター／行います／難民キャンプ／悲しい／母親／写真／平和な
□Day 86	p. 95	○	～ようです／～たばかりです／～のに	【動詞 - 受身形】／～のかな	運転手／お客さん／救急車／けがをします／運びます／警察／事故／こわい／交差点／目の前／事故が起きます／ぶつかります／よく
□Day 87	p. 96	○	【動詞 - 受身形】（迷惑）／～たら、～	～たり、～たりします／しかし、～／～かどうか～	女性／なぐります／現金／財布／取ります／ごみを出します／戻ります／軽い／けがをします／探します／泥棒／事件／～件／これまでは／昼間／窓ガラス／割ります／玄関／かぎ／壊します／閉まります／犯人／外出します／かぎをかけます／呼びかけます／早朝／ゴミ出し
□Day 88	p. 97	○	～ています（結果の状態）／～なくなります	【謙譲語】／～ますでしょうか／～なくても、～	忘れ物／～について／ホテル／～御中／～号室／宿泊します／お世話になりました／実は／伺います／ファイル／コンサート／～枚／見つかります／サービス
□Day 89	p. 98	○	AがBに変わります／～ことに決めます	～ではなくて、～／～なのでしょうか／～たとき（は）、～でした／すると、～／～という意味で／【動詞 - 受身形】／～ので、～	流れます／血／～型／血液型／実は／研究／後から／両方／性質／見つかります／間違えます／専門家／相談します

Day	ページ	音声	問題を解くのに必要な文型	そのほかの文型	ことば・表現
□Day 90	p. 99	○	【物】をくれます／〜ときに、〜／【動詞 - 受身形】（非情の受身）／〜てもらいます／〜やすいです	〜ています（結果の状態）	ちょうど／自動販売機／ポケットティッシュ／終り頃／多くの／知らせます／やり方／ティッシュ／（店が）できます／情報／インターネット／もっと／伝えます／使い終わります／何度も／サービス／覚えます／時間がかかります／効果があります／よく
□Day 91	p. 100	○	AのようなB／お〜します	〜てくださいます／【動詞 - 可能形】ように、〜	クラス会／久しぶり／奥様／ヨーロッパ／びっくりします／卒業式／いつか／思い出します／チャレンジします／お目にかかります／ずっと／お元気で
□Day 92	p. 101	○	AかB／〜ていただきます／〜なら、〜／〜ても、〜／お〜します／お〜ください		最新／モデル／注文します／支払い／クレジットカード／〜払い／送料／無料／休業／サービス／キャンセル／受けます／返品／交換／返します／〜足
□Day 93	p. 102	○	【普通形】＋【名詞】	〜ておきます／〜と、〜／〜てみます	大好きな／遊び／頭／テーマ／例えば／反対／最後／文字／最初／終わります／ミックスします／ぜひ
□Day 94	p. 103	○	Aではなくて、B／〜ています	〜たら、〜／【動詞 - 受身形】／すると、〜	急に／食中毒／原因／細菌／生もの／注意します／気をつけます／それなのに／高熱／インフルエンザ／ウイルス／違います／気になります／調べます／細胞／生物／栄養／分けます／どんどん／増えます／DNA／（病気が）うつります／広げます／違い
□Day 95	p. 104		Aだけではなくて、Bも〜／〜つもりです／〜まで		ジム／通います／マシントレーニング／水泳／習います／平日／コース／いつでも／しっかり／トレーニングします／動かします／続けます／エアロビクス
□Day 96	p. 105	○(聴読解８)	〜のを忘れます／〜てしまいます／〜んです	【動詞 - 受身形】(尊敬語)／【他動詞】てあります	伝言メモ／人事部／書類／置きます／ミーティング／夕方／お帰りなさい／お疲れさまでした／電話番号／申し訳ありません
□Day 97	p. 106	○	〜はずです／〜と、〜／〜ないで、〜	〜、また、〜／〜ときがあります／〜てしまいます	緊張／大勢／試合／緊張します／うまくやります／失敗します／心／固い／息／吸います／吐きます／首／肩／回します／リラックスします／慣れます／楽な
□Day 98	p. 107	○	【謙譲語】／ご〜します／〜場合、〜	ご〜ください／〜ますようお願いします／〜てくださいます／お〜します	健康／セミナー／スケジュール／変更／先日／大変／申し訳ない／内容／案内します／変わります／以下／プログラム／ストレッチ／参加費／半額
□Day 99	p. 108	○	〜ながら、〜／〜てもらいます	〜場合は、〜	開講／就職します／帰国します／期間／ビジネスマナー／面接／練習／学費／学期／受講します
□Day 100	p. 109	○	〜そうです（伝聞）／〜ないで、〜／【動詞 - 可能形】ようになります／〜のではなく、〜	〜ながら、〜／〜たら、〜／〜ことを、〜と言います	ペット／死／亡くなります／会社員／生活します／愛犬／亡くします／泣きます／飼います／同僚／眠ります／体調／だんだん／無理をします／悲しみます／アドバイスします／できるだけ
□Day 101	p. 110	○	〜たら、〜／〜たほうがいいです／〜ちゃった／〜ようにしています／〜のに／〜んだって	〜の？／〜って／〜なあ／〜かな（あ）／〜より、〜たほうが、〜／〜なくて、〜（理由・原因）	会います／すごく／やせます／食欲／太ります／体重／キロ／毎晩／ジョギングします／量／やっぱり

Day	ページ	音声	問題を解くのに必要な文型	そのほかの文型	ことば・表現
□Day 102	p. 111	○	～というA／～らしいです／～かどうかわかりません	～ながら、～／～とき（に）、～／～そうです（伝聞）	ライオン／逃げます／地震が起きます／動物園／情報／驚きます／次々と／助けます／電話がかかってきます／発表します／怒ります／うそ／ＳＮＳ／捕まります／おもしろい／もちろん／信じます／原因／事件／例
□Day 103	p. 112	○	～たまま、～／～より、～たほうが、～／～ければ、～くなります／～ということなのです／～ないで、～	～ようにします／～ように、～／～そうです(伝聞)／～そうです(印象)	エアコン／蒸し暑い／一日中／電気代／涼しい／消します／暑い／消えます／タイマー／セットします／ベッド／実は／温度
□Day 104	p. 113	○	～たことがあります／～のは、～／～というA／～ても、～／【動詞 - 可能形】なくて、～	～と、～／～だけではなく、～／～てはどうでしょうか	続けます／朝活／全体／約～／外国語／店員／動きます／ネット／ニュース／新聞／経済／政治／経営者／意見／～ほど／理由／期間
□Day 105	p. 114	○	～なさい／Aじゃなくて、B／～まで、～	【動詞 - 受身形】て来ます／～そうです（印象）／ところが、～／【動詞 - 使役形】／【動詞 - 可能形】	真ん中／昔／ある所に／殿様／息子／誕生会／城／住みます／運びます／座ります／ひざ／周り／丸／なるほど／さすが／よし／招待します
□Day 106	p. 115	○	～ていただけます／Aとは～ことです／～し、～ので、～／どうやって～／【動詞 - 使役形】		マーケット／噴水／和食／召し上がります／地産地消／イベント／新鮮な／いただきます
□Day 107	p. 116		～ようです／～てみます／【疑問詞】～ばいいですか／お～ください	ご～いただけます／～て、～（付帯状況）	ポスター／始まります／入口／第～回／オーケストラ／野外／風／ステージ／当日／配ります／入場／並びます／～席／早めに
□Day 108	p. 117	○(聴読解９)	～ながら、～／どれぐらいの～のか／～にします／そんなことはないです	～ていただきたいんですが／～より、～／～やすいです	プレゼンテーション／資料／部分／直します／数／グラフ／報告／シリーズ／来場者／人数
□Day 109	p. 118	○	ご～いただけます／【動詞 - 受身形】（非情の受身）／お～ください／～なら、～／ご～ください／～のため、～（目的）／～ようお願いします／～ないで、～	お～します／～た場合、～	バス／利用／案内／乗車券／購入／乗車／バスセンター／支払います／期限／過ぎます／手続き／予定日／キャンセル料／走行／通路／床下／トランクルーム／預かります／シートベルト／着用します／車内／禁煙／マナーモード／設定します／通話／遠慮します／変更します
□Day 110	p. 119	○	～ても、～ば、～／【動詞 - 可能形】ように、～／～ので、～／～ないほうがいいです／～かもしれません	【動詞 - 受身形】ようになります／～ようになって、【期間】／～だって／～たほうがいいです／～てもいいです／Aのほうが、Bよりも、～／～そうです（伝聞）	顔文字／絵文字／デザイン／メッセージ／意見／反対
□Day 111	p. 120	○	どうして～のでしょうか／～ために、～（目的）／～より、～ほうが、～／それで、～／～ようになります	～のに、～／～かもしれません／AをBにすると、～／～そうです（伝聞）／～ようです	江戸時代／ファストフード／チキン／値段／さっと／寿司／天ぷら／（魚）を捕ります／２つ分／串／刺します／油／揚げます／つゆ／味噌／火事／ほとんど／焼けます／建てます／修理します／一人暮らし
□Day 112	p. 121	○	～しか～ありません／～ため、～（原因）／～かもしれません	～ように、～／～ていただきます／～たら、～	ショッピングセンター／オープンします／目標／駅前／マンション／人口／住民／声が上がります／名所／観光客／大型／市外

Day	ページ	音声	問題を解くのに必要な文型	そのほかの文型	ことば・表現
□Day 113	p. 122	○	～な（禁止）と言われます／【動詞 - 意向形】と思います／～のに、～／【動詞 - 命令形】と言われます／～たら、～／～つもりです	【動詞 - 受身形】（迷惑）／～ないように、～／また、～／～たことがあります／～かどうか～／～ようにすれば、～／～かもしれません	やる気／経験／動き／何とも／頼みます／売り切れます／月末／無駄な／絶対に／家賃／大家
□Day 114	p. 123	○	～のは、～／～のです	ところで、～／～ことにします／～たほうがいいです／すると、～／～たらどうですか	カエル／～匹／間／出会います／つまらない／立ち上がります／山を下ります／帰って行きます／登ります／めずらしい
□Day 115	p. 124	○	～かどうか～／～ために、～（目的）／～べきです／～のではないでしょうか	～だろう／【動詞 - 受身形】ています（非情の受身）／～たり、～たりします／～しか～ません	学習／翻訳機／人工知能／ＡＩ／研究／進みます／将来／翻訳します／機械／おすすめ／出席します／通訳します／コミュニケーション／正しい／確認します／すばらしい／人間
□Day 116	p. 126	○	～によると、～／～てきます／～たほうがいい／【疑問詞】～のかを、～／【動詞 - 使役形】／Ａより、Ｂのほうが、～／～と考えられています	【動詞 - 受身形】（非情の受身）／【動詞 - 受身形】ようになります／Ａは～ことです／【動詞 - 可能形】ようにします／～ために、～（目的）	安全な／ある～／調査／全体／別の～／防犯カメラ／増やします／目的／犯罪／見つけます／安心します／あちこち／暮らします／足ります
□Day 117	p. 127	○	【謙譲語】／お～いただきます／～ていただきます／～てくださいますよう、お願いいたします／～なくてはいけません	ご～ください	ガス器具／点検／伺います／下記／日時／担当者／お宅／拝見します／自宅／変更します／希望／当社
□Day 118	p. 128	○	～ことになります／～てもらいます／【動詞 - 可能形】ようになります／【動詞 - 受身形】	～たり、～たりします／～てはいけません／～というＡ／～ため、～（原因）／～ではなく、～／～のために、～（目的）	～初／国際人／船／流します／無人島／着きます／降ります／雨水／助け／決まり／船長／降ろします／名前をつけます／そのまま／一生懸命／卒業します／世界中／鯨／教師／通訳
□Day 119	p. 129		【動詞 - 可能形】／～までに、～／～と、～	【他動詞】てあります／～てから、～／～つもりです	講座／歴史／体にいい／前日／クイズ／プレゼント／意味／正月／途中
□Day 120	p. 130	○(聴読解10)	～たら、～／～てしまいます／～でしょう／～になります／～にします	～ながら、～／ＡとかＢとか／～そうです（印象）	笑います／すっきりします／怖い／約束します／選手／夢／物語／だめな／小説／幸せな

MEMO

MEMO

지은이

휴먼아카데미 일본어학교 https://hajl.athuman.com/

휴먼아카데미 일본어학교는 1987년에 오사카교, 1991년에 도쿄교, 2015년에는
일본 최초 산학관 연계 일본어 교육 기관인 사가교를 개교했다.
일본어 교육 프로그램을 국내 및 아시아, 유럽을 중심으로 한 해외에서도 제공하고 있다.
그룹 모회사인 휴먼홀딩스는 2004년 JASDAQ에 상장했다.
전일제, 직장인, 아동 로봇 교실, 컬처 스쿨, 일본어, 해외 유학 등
각양각색의 교육사업을 일본 전국 주요 도시 뿐만 아니라 해외에서도 전개하고 있다.

집필

쓰지 카즈코(辻 和子) 휴먼아카데미 일본어학교 도쿄교 교장
가쓰라 미호(桂 美穂) 휴먼아카데미 일본어학교 도쿄교 상근 강사

번역

이동준 Academic Japanese 연구소 연구원

사진 제공

PIXTA 외

1일 10분
생활 쏙 일본어 초급 독해

초판 1쇄 발행 2022년 9월 20일

지은이 휴먼아카데미 일본어학교
펴낸곳 (주)에스제이더블유인터내셔널
펴낸이 양홍걸 이시원

홈페이지 www.siwonschool.com
주소 서울시 영등포구 국회대로74길 12 남중빌딩 시원스쿨
교재 구입 문의 02)2014-8151
고객센터 02)6409-0878

ISBN 979-11-6150-633-3
Number 1-311212-18181800-02

별책부록

- 퀴즈 도전하기 정답 & 청독해 스크립트
- 본문 해석

퀴즈 도전하기 정답 & 청독해 스크립트

Day 1-1

か	さ	お	い	し	い
あ	り	が	と	う	ま
し	お	ん	せ	ん	せ
た	こ	ば	ご	は	ん
く	す	り	た	さ	せ
る	し	ま	ね	み	い
ま	ご	す	き	で	す
い	と	も	だ	ち	か

レ	ス	ト	ラ	ン	ア
ニ	ユ	ー	ス	コ	ル
ヤ	メ	エ	ト	ン	バ
ン	ジ	ア	カ	サ	イ
チ	ヨ	コ	レ	ー	ト
キ	ギ	ン	ン	ト	ヌ
ン	ン	タ	ダ	ン	ス
ウ	グ	メ	ー	ル	エ

Day 1-2

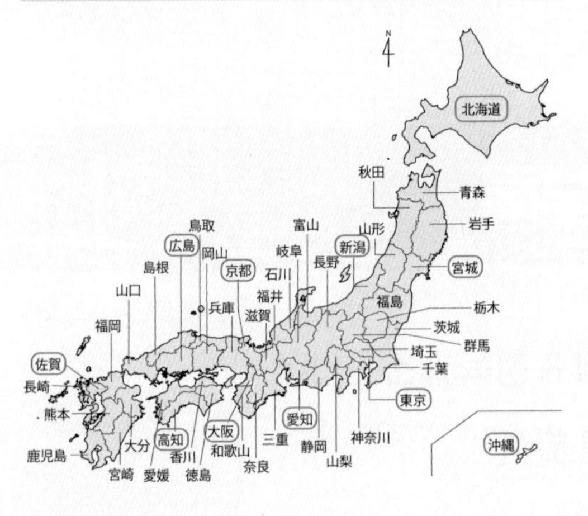

Day 2-1

① b 宮城(みやぎ)は あめです。

② a 広島(ひろしま)は はれです。

③ b 愛知(あいち)は くもりです。

Day 2-2

① 60%

② 21℃～27℃

Day 3

① e ② b ③ a

④ d ⑤ c

Day 4

① × ② ○

Day 5

① × ② ×

Day 6

① おちゃ － 中国(ちゅうごく) － 1200年(ねん)ぐらい まえ

② こうちゃ － イギリス － 140年(ねん)ぐらい まえ

③ コーヒー － オランダ － 300年(ねん)ぐらい まえ

Day 7

1,400円(えん)

Day 8

b

Day 9

a 大川(おおかわ)さん

b 本田(ほんだ)さん

c 田中(たなか)さん

d　山下さん
やました

Day 10

① 4月18日 土よう日

② 10時25分

Day 11

d

Day 12

c

＊＊＊＊＊＊＊＊＊＊＊＊＊＊＊＊＊＊＊＊＊＊

男の人は どの 本を 買いますか。

M：すみません。

F（店員）：いらっしゃいませ。

M：あのう、『ちいさいがっこう』は どこに ありますか。

F（店員）：『ちいさいがっこう』ですね。こちらです。

M：あ、ありがとうございます。じゃあ、これ、ください。

F（店員）：はい。ありがとうございます。

Day 13

① b　② d　③ c

Day 14

① 山田さん：さくら駅　リさん：みどり駅

② 電車で みどり駅へ 行きます。

Day 15

b、c

Day 16

① ○　② ×

Day 17

① にくと やさい　② 飲みもの

③ にくと やさい　④ くだもの

Day 18

① 7月25日（土曜日）
がつ にち どようび

② 3,000円

Day 19

サンドイッチ

Day 20

① ×　② ×

Day 21

6月、12月

Day 22

① にぎやかな 町です。

② べんきょうの 神さまの 神社ですから。

Day 23

b

Day 24

c

＊＊＊＊＊＊＊＊＊＊＊＊＊＊＊＊＊＊＊＊＊＊

女の人と 男の人が レストランに います。女の人は どれを 食べましたか。
おんな ひと おとこ ひと

F：あ、デザートが 来ましたよ。いただきます。んー、おいしい。

M：あのう、私のも 食べませんか。私は ステーキを 食べましたから、おなかが いっぱいで…。

F：ありがとうございます。でも、私も おなかが いっぱいです。大きい サラダが ありましたから。ああ、おいしかった。ごちそうさまでした。

Day 25

① c　② a　③ d　④ b

Day 26

c

Day 27

a

Day 28

① ×　② ×

Day 29

① 1）C市(し)　2）B市(し)
② 1）B市(し)　2）A市(し)

Day 30

① タンさん
② （キムさんと　ラマさんと　マリーさんと　いっしょに）カラオケに　行(い)きました。

Day 31

b

Day 32

c → d → b → a

Day 33

① e　② d　③ a

Day 34

b

Day 35

b

Day 36

c

＊＊＊＊＊＊＊＊＊＊＊＊＊＊＊＊＊＊＊＊＊＊＊

Q 女(おんな)の人(ひと)と　男(おとこ)の人(ひと)が　ネットショッピングの　サイトを　見(み)て　います。二人(ふたり)の　買(か)い物(もの)は　全部(ぜんぶ)で　いくらですか。

F：ねえ、新(あたら)しい　パソコンが　ほしいな。これ、どうかな？

M：50,000円(えん)？　安(やす)いね。ぼくは　テレビ、買(か)いたいな。うちの　テレビ、小(ち)さいから。

F：55インチの　テレビ、いいねえ。でも、テレビと　パソコンで、13万円(まんえん)…。ちょっと　高(たか)いなあ。うーん…、あ、私(わたし)、パソコンじゃなくて、この　タブレットに　する。

M：ああ、その　タブレット、とても　いいよ。じゃあ、それと　これだね。

F：うん、そうだね。

Day 37

c

Day 38

① ×　② ×

Day 39

① c　② a　③ b

Day 40

① ×　② ○

Day 41

e → d → b → c → a

Day 42

① 南 公太さんと 高田 ゆなさん（高校生）

② 女の子の 家族と 女の子

Day 43

b → d → a → c

Day 44

a、b、c

Day 45

①アンちゃん

②さきちゃんが さきちゃんの お姉さんに 聞きます。

Day 46

モーモー

Day 47

d

Day 48

d

＊＊＊＊＊＊＊＊＊＊＊＊＊＊＊＊＊＊＊＊＊＊

Q デパートで 男の人と 女の人が 話して います。二人は この 後、どこへ 行きますか。

M：買い物は 全部 終わったね。ああ、疲れた。コーヒー、飲みたいな。

F：あ、ちょっと 待って。ワイン 買った とき、この チケット、もらったの。

M：へえ。クリスマスプレゼントか。どれに する？

F：本当は アクセサリーが ほしいけど…。でも、来週の クリスマスパーティーの とき、みんなで 使う ものが いいかなあ。

M：ああ、そうだね。じゃあ、受付で プレゼント もらって、コーヒーは それからだね。

Day 49

e → a → c → b → d

Day 50

b

Day 51

① ○　② ×

Day 52

① b　ツナGは 薬では ありません。

② a　ツナGを 飲んだら、あたたかく なります。

Day 53

① ○　② ×

Day 54

① ○　② ×

Day 55

① ×　② ○

Day 56

① ×　② ○

Day 57

① ○　② ×

Day 58

① c　② 海へ 行きます。

Day 59

① a　② c

Day 60

c

＊＊＊＊＊＊＊＊＊＊＊＊＊＊＊＊＊＊＊＊＊＊＊

Q 女の人と 男の人が 料理教室の パンフレットを 見て います。女の人が 入ろうと 思って いる クラスは どれですか。

F：来月から この 料理教室に 行こうと 思ってるんです。

M：へえ、ちょっと 見せて ください。料理ができないから、僕も 習いたいなあ。

F：簡単な 料理の クラスも ありますよ。

M：ゆりさんは どの クラスですか。もうすぐお正月だから、この クラスですか。

F：いいえ。仕事が ６時までなので、その 時間は 間に合わないんです。

M：じゃあ…、イタリア料理が 好きだから、この クラスかな？

F：いいえ、こちらです。ピザとか スパゲッティーは 勉強した ことが あるんです。

M：ああ、いろいろな 料理が 勉強できて、いいですね。

Day 61

b

Day 62

c、e

Day 63

b

Day 64

① ×　② ×　③ ○

Day 65

c

Day 66

b

Day 67

d

Day 68

c

Day 69

b

Day 70

b → d → c → a → e

Day 71

b

Day 72

b

＊＊＊＊＊＊＊＊＊＊＊＊＊＊＊＊＊＊＊＊＊＊＊

Q 試験の前に、担当の人が説明しています。女の人は何の時間について質問しましたか。

M1（担当者）：みなさん、今日はつなぐ貿易の入社試験を受けに来ていただき、ありがとうございます。まずはみなさんの机の上の「入社試験の注意」と書いてある小さい紙をごらんください。初めに筆記試験、次に作文です。昼休みの後、最後が面接です。何か質問があれば、どうぞ。

F（受験者）：あの、すみません。いつも辞書のアプリを使ってるんですが、いいでしょうか。

M1（担当者）：えっと…、ああ、これですね。スマホの辞書は使わないでください。

F（受験者）：わかりました。

M2（受験者）：休み時間はスマホが使えますか。

M1（担当者）：はい、どうぞ。フリーの Wi-Fi もあります。

Day 73 □

① ○　② ×

Day 74 □

a

Day 75 □

① ほかの社員と力を合わせて働ける人

② ・その会社でやりたいこと
・その会社でやりたいと思った理由
・その会社でなければできないこと

Day 76 □

a

Day 77 □

c

Day 78 □

a

Day 79 □

d

Day 80 □

① ×　② ○

Day 81 □

b

Day 82 □

HA カプセルを朝食と夕食の後１つ、ツナーグを夜寝る前に１袋

Day 83 □

b

Day 84 □

c

＊＊＊＊＊＊＊＊＊＊＊＊＊＊＊＊＊＊＊＊＊＊＊＊＊

Q 男の人と女の人がカラオケ店のホームページを見ながら話しています。どの部屋を予約しますか。

M：忘年会の後のカラオケを予約しようと思うんですけど、ここ、どうでしょうか。

F：へえ、安いですね。駅に近いし、いいと思います。忘年会に何人参加するんですか。

M：18人です。あ、う～ん。みんな一緒に入れる部屋はありませんね。加藤部長と山本課長と前川課長はこの小さい部屋で、ほかの人はこの大きい部屋にしましょうか。

F：え？　忘年会ですから、部長も課長も一緒がいいですよ。全員を半分に分けましょうよ。

M：そうですね。じゃあ、これですね。

Day 85 □

６月20日から６月26日まで、文化センターで、「私の国はどこ　～世界難民の日～」写真展があります。

Day 86 □

Q1 ① ×　② ○

Q2 c

Day 87 □

a

Day 88 □

b

Day 89 □

（例）C型の名前が０（ゼロ）型になって、その後、Ｏ（オー）型に変わりました。

Day 90 □

Q1 ① × ② × ③ ○

Q2 b

Day 91 □

Q1 40歳

Q2 c

Day 92 □

Q1 ① ○ ② × ③ ×

Q2 5,100円

Day 93 □

①（例）つくえ → えいが → ガラス

②（例）タイ → イギリス → スイス

③（例）えいが → いえ → ケータイ

④（例）いす → とけい → パスポート

Day 94 □

Q1 ① ○ ② × ③ ○

Q2（例１）細菌は一つの細胞でできていますが、ウイルスは細胞を持っていません。

（例２）細胞は自分の体を半分に分けてどんどん増えますが、ウイルスは細胞の中に自分のDNAを送って自分のコピーを作って増えます。

Day 95 □

c

Day 96 □

d

＊＊＊＊＊＊＊＊＊＊＊＊＊＊＊＊＊＊＊＊＊＊＊

Q **女の人と男の人がメモを見ながら、話しています。どのメモを見ていますか。**

F：ただ今戻りました。

M：お帰りなさい。お疲れさまでした。

F：あ、山川さん、たくさんメモ、ありがとうございました。

M：いえいえ。あ、これなんですけど…、電話番号、聞くのを忘れてしまったんです。申し訳ありません。わかりますか。

F：ああ、この方ですね。大丈夫ですよ。わかります。

M：すみません。よろしくお願いします。

Day 97 □

Q1 ① ○ ② × ③ ×

Q2 緊張することに慣れます。

Day 98 □

Q1 ① × ② × ③ ○

Q2 5,000円（半額）返してもらいます。

Day 99 □

Q1 c

Q2 10月4日までに受付に申込書と学費20,000円を持って行きます。

Day 100 □

Q1 ① × ② ○ ③ ×

Q2（例）悲しい気持ちが強いのに、「泣いてはいけない」と思ったからです。

Day 101

Q1 ① 前川さん

② 山口さんと前川さんの弟（前川真二さん）

③ 中田さん

Q2 前川さんが山口さんを心配しています。

Day 102

Q1 ① × ② × ③ ○

Q2 （例）本当かどうかわからない情報をほかの人に伝えた人がたくさんいたからです。

Day 103

Q1 ① × ② × ③ ○

Q2 a

Day 104

Q1 a

Q2 ① ○ ② × ③ ○

Day 105

Q1 c → b → d → a

Q2

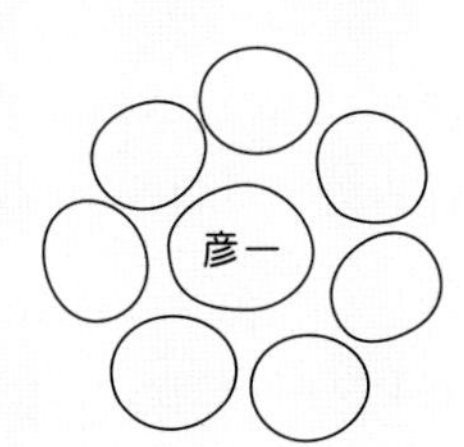

Day 106

Q1 b

Q2 （例）・新鮮なものが安く買えます。

・どんな人がどうやって作ったのかわかるので、安心できます。

Day 107

c

Day 108

c

＊＊＊＊＊＊＊＊＊＊＊＊＊＊＊＊＊＊＊＊＊＊＊

Q 女の人と男の人がプレゼンテーションの資料を見ながら話しています。女の人はこの後、どの部分を直しますか。

F：課長、資料を直したので、見ていただきたいんですが。

M（課長）：はい、いいですよ。えっと…。お客様がイベントにいらっしゃった時間と人数のグラフは直したんですね。前のよりわかりやすくなりましたよ。

F：ありがとうございます。

M（課長）：イベントも商品も、よかったという答えが多かったんですね。どれぐらいの数だったのかも知りたいなあ。

F：では、こちらもグラフにします。商品の写真がちょっと小さいでしょうか。

M（課長）：いえ、そんなことはないと思いますよ。じゃあ、よろしく。

F：はい、わかりました。

Day 109

① × ② × ③ ○

④ ○ ⑤ ×

Day 110

Q1 b

Q2 ① 使わないほうがいいと考えています。

② 「ビジネスの連絡に顔文字は合わない」と考える人が少なくないからです。

Day 111 □

Q1 ① ○　② ×　③ ×

Q2 (例) 家を建てたり修理したりするために、おおぜいの男の人が江戸に来て、そばやすしを店で食べたからです。

Day 112 □

Q1 ① ○　② ×　③ ○

Q2 (例)・買い物が便利になります。
・観光客が増えます。

Day 113 □

Q1 ① ○　② ×　③ ○

Q2 a

Day 114 □

a

Day 115 □

Q1 c

Q2 (例) 機械に何かを話したり、機械から出てきた音を聞いたりすることは、コミュニケーションとは言えないからです。

Day 116 □

Q1 ① ○　② ×　③ ○

Q2 (例) 防犯カメラがあちこちにあると、いつだれとどこで何をしていたのかを、ほかの人に知られてしまうからです。

Day 117 □

Q1 ① ○　② ×　③ ×

Q2 つなぐガスサービスの担当者が、山口さんの部屋で、ガス器具の点検をします。

Day 118 □

土佐 → 無人島 → アメリカ →
長崎 → 土佐 → 江戸 → 土佐

Day 119 □

c

Day 120 □

b

＊＊＊＊＊＊＊＊＊＊＊＊＊＊＊＊＊＊＊＊＊＊＊

Q 女の人と男の人が本屋で本の紹介を読みながら、話しています。女の人はどの本を買いますか。

F：最近読んだ本でおもしろいの、あった？

M：うん。そうだなあ。これとこれと…、あと、これとこれかな。おすすめだよ。この家族の話は、ほんとにおもしろくて、笑いながら読んだよ。

F：へえ。おもしろい話、いいね。私、こわい話とか悲しい話は好きじゃないの。

M：じゃあ、これはだめだな。このパーティーの話、ちょっとこわいから。

F：この本はどう？ 小説の名前はきれいだけど、悲しい話なの？

M：ううん。悲しくて泣いちゃうんじゃなくて、幸せな気持ちになる話なんだよ。

F：へえ、おもしろそう。じゃあ、これにする。

Day 1-1

Q 워밍업 하기!

예 ①) 차, 자동차
예 ②) 약
예 ③) 사과

① 우산 ⑨ 레스토랑, 식당
② 내일 ⑩ 뉴스
③ 밥 ⑪ 초콜릿
④ 친구 ⑫ 메일
⑤ 고마워 ⑬ 댄스, 춤
⑥ 선생님 ⑭ 아르바이트
⑦ 온천 ⑮ 조깅
⑧ 초밥 ⑯ 기타

Day 1-2

Q 워밍업 하기!

예) 홋카이도
① 도쿄 ⑥ 히로시마
② 오사카 ⑦ 니가타
③ 사가 ⑧ 오키나와
④ 교토 ⑨ 아이치
⑤ 미야기 ⑩ 고치

Day 2-1

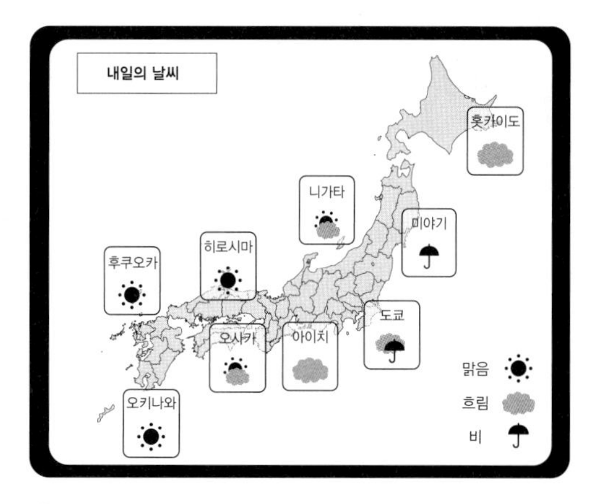

Q 워밍업 하기! 맞는 것은 무엇일까요?

① 미야기는 (a 흐립니다/ b **비가 옵니다**)
② 히로시마는 (a **맑습니다**/ b 비가 옵니다)
③ 아이치는 (a 맑습니다/ b **흐립니다**)

Day 2-2

주간 날씨 6월 2일 (월) ~ 6월 8일 (일)

날짜		2(월)	3(화)	4(수)	5(목)	6(금)	7(토)	8(일)
날씨								
강수 확률(%)		10	20	60	50	70	90	100
기온 (℃)	최고	28	26	26	30	28	27	28
	최저	19	18	21	23	23	21	23

Q 워밍업 하기!

예1) 6월 8일의 강수확률은 몇 퍼센트일까요?
예2) 6월 3일의 기온은 몇 도일까요?

① 6월 4일의 강수확률은 몇 퍼센트일까요? **60%**
② 6월 7일의 기온은 몇 도일까요? **21℃~27℃**

Day 3

Q 워밍업 하기! a~f 중 어느 사람인지 골라 보세요.

예) 가장 오른쪽은 토모 씨입니다.

① 토모 씨 옆은 류 씨입니다. (e)

② 류 씨 뒤는 아이 씨입니다. (b)

③ 아이 씨 옆은 시키 씨입니다. (a)

④ 시키 씨 앞은 사유리 씨입니다. (d)

⑤ 사유리 씨 왼쪽은 오우 씨입니다. (c)

Day 4

TSUNAGU Dormitory의 새로운 학생

처음 뵙겠습니다. 그엔 반 후이입니다.
HA대학교 학생입니다.
베트남에서 왔습니다.
아무쪼록 잘 부탁드립니다.

Q 퀴즈 도전하기! O일까요? X일까요?

① (X) 후이 씨는 대학교 선생님입니다.

② (O) 후이 씨의 나라는 베트남입니다.

Day 5

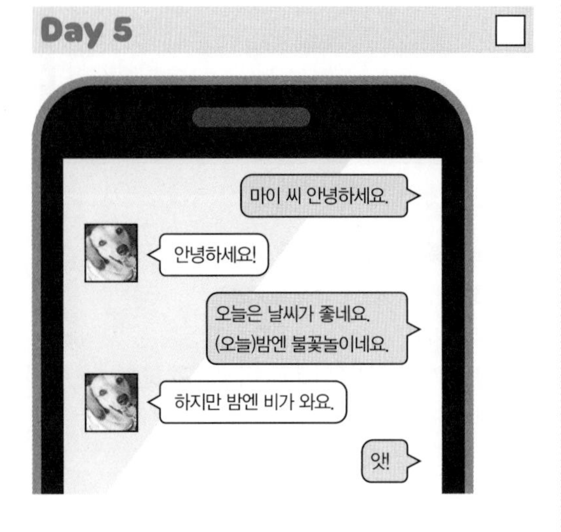

Q 퀴즈 도전하기! O일까요? X일까요?

① (X) 지금(은) 밤입니다.

② (X) 오늘 밤은 날씨가 좋습니다.

Day 6

일본에는 여러 나라의 음료가 있습니다.
녹차는 800년쯤에 중국에서 일본으로 왔습니다. 커피는 1700년쯤에 네덜란드에서 왔습니다. 홍차는 1880년쯤에 영국에서 왔습니다. 여러분의 나라에는 어떤 음료가 있습니까?

Q 퀴즈 도전하기!

① 녹차 - 중국 - 1200년 전쯤

② 홍차 - 영국 - 140년 전쯤

③ 커피 - 네덜란드 - 300년 전쯤

Day 7

LUNCH MEETING의 점심 식사를 부탁합니다.
다나카 씨: 샌드위치 2개, 커피 1개(한 잔)
리 씨: 주먹밥 2개, 녹차 1개(한 잔)
오카와 씨: 햄버거 1개, 사과주스 1개(한 잔)
잘 부탁드립니다. -혼다-

Q 퀴즈 도전하기! 전부 해서 얼마일까요? 1,400엔

Day 8

Q 퀴즈 도전하기! 안경 가게는 어디일까요? (b)

Day 9 □

이 우산은 다나카 씨 거예요?
아니요. 제 건 검은 거예요.
그것은 오카와 씨 거예요.
흰 것과 짧은 것은요?
흰 것은 혼다 씨 거예요.
짧은 것은 야마시타 씨 거랍니다.

Q 퀴즈 도전하기! 누구의 것일까요?

a 오야마 씨 b 혼다 씨 c 다나카 씨 d 야마시타 씨

Day 10 □

이번 주 토요일

야마시타 다이 4月15日 (수) PM 07 : 43

To 리 토

리 씨

토요일에 다나카 씨와 미도리 공원에 갈 거예요.

공원은 미도리역에서 버스로 10분이에요. 10시 반 버스로 가고 싶어요.

저희들은 5분 전에 버스 정류장에 갈 거예요.

같이 가지 않을래요?

야마시타

Q 퀴즈 도전하기!

① 언제 미도리 공원에 가나요? **4월 18일 토요일**

② 몇 시에 버스 정류장에 가나요? **10시 25분**

Day 11 정보 검색 문제 □

Q 퀴즈 도전하기!

유리 씨는 C세트와 회를 먹었습니다. 켄 씨는 A세트와 튀김을 먹었습니다. 두 사람은 커피도 마셨습니다. 전부 해서 얼마일까요?

a 2,150엔 b 3,700엔 c 3,950엔 **d 4,200엔**

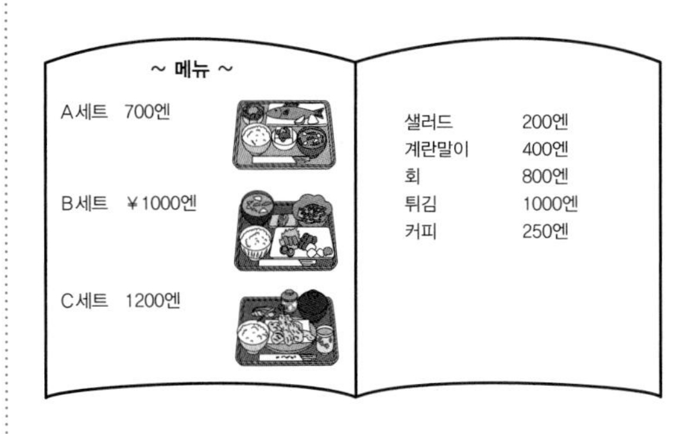

Day 12 청독해 문제 □

Q 퀴즈 도전하기! 남자는 어느 책을 사나요?

<스크립트>

M: 저기요.

F(점원): 어서오십시오.

M: 저어 '작은 학교'는 어디에 있나요?

F(점원): '작은 학교' 말씀이시군요. 이쪽입니다.

M: 아, 감사합니다. 그럼 이거 주세요.

F(점원): 네 감사합니다.

Day 13 □

미도리 공원 근처의 카페를 소개합니다!

① CAFE사쿠라: 공원 옆에 있습니다. 봄에는 벚꽃이 예쁩니다.

② 미도리커피: 병원 맞은편에 있습니다. 커피와 초콜릿 케이크를 드셔 보세요!

③ 츠나구카페: 슈퍼 맞은편 꽃집의 옆입니다. 이 카페는 딸기 케이크가 맛있습니다.

Q 퀴즈 도전하기! a~d 중 어디인지 골라 보세요.

① CAFE사쿠라 (b) ② 미도리커피 (d)

③ 츠나구카페 (c)

Day 14 □

야마다 씨, 지금 어디예요?
저는 미도리역에 있어요.
리 씨, 죄송해요!
사쿠라역이에요. 지금부터 전철로
미도리역에 가요.
네? 지금 사쿠라역(이라고요)?
다음 전철은 3시에 와요.
미도리역까지 20분 걸려요.
죄송해요.

Q 퀴즈 도전하기!

① 두 사람은 지금 어디에 있나요?
 야마다씨: 사쿠라 역, 린 씨: 미도리 역

② 야마다 씨는 지금부터 어디에 가나요?
 전철로 미도리 역에 갑니다.

Day 15 □

* * 일본어를 말해 봅시다! * *

'미도리마을 도서관'에서 매주 토요일에 일본어 클래스가 있습니다. 쉬는 시간에 녹차와 과자를 함께 해요!

●10:00~10:40【한자】한자를 공부합시다!
●11:10~12:30【회화】일본인과 이야기해 봅시다!

≪문의≫ 미도리마을 도서관 TEL 03-1103-XXXX

Q 퀴즈 도전하기!

일본어 클래스에서 무엇을 할까요? 전부 골라 보세요.

a 일본어 책을 읽습니다. **b 한자 연습을 합니다.**
c 회화 연습을 합니다. d 일본어 노래를 부릅니다.

Day 16 □

7월 18일 (토)
저는 토요일과 일요일이 휴일입니다. 금요일 밤은 항상 1시까지 게임을 합니다. 하지만 어제는 게임을 하지 않았습니다. 10시에 잤습니다. 그리고 오늘은 6시에 일어났습니다. 오전 중에 수영장에 갔습니다. 오후에는 도서관에서 공부했습니다. 밤에는 집에서 영화를 봤습니다. 정말 좋은 하루였습니다.

Q 퀴즈 도전하기! O일까요? X일까요?

① (O) 이 사람은 오늘 수영을 했습니다.
② (X) 이 사람은 오늘 영화관에서 영화를 봤습니다.

Day 17 □

다나카 씨 안녕하세요!
일요일 바비큐 기대되네요.
장보기는 어떻게 할까요?

안녕하세요. 공원 근처에는 슈퍼가
없어요. 저와 야마시타 씨는
토요일에 고기와 야채를 사요.
김 씨는 과일을 가져가요. 탄 씨는
음료를 부탁드려요!

Q 퀴즈 도전하기! 사람들은 무엇을 가져갈까요?

① 야마시타 씨: **고기와 채소**
② 탄 씨: **음료**
③ 다나카 씨: **고기와 채소**
④ 김 씨: **과일**

Day 18 □

~스모를 보러 가지 않겠습니까?~

●7월 25일(토요일) 11:00~16:00
●2700엔(스모: 2000엔/도시락: 700엔)
●학교에서 미도리홀에 가는 버스가 있습니다. (300엔)
●신청: 6월 22일~30일(학교 접수처)

스모 신청서
□ 버스에 탑니다 [클래스: B/이름: 긴 세이]

Q 퀴즈 도전하기!

① 언제 (스모를 보러) 가나요? **7월 25일 (토요일)**
② 긴 씨는 버스로 갑니다. 전부 해서 얼마가 들까요?
 3000엔

Day 19 ☐

TSUNAGRAM

Kazu Tsukiji

5월 19일 PM 2:27 @ restaurant TSUNAGU

Kazu Tsukiji 친구와 함께 역 앞의 새로운 레스토랑 'TSUNAGU'에 점심밥을 먹으러 갔어요. 비비안 씨와 다나카 씨는 피자와 푸딩을 먹었어요. 하지만 저는 커피와 (　　　)으로 했어요. 전부 해서 딱 1,000엔이었어요!

Xi Chi　예쁜 레스토랑이네요!　15분 전

Ai Ozawa　저도 가고 싶어요.　1시간 전

MENU
카레라이스 750엔
스파게티 800엔
피자 850엔
샌드위치 650엔
라면 700엔
메밀국수 700엔
아이스크림 400엔
푸딩 500엔
커피 350엔
홍차 350엔

퀴즈 도전하기! 이 사람의 점심밥은 무엇이었을까요?

커피와 **샌드위치**

Day 20 ☐

Restaurant TSUNAGU　BLOG

5월 30일(금) PM03:37 명란 스파게티는 이탈리아 요리?

아이부터 어르신까지 모두가 좋아하는 스파게티는 이탈리아의 음식입니다. 하지만 '명란 스파게티'는 일본인의 아이디어입니다. 명란은 물고기의 알입니다. 이 스파게티는 좀 짭니다. '바다의 맛'이죠. Restaurant TSUNAGU의 명란 스파게티를 꼭 드셔 보세요!

퀴즈 도전하기! O일까요? X일까요?

① (X) 명란 스파게티는 작은 물고기의 스파게티입니다.

② (X) 명란 스파게티는 십니다.

Day 21 ☐

일본은 국경일이 많습니다. 1년에 16일 있습니다. 3월, 4월, 7월, 8월, 10월은 국경일이 하루입니다. 1월, 2월, 9월, 11월은 이틀 있습니다. 그리고 5월은 삼일 있습니다. 5월의 국경일은 5월 3일, 4일, 5일 연휴입니다. 연휴는 다른 달에도 있습니다. 1월, 7월, 8월, 10월의 국경일은 월요일이기 때문에 토요일부터 월요일까지 연휴입니다. 연휴에는 많은 사람들이 여러 곳으로 놀러 나갑니다.

퀴즈 도전하기!

국경일이 없는 달은 언제인가요? **6월, 12월**

Day 22 ☐

하카타는 규슈의 후쿠오카현에 있습니다. 후쿠오카 공항에서 지하철로 6분입니다. 매우 번화한 지역입니다. 하카타에는 맛있는 음식이 많이 있습니다. 그 중에서 하카타 라면은 인기가 있습니다. 그리고 하카타 근처에 '다자이후텐만구'가 있습니다. 여기는 공부의 신이 있는 신사이기 때문에 많은 학생이 옵니다.

퀴즈 도전하기!

① 하카타는 어떤 지역인가요? **번화한 지역입니다.**

② 왜 학생은 '다자이후텐만구'에 오나요? **공부의 신이 있는 신사이기 때문에**

Day 23 정보 검색 문제 ☐

퀴즈 도전하기!

나카모토 씨는 태국에 출장을 갑니다. 전날까지 오카와 씨와 우에키 씨와 3명이서 미팅을 하고 싶습니다. 언제 미팅을 할까요?

a 25일　　**b 26일**　　c 27일　　d 28일

일	요일	오카와	우에키	혼다	나카모토
20	수	중국			
21	목	↓			
22	금	↓		인도	
25	월		휴일	↓	
26	화			↓	
27	수		베트남		
28	목		↓		태국
29	금		↓		↓
2	월				↓
3	화	중국			↓
4	수	↓			

Day 24 청독해 문제

퀴즈 도전하기!

여자와 남자가 레스토랑에 있습니다. 여자는 어느 것을 먹었을까요?

a A런치 b B런치 c C런치 d D런치

~ 런치 메뉴 ~
A런치 1,000엔
스파게티
B런치 1,500엔
스파게티
디저트
C런치 2,000엔
스파게티
샐러드
디저트
D런치 2,500엔
스파게티
스테이크
디저트

<스크립트>

F: 아, 디저트가 왔어요. 잘 먹겠습니다. 음~ 맛있다.

M: 저기 제 것도 드시지 않겠어요? 저는 스테이크를 먹었더니 배가 불러서…

F: 감사해요. 그치만 저도 배불러요. 큰 샐러드가 있었거든요. 아~ 맛있었다. 잘 먹었습니다.

Day 25

시코쿠에는 4개의 현이 있습니다. 가가와현, 도쿠시마현, 고치현, 에히메현입니다. 가장 넓은 고치현은 '요사코이 축제'가 유명합니다. 시코쿠에서 가장 작은 현은 가가와현입니다. 우동이 매우 맛있습니다. 에히메현에는 정말 좋은 온천이 있습니다. '도고 온천'입니다. 그리고 고치현 옆의 도쿠시마현에도 유명한 축제가 있습니다. '아와오도리'입니다.

퀴즈 도전하기! 유명한 것은 a~d 중 어느 것일까요?

① 카가와 현 (c) ② 토쿠시마 현 (a)
③ 아이치 현 (d) ④ 에히에 현 (b)

a 아와오도리 b 온천 c 우동 d 요사코이 축제

Day 26

'나가노에서 스키'

우에다 유우키

겨울방학에 나가노에서 처음 스키를 탔습니다. 눈이 매우 예뻤습니다! 하지만 스키는 간단하지 않았습니다. 매우 어려웠습니다. 좀 더 연습할 거예요!

그 다음에 온천에 갔습니다. 기분 좋았습니다. 맛있는 메밀국수도 먹었습니다. 나가노는 매우 좋은 곳이었습니다. 또 가고 싶습니다.

퀴즈 도전하기! 이 사람의 기분은 어느 것일까요?

a 또 스키를 타고 싶습니다. 하지만 나가노에 가고 싶지 않습니다.

b 또 나가노에 가고 싶습니다. 하지만 스키는 타고 싶지 않습니다.

c 또 나가노에 가고 싶습니다. 그리고 스키를 타고 싶습니다.

Day 27

매년 8월에 고치현에서 '요사코이 축제'가 있다. 매년 100만 명 정도의 사람이 '요사코이 축제'를 보러 간다. 매우 유명한 축제다.

이 축제는 200팀, 18000명 정도의 사람들이 길에서 '요사코이 춤'을 춘다. 이 춤은 모두가 '나루코(논·밭 따위에서 새를 쫓기 위한 장치)'를 오른손, 왼손에 든다. 나루코는 '딸깍! 딸깍!'하는 소리를 내는 악기이다. '요사코이 축제'는 매우 활기차다.

퀴즈 도전하기! 요사코이 축제는 어느 것일까요? (a)

Day 28

아침밥에 대한 앙케트【결과】

〈1〉 어디에서 먹습니까?

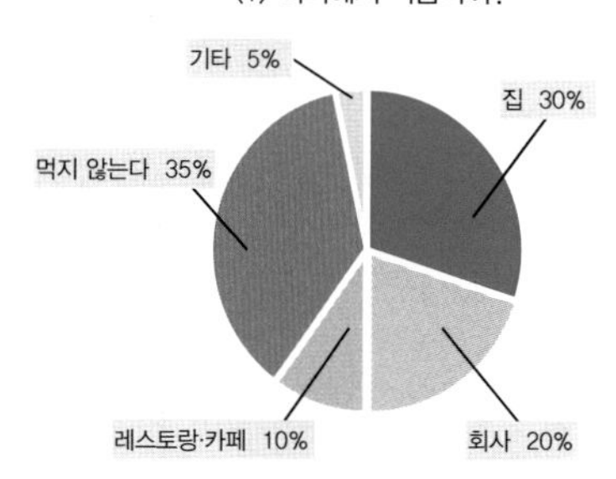

〈2〉 왜 먹지 않습니까?

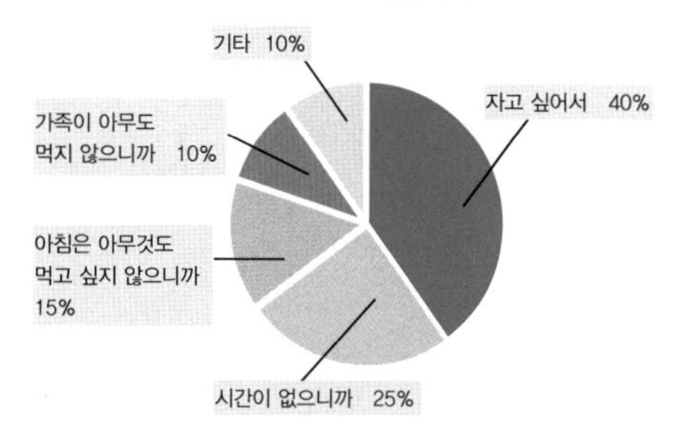

HA사는 미도리 지역 남녀 회사원 3,000명에게 '어디에서 아침을 먹습니까'라고 물었습니다. '집에서 먹는다'와 '회사나 레스토랑 등에서 먹는다'가 비슷한 정도였습니다. 그리고 '아무것도 먹지 않는다'가 35%였습니다. 이유는 '자고 싶으니까 40%', '시간이 없으니까 25%', '아침은 아무것도 먹고 싶지 않으니까 15%', '가족이 아무도 먹지 않으니까 10%'였습니다.

Q 퀴즈 도전하기! O일까요? X일까요?

① (X) 절반 정도의 사람이 집에서 아침밥을 먹는다.
② (X) 3000명 중 40%가 자고 싶으니까 아침밥을 먹지 않는다.

Day 29

일본은 작은 나라이지만 남북으로 길다. 북쪽과 남쪽의 기온이 다르다. 북쪽의 A시는 겨울은 매우 춥다. 여름도 기온이 별로 높지 않기 때문에 에어컨을 틀지 않는다. 그래서 90% 정도의 집에 에어컨이 없다. 남쪽의 B시는 여름은 30도, 겨울은 15도 정도이다. 기온이 높은 날이 일본에서 가장 많은 C시는 도쿄 근처에 있다. 35~40도의 날이 1년간 40일 정도 있어서 에어컨이 없는 집은 매우 적다.

① 1) C시 2) B시 ② 1) B시 2) A시

Day 30

9월 18일 (금)
어제 학교 근처의 가게에서 네팔 요리를 먹었다. 매우 맛있었다. 오늘은 그 가게 옆 노래방에 갔다. 김 씨와 라마 씨는 일본 노래를 불렀다. 마리 씨는 영어 노래를 불렀다. '탄 씨도!'라고 모두가 말했다. 하지만 베트남 노래가 없었기 때문에 아무것도 부르지 않았다. 이 다음에는 나도 일본 노래를 부르고 싶다. 내일부터 연습해야지.

Q 퀴즈 도전하기!

① 이것은 누가 썼나요? **탄 씨**
② 이 사람은 9월 18일에 무엇을 했나요? **가라오케에 갔습니다.**

Day 31

우리집에 안 올래? 단사리(불필요한 물건들을 버리고 정리하는 것) 했어! 내 방의 전과 지금이야.
와!! 안 쓰는 거 전부 버렸어?
응. 무거웠어.
단사리 힘들었겠다. 이번 주말에 갈게!

Q 퀴즈 도전하기! '단사리'는 무엇일까요?

a 새로운 방으로 이사하는 것
b 쓰지 않는 것을 버리는 것
c 방에 물건이 많이 있는 것

Day 32

책 빌리는 법

책을 빌리는 사람은 빌리고 싶은 책과 '도서관 카드'를 접수처에 가지고 와 주세요. 책은 5권까지입니다. 처음 빌리는 사람은 접수처에서 카드를 만들기 때문에 신청서를 내 주세요. 신청서는 접수처에 있습니다. 이름과 주소를 써 주세요. 도서관 책은 모두의 책입니다. 책에 아무것도 쓰지 마세요. 소중히 읽읍시다!

Q 퀴즈 도전하기!

책을 처음 빌립니다. 어느 순서로 할까요? c → d → b → a

a 카드와 책을 접수처에 가지고 간다.
b 카드를 받는다.
c 신청서에 이름과 주소를 쓴다.
d 신청서를 접수처에 낸다.

 Day 33 ☐

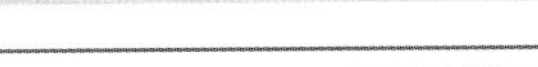

Yumi Aoyagi

7월 28일 PM 0:05 @ 아오조라 비치

♡ 7 ◯ 2

Yumi Aoyagi 친구들과 수영하러 왔어요! 바다가 매우 예뻐요. 오전 중에 2시간 정도 서핑을 했어요. 그리고 지금 바비큐를 하고 있어요. 오카와 씨는 혼자서 모두에게 줄 고기를 굽고 있어요. 매우 맛있어요. 야마구치 씨는 아직 바다에 있어요.

Takashi Mori 나도 바비큐 먹고 싶다! 10분 전

Mana Kotani 아! 야마구치 씨가 서핑을 하고 있네요! 5분 전

Q 퀴즈 도전하기!

a~e 중 어느 사람일까요?

① 다카다 씨 (e) ② 야마구치 씨 (d) ③ 오카와 씨 (a)

Day 34 ☐

사쿠라 공원의 규칙

· 자전거는 자전거 두는 곳에 세워주세요. 안에서 타지 마세요.
· 위험하기 때문에 공으로 놀지 마세요.
· 불을 사용해서는 안 됩니다.
· 도시락 쓰레기는 가지고 돌아가 주세요.
· 공원의 나무나 꽃을 소중히 합시다!

미도리시 공원과 전화: 06-6864-XXXX

Q 퀴즈 도전하기!

이 공원에서 해도 되는 것은 무엇일까요?

a 농구를 하는 것
b 도시락을 먹는 것
c 바비큐를 하는 것

Day 35 정보 검색 문제 ☐

Q 퀴즈 도전하기!

오전 10시 10분에 학교를 나와서 미술관에 갑니다. 버스와 전철은 500엔까지고 11시까지는 가고 싶습니다. 어떻게 갈까요?

a
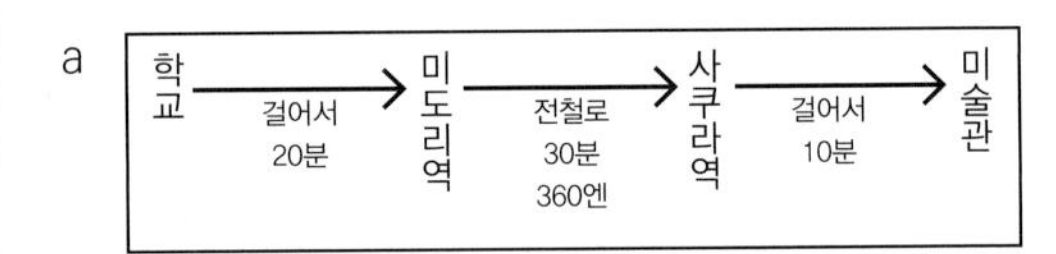

b
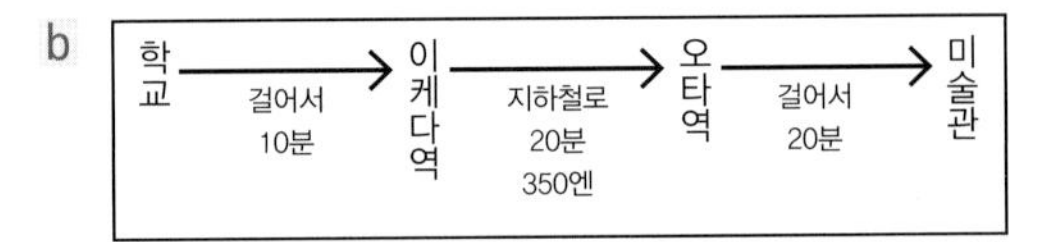

c
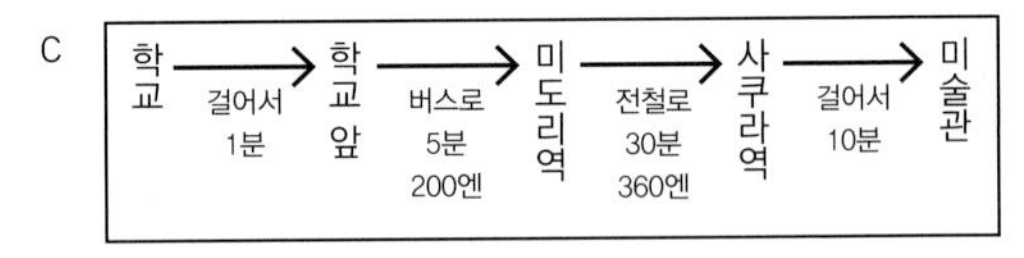

d
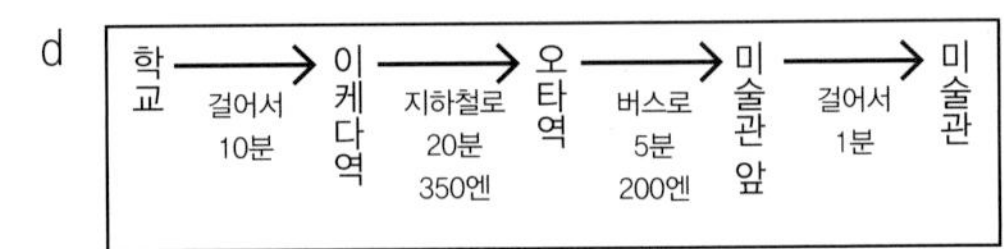

Day 36 청독해 문제 ☐

Q 퀴즈 도전하기!

여자와 남자가 인터넷 쇼핑 사이트를 보고 있습니다. 두 사람이 산 물건은 전부 해서 얼마일까요?

a 20,000엔 b 70,000엔
c 100,000엔 d 130,000엔

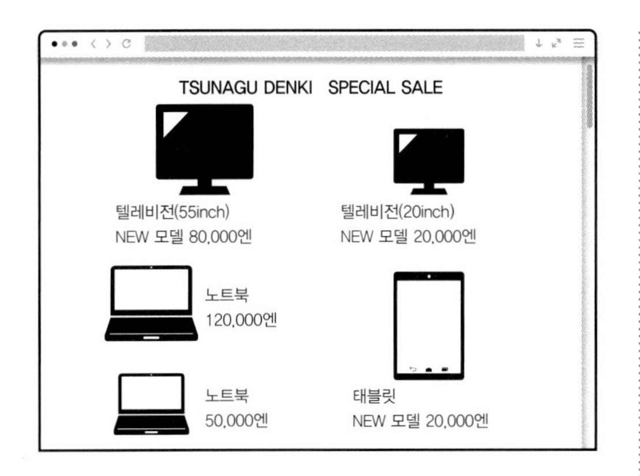

TSUNAGU DENKI SPECIAL SALE
텔레비전(55inch)
NEW 모델 80,000엔
텔레비전(20inch)
NEW 모델 20,000엔
노트북
120,000엔
노트북
50,000엔
태블릿
NEW 모델 20,000엔

<스크립트>

F: 저기 말야, 새로운 컴퓨터 갖고 싶어. 이거 어떨까?
M: 5만 엔? 저렴하네. 나는 텔레비전 사고 싶어. 우리집 텔레비전 작거든.
F: 55인치 텔레비전 좋네. 그치만 텔레비전하고 컴퓨터 해서 13만 엔…좀 비싸네. 음… 아! 나 컴퓨터 말고 이 태블릿으로 할래.
M: 아, 그 태블릿 정말 좋아. 자 그럼, 그거하고 이거네.
F: 응, 그렇네.

Day 37

D클래스 루 씨
여름방학 홈스테이의 설명서와 신청서입니다. 설명서를 잘 읽고 나서 신청서를 써 주세요. 신청서는 금요일 오후 6시까지 접수처 야마카와 씨에게 내 주세요. 파란 안경을 쓰고 있는 남자입니다. 모르는 것은 야마카와 씨에게 물어보세요.

학생과 히가시다

Q 퀴즈 도전하기!

루 씨는 이후에 처음으로 무엇을 할까요?

a 홈스테이를 한다. b 신청서를 낸다.
c **설명서를 읽는다.** d 야마카와 씨에게 물으러 간다.

Day 38

TSUNAGRAM

azusaHAASK0408
투고 8건 팔로워 3명 팔로잉 12명
다카다 아즈사 (Azusa Takada)

작년까지 베트남에서 유학했습니다. 올해 결혼해서 지금은 도쿄에서 베트남 요리 레스토랑 '신 짜오'를 경영하고 있어요. 싸고 맛있어요! 취미인 여행과 가게 사진을 업로드해요. 봐 주세요!

Q 퀴즈 도전하기! O일까요? X일까요?

① (X) 이 사람은 베트남에서 공부하고 있습니다.
② (X) 이 사람은 도쿄에 베트남 요리를 먹으러 갔습니다.

Day 39

미도리시GUIDE 미도리시의 공원을 소개합니다.

● 사쿠라 공원
넓고 나무가 많은 공원입니다.
조깅 코스도 있습니다.

● 츠나구 공원
주차장은 좁지만, 역에서 걸어서 5분입니다.
옆에 미술관이 있습니다.

● 미도리 공원
바비큐 구역이 있습니다.
공원 사무소에서 예약해 주세요.

Q 퀴즈 도전하기! 어느 공원의 지도일까요?

① 사쿠라 공원 (c)
② 츠나구 공원 (a)
③ 미도리 공원 (b)

Day 40

일본에서는 밸런타인데이에 여자가 좋아하는 사람에게 초콜릿을 줍니다. 이 초콜릿은 '저는 당신을 좋아해요. 당신의 연인이 되고 싶어요'라는 메시지입니다. 초콜릿을 받았을 때는 매우 기쁘겠지요. 하지만 잠깐 기다려 주세요. '토모초코(우정 초코)'도 있습니다. 이것은 '당신은 저의 좋은 친구예요. 앞으로도 잘 부탁해요'라는 메시지입니다. 초콜릿을 받았을 때 그 초콜릿의 의미를 잘 생각해 봅시다.

Q 퀴즈 도전하기! O일까요? X일까요?

① (X) 일본에서는 밸런타인데이에 여자만이 초콜릿을 받습니다.
② (O) 밸런타인데이 초콜릿의 의미는 한 개가 아닙니다.

Day 41

* * * * * * * * TO DO LIST * * * * * * * *

a □ 회의 자료를 메일로 보낸다.
b □ 작년 발표회 데이터를 보고 회의 자료를 만든다.
c □ 만든 자료를 금요일 오후 3시까지 과장님에게 체크 받는다.
d □ 리 씨에게 작년 발표회 데이터를 복사해 달라고 한다.
e ☑ 회의실을 예약한다. (다음 주 화요일 2시~4시)

Q 퀴즈 도전하기!

어느 순서로 할까요? e → d → b → c → a

Day 42

톱 > 뉴스 > 기사 **고등학생, 미아 여자아이를 파출소에** 미도리시

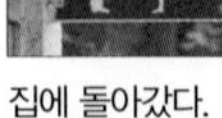

어제 오후 5시쯤 '3살짜리 딸이 없다'고 (딸의) 가족으로부터 경찰에게 연락이 있었다. 그 후 고등학생이 여자아이를 파출소로 데려와서 여자아이는 무사히 집에 돌아갔다.

미도리 고등학교의 미나미 코타 씨(16)와 다카다 유나 씨(15)는 '작은 여자아이가 학교 앞에서 혼자서 울고 있어 놀랐다. 차가 많은 길이기 때문에 걱정됐다'라고 이야기했다. 여자아이의 가족은 '파출소에 데려가 주셔서 정말 감사합니다. 딸과 감사 인사하러 가겠습니다'라고 말했다.

Q 퀴즈 도전하기!

① 누가 파출소에 데리고 갔나요?
미나미 코타 씨와 타카다 유나 씨

② 누가 감사 인사를 하러 갈까요?
여자아이 가족과 여자아이

Day 43

전자레인지 COOKING

간단하고 맛있는 참치와 토마토 파스타

재료 : 스파게티(200g)
토마토(통조림 1개)
참치(통조림 1개)
물(200cc)

① 스파게티를 반으로 자릅니다.
② 큰 접시에 물과 스파게티, 토마토, 참치, 소금을 넣습니다.
③ 조금 저은 다음 위에 랩을 씌웁니다.
④ 전자레인지 500W로 15분 정도입니다. 5분 정도에 한번 꺼내서 섞어 주세요.

Q 퀴즈 도전하기!

어느 순서로 만들까요? b → d → a → c

Day 44

일본에는 온천이 3000개 이상 있습니다. 45도 정도의 뜨거운 온천이나 37~40도 정도의 별로 뜨겁지 않은 온천이 있습니다. 온천에 천천히 들어가면 릴랙스할 수 있습니다. 병이나 상처가 좋아지는 경우도 있습니다.

온천에 들어가기 전에 몸을 씻어 주세요. 타월은 탕에 넣지 마세요. 온천에 들어갔을 때는 즐겁지만, 온천 안에서 헤엄쳐서는 안 됩니다. 온천에는 많은 사람이 들어가기 때문에 입욕 방법에 주의합시다!

Q 퀴즈 도전하기!

온천에서 해서는 안 되는 것은 어느 것일까요?
전부 골라 주세요.

a 탕 안에서 몸을 씻는다.
b 헤엄친다.
c 탕 안에서 타월을 사용한다.
d 천천히 들어간다.

Day 45

사키, 나 다음 주에 TV에 나와. 수요일 퀴즈 방송. 꼭 봐줘야 해.
아! 그 방송, 매주 보고 있어. 대단하다! 안, 힘내!
고마워. 그런데 부탁이 있는데, 사키의 빨간 원피스 빌려주지 않을래? TV에 나갈 때 입고 싶거든…
그거 언니 거야. 오늘 밤에 물어볼게.
정말? 고마워. 잘 부탁해.

Q 퀴즈 도전하기!

① TV에 나오는 사람은 누구일까요? **안**

② '오늘 밤에 물어볼게'는 누가 누구에게 묻는 걸까요?
사키가 사키의 언니에게 묻습니다.

Day 46

'멍멍', '야옹 야옹', '음메 음메', '어흥'…

이것은 동물의 울음소리입니다. 어떤 동물일까요? 일본에서는 개의 울음소리는 '왕왕'이라고 표현합니다. '냐-냐-' 하고 우는 동물은 고양이, '모-모-'는 소, '가오-'는 사자입니다. 그럼 기린의 울음소리는 무엇일까요? 기린은 별로 울지 않기 때문에 모르는 사람도 많겠지요. 사실 기린은 소의 친구이기 때문에 소와 같은 울음소리를 낸답니다. 들어보고 싶네요.

퀴즈 도전하기!

일본에서는 기린의 울음소리를 어떻게 표현할까요? 모-모-

Day 47 정보 검색 문제

퀴즈 도전하기!

이마다 씨는 이번 일요일에 가족 모두와 딸기를 따러 갑니다. (이마다 씨의 가족은) 이마다 씨와 아내 그리고 내년에 초등학교에 들어가는 남자아이와 작년에 태어난 여자아이입니다. 전부 해서 얼마가 들까요?

a 1,600엔　b 1,900엔
c 2,400엔　**d 2,600엔**

딸기 따기

예약은 0282-27-XXXX 으로

【요금(30분간)】

성인(중학생~)	1,000엔
초등학생	800엔
어린이(3~6세)	500엔
0~2세	100엔

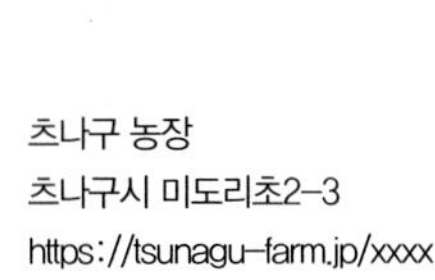

츠나구 농장
츠나구시 미도리초2-3
https://tsunagu-farm.jp/xxxx

Day 48 청독해 문제

퀴즈 도전하기!

백화점에서 남자와 여자가 대화하고 있습니다.
두 사람은 이후 어디에 갈까요?

a 지하 1층　b 1층　c 3층　**d 5층**

츠나구 백화점
크리스마스 선물 티켓

츠나구 백화점에서의 쇼핑, 감사합니다.
여러분들께 선물을 준비했습니다.
크리스마스 선물 접수 카운터에서 꼭 받아 보세요!

5층 카운터/카드게임
3층 카운터/넥타이
1층 카운터/액세서리
지하 1층 카운터/와인

<스크립트>

M: 쇼핑은 너무 끝났네. 아~ 피곤하다. 커피 마시고 싶어.
F: 아, 잠깐만. 와인 살 때 이 티켓 받았어?
M: 오~ 크리스마스 선물이네. 어떤 걸로 할래?
F: 사실은 액세서리가 갖고 싶은데 말야, 그치만 다음 주 크리스마스 파티 때 다같이 쓸 수 있는 게 좋을 것 같아.
M: 아~ 그렇네. 자 그럼 접수처에서 선물을 받고 커피는 그 다음이네.

Day 49

여러분, 입학 축하합니다!
선배가 여러분에게 주는
메시지입니다.

2학년 B반 페트로 코스타 씨(브라질)

제가 좋다고 생각하는 공부 방법은 일기를 쓰는 것이에요. 이것은 친구와 함께 하면 좋아요.

일기를 쓰고 다음 날 친구가 읽어줘요(친구에게 읽어 받아요). 저도 친구의 일기를 읽어요. 읽으면 제가 생각한 것을 친구의 일기 아래에 적어요. 그리고 친구의 일기에는 제가 모르는 말이 있기 때문에 그것을 기억해서 작문이나 회화에서 사용해 봐요.

저는 이 방법으로 즐겁게 공부하고 있어요. 여러분도 해보지 않을래요?

퀴즈 도전하기!

어느 순서로 하면 될까요? e → a → c → b → d

a 친구에게 자신의 일기를 건네주고 친구의 일기를 건네받는다.
b 친구의 일기 아래에 자신이 생각한 것을 적는다.
c 친구의 일기를 읽는다.

d 친구에게 일기를 돌려주고 자신의 일기도 돌려받는다.
e 일기를 쓴다.

Day 50 ☐

하이사이 FESTIVAL

- HA홀(도쿄도 신주쿠구)
- 7월 2일(일) 18:30~
- 디켓: 1,500엔(정원 300명)
- 음식이나 언어 등의 오키나와 문화를 소개합니다.

오키나와 음악의 인기 밴드 '우치나즈'의 콘서트와 댄스 그룹 '싱카' 여러분의 오키나와 춤도 즐겨 주세요. 다섯 분에게 오키나와 여행 선물도 있습니다!

Q 퀴즈 도전하기! 어떤 이벤트일까요?

a 오키나와 요리를 먹는 이벤트
b 오키나와 문화를 즐기는 이벤트
c 모두 함께 오키나와 춤을 추는 이벤트
d 오키나와로 여행 가는 이벤트

Day 51 ☐

즐거운 자전거 여행 BLOG

8월 25일 (목) AM06:45
여름방학은 홋카이도에서 TOURING

재작년에는 규슈, 작년에는 시코쿠, 그리고 올해 여름방학에는 자전거로 홋카이도를 달렸습니다! 일주일 중에 3일 비가 와서 힘들었지만, 맛있는 것을 먹거나 예쁜 경치를 보거나 해서 첫 홋카이도 여행은 정말 즐거웠습니다. 하지만 매우 넓어서 아직 가고 싶은 곳이 많이 있기 때문에 내년 여름방학에도 또 가려고 합니다.

Q 퀴즈 도전하기! O일까요? X일까요?

① (O) 이 사람은 올해 7일간 홋카이도에 갔습니다.
② (X) 이 사람은 내년에 또 규슈에 가려고 합니다.

Day 52 ☐

약 먹기 전에…쓰나G!

일이 바쁘다. 피곤해서 기운이 나지 않는다…
그럴 때는 쓰나G를 마셔 보세요.
바로 몸이 따뜻해지고 기운이 날 거예요!
매일 1시간 정도 운동하고 잘 먹고 잘 잡니다. 그리고 피곤할 때는 쓰나G예요. 쓰나G를 마시고 일도 공부도 노는 것도 힘냅시다!

Q 퀴즈 도전하기! 알맞은 것을 골라 보세요.

① 쓰나G는 (a 약입니다/ b 약이 아닙니다).
② 쓰나G를 마시면 (a 따뜻해집니다/ b 졸립니다).

Day 53 ☐

고민 상담

제 애인은 중국인이에요. 결혼 약속도 했어요. 하지만 그 사람은 중국 회사에 취직이 결정되었어요. 다음 달 귀국해요. 애인은 '함께 가자'고 말하지만, 저는 중국어를 못해요. 중국에는 친구도 없어요. '중국에 살면 친구는 생긴다. 중국어도 연습하면 잘하게 될 거다'라고 모두 말하지만, 저는 걱정돼요. 어떻게 하면 좋을까요?

(28세 회사원)

【카운슬러: 마에카와 코이치 선생님】
어려운 문제지만, 애인과 가족과 잘 이야기해 보세요. 우선 중국어를 공부해 보면 어떨까요?

Q 퀴즈 도전하기! O일까요? X일까요?

① (O) 상담을 하고 있는 사람의 애인은 중국 회사에서 일합니다.
② (X) 상담을 하고 있는 사람은 중국에 산다면 친구가 생길 거라고 생각합니다.

Day 54 ☐

홍학은 핑크색의 예쁜 새이지만, 당신은 흰 홍학을 본 적이 있나요? 사실 이 새는 태어날 때 하얗답니다. 홍학은 해초(물속의 풀)를 먹는데 여기에는 베타카로틴이 들어 있습니다. 베타카로틴은 당근이나 고추에도 들어 있는 빨간색의 물질로 이것이 홍학의 몸에 들어가면 몸이 빨개지는 것입니다. 핑크의 홍학도 베타카로틴이 없는 것을 먹으면 점점 하얘질 것입니다.

Q 퀴즈 도전하기! O일까요? X일까요?

① (O) 홍학은 처음엔 모두 하얗습니다.
② (X) 핑크색 홍학은 해초를 먹으면 점점 하얘집니다.

Day 55

동물의 수컷과 암컷의 수는 대략 1:1이 되지만, 지금 수컷 바다거북이 줄어들고 있습니다. 2017년에 호주에서 조사했을 때는 바다거북의 99%가 암컷이었습니다. 이것은 지구의 온도가 높아져 있기 때문입니다. 바다거북은 알 속에 있을 때 주변 장소의 온도로 수컷인지 암컷인지가 결정됩니다. 온도가 높을수록 암컷, 낮을수록 수컷입니다. 지구 온도가 앞으로 더 오른다면 수컷 바다거북은 태어나지 않게 됩니다. 그리고 바다거북은 이 지구에서 없어져 버리겠지요.

Q 퀴즈 도전하기! O일까요? X일까요?

① (X) 알 속에 있을 때 더우면 수컷은 죽어 버립니다.

② (O) 지구 온도가 앞으로 오른다면 바다거북은 없어지겠지요.

Day 56

TV나 스마트폰을 보면서 공부는 할 수 없지요. 그럼 음악은 어떨까요? 좋아하는 음악을 들으면 릴랙스할 수 있기 때문에 음악을 들으면서 공부하는 것은 좋다고 생각하는 사람도 있겠지요. 하지만 공부할 때는 조용한 장소가 좋습니다.

공부를 시작하면 바로 지쳐버리는 사람은 바다나 강이나 나뭇잎 등의 소리를 들으면서 공부해 보세요. 자연의 소리를 들으면서 공부한다면 릴랙스할 수 있어서 좋답니다.

Q 퀴즈 도전하기! O일까요? X일까요?

① (X) 공부할 때는 아무것도 들어서는 안 됩니다.

② (O) 바다나 강 소리를 들으면서 공부하면 릴랙스할 수 있습니다.

Day 57

■ 연습문제 안내

이 교과서에는 연습문제가 있습니다. 컴퓨터를 사용하는 분은 홈페이지에서 다운로드가 가능합니다. 스마트폰을 사용하는 분은 'HASK' 애플리케이션에서 다운로드가 가능합니다.

('HASK' 사용 방법 설명도 홈페이지에 있습니다.)

다운로드 패스워드는 H200915RS입니다.

【공식 홈페이지】 http://www.haskxx.com/rensyu1

Q 퀴즈 도전하기! O일까요? X일까요?

① (O) 애플리케이션이 없다면 스마트폰에서 문제를 다운로드할 수 없습니다.

② (X) 컴퓨터로 문제를 다운로드할 때 패스워드를 사용하지 않습니다.

Day 58

Q 퀴즈 도전하기! 우에다는 왜 오지 않았나요?

a 연락을 안 했기 때문에

b 스마트폰을 두고 나왔기 때문에

c 배가 아팠기 때문에

d 지금 일어났기 때문에

Q 퀴즈 도전하기!

'이 다음엔 같이 가자'는 함께 어디에 가는 걸까요?

바다에 갑니다.

Day 59 Q 정보 검색 문제

Q 퀴즈 도전하기! 어느 클래스가 좋을까요?

① 대학생 우에다 씨는 요가를 시작하려고 합니다. 수업은 평일 오전 9시부터 오후 5시까지입니다. 주말은 오전 11시부터 오후 8시까지 아르바이트입니다.

a 수요일·밤 b 목요일·오후

c 토요일·오전 d 일요일·밤

② 나카무라 씨는 장기를 배우고 싶습니다. 나카무라 씨의 일은 오후 4시부터 오후 11시까지입니다. 휴일은 화요일과 수요일입니다.

a 월요일·오후　　b 목요일·밤
c 금요일·오전　　d 토요일·밤

츠나구 문화센터

	월	수	목	금	토	일
10 : 30 ~ 12 : 00	컴퓨터	서예	발레	장기	요가	영어 회화
16 : 30 ~ 17 : 30	장기	영어 회화	요가	컴퓨터	서예	발레
19 : 00 ~ 20 : 30	영어 회화	요가	장기	서예	장기	요가

- 매주 1회(한 달 4회)
- 1개월 10,000엔
- 16:30~17:30은 초등학생 클래스 ※화요일 정기휴무

Day 60 청독해 문제

퀴즈 도전하기!

여자와 남자가 요리교실 팸플릿을 보고 있습니다.
여자가 들어가려는 클래스는 어느 것일까요?

a 일식①　　b 일식②　　c 양식①　　d 양식②

츠나구 요리교실

일식 ①	토 14 : 00~16 : 00	간단한 요리를 연습하는 클래스입니다.
일식 ②	금 17 : 00~19 : 00	설날 등 특별한 때의 요리를 만드는 클래스입니다.
양식 ①	수 19 : 00~21 : 00	여러 나라의 요리와 디저트를 만듭니다.
양식 ②	토 10 : 00~12 : 00	피자나 스파게티 등 이탈리아 요리를 연습합니다.

<스크립트>

F: 다음 달부터 이 요리교실에 가려고 해요.
M: 오호, 좀 보여 주세요. 요리 못하니까 나도 배우고 싶다.
F: 간단한 요리 클래스도 있어요.
M: 유리 씨는 어느 클래스예요? 이제 곧 설날이니까 이 클래스인가요?
F: 아니요. 일이 6시까지여서 그 시간에는 맞출 수 없어요.
M: 음... 그럼 이탈리아 요리를 좋아하니까 이 클래스?
F: 아니요, 이거예요. 피자나 스파게티는 공부한 적이 있거든요.
M: 아~ 여러 요리를 공부할 수 있어서 좋네요.

Day 61

미도리시 NEWS　경로회~ 앞으로도 부디 건강히!

9월 16일 경로의 날에 미도리시홀에서 경로의 날 축하 행사가 있었습니다. 올해는 미도리시의 80세 이상의 노인이 서른 다섯 분이나 계셨습니다. 모두 미도리 초등학교 아이들의 춤을 보시고 난 후 아이들과 함께 차와 과자를 드셨습니다. 야마다 카즈오(82세) 씨는 '매년 경로회를 기대하고 있습니다. 오늘은 아이들에게 에너지를 받았습니다. 기뻤어요.'라고 말씀하셨습니다.

퀴즈 도전하기! 야마다 씨는 왜 기뻤나요?

a 경로회가 즐거웠기 때문에
b 아이들이 축하해 주었기 때문에
c 차와 과자가 맛있었기 때문에
d 아이들에게 선물을 받았기 때문에

Day 62

스즈키 씨
수고 많으십니다. 내일부터 3일간 태국에 출장 가기 때문에 오늘은 먼저 실례하겠습니다. 죄송하지만 부장님이 내일 오후 A사에서의 회의에 참석하시기 때문에, 나가시기 전에 제 책상 위에 있는 자료를 전달해 주시겠어요? 1시 반에 출발하실 예정이기 때문에 15분 전에 택시를 불러 주세요. 잘 부탁드립니다.
사카이

퀴즈 도전하기!

스즈키 씨가 할 일은 어느 것일까요? 전부 골라 주세요.

a 태국에 출장 간다.
b A사에서의 회의에 참석한다.
c 회의 자료를 건넨다.
d 1시 반에 출발한다.
e 택시를 부른다.

Day 63

츠나구식품 '고추냉이 라면'을 구매해 주셔서 감사드립니다. '고추냉이 라면'의 맛은 어떠셨는지요?
지금 츠나구식품 홈페이지의 앙케트에 답해 주시는 분 전원에게 새로운 상품 '치즈 라면'을 드리고 있습니다. 저희들은 고객님들의 의견을 받아 좀 더 좋은 상품을 만들고자 합니다. 잘 부탁드립니다.

츠나구식품
【당사 HP】https://www.tsunagushokuhin.com

퀴즈 도전하기! 무엇을 부탁하고 있을까요?

a '고추냉이 라면'을 사는 것
b 앙케트에 답변하는 것
c '치즈 라면'을 주는 것
d 좀 더 좋은 상품을 만드는 것

Day 64

TNG스포츠 회원님 초대

항상 TNG스포츠에서 구매해 주셔서 감사드립니다. 겨울 세일은 내년 1월 2일(목)부터지만, 그 전에 특별한 고객님들께만 특별 세일을 진행합니다. 12월 26일(목) ·27일(금) 2일간 계산대에서 이 티켓을 보여 주세요. 어떤 상품이라도 50% 할인됩니다. 많은 상품을 준비하여 고객님들을 기다리고 있겠습니다.

퀴즈 도전하기! O일까요? X일까요?

① (X) 이 티켓이 있으면 1월 2일부터 쇼핑이 가능합니다.
② (X) 이 세일에서는 특별한 상품이 저렴해집니다.
③ (O) 이 티켓을 받은 사람은 TNG스포츠의 회원입니다.

Day 65

공을 사용하는 스포츠는 여러가지 있지만, '태스포니'를 알고 있는 사람은 적을 것입니다. 이것은 1981년에 일본에서 탄생한 스포츠로 테니스와 배구를 닮았습니다. 태스포니의 공은 배구공보다 조금 작고 매우 가벼우며 부드럽습니다. 코트 중앙에 있는 네트의 높이는 테니스와 비슷한 정도입니다. 방법도 테니스와 같으며 상대가 친 공을 상대의 코트에 받아치지만 라켓은 사용하지 않습니다. 매우 간단하고 안전한 스포츠이기 때문에 어린아이부터 어르신들까지 모두 즐길 수 있습니다.

퀴즈 도전하기!

태스포니는 a~c 중 어느 것일까요? (c)

Day 66

최근 '취미는 게임이다'라고 말하는 사람이 많다. 게임의 세계는 정말 대단해서 시간을 잊어버릴 것이다. '1시간만 게임을 할 생각이었는데 피곤해서 시계를 보니 3시간이나 놀아버렸다…'라고 게임을 좋아하는 사람에게 자주 듣는다. 게임은 즐겁지만 그것이 생활에서 가장 중요한 것이 되어버린다면 큰일이다. 잠자는 시간이 줄어들어 일이나 공부할 때 졸리게 되거나 해야 하는 일을 잊어버리는 등 좋은 것은 아무것도 없다. 게임을 끊을 수 없는 사람은 우선 게임을 한 시간을 매일 노트에 적어보면 어떨까? 자신이 게임에 쓴 시간을 안다면 분명 생각이 달라질 것이다.

퀴즈 도전하기!

이것을 쓴 사람(필자)이 가장 말하고 싶은 것은 무엇일까요?

a 게임은 하지 않는 편이 좋다.
b 게임에 쓴 시간을 아는 편이 좋다.
c 게임을 할 때 시간을 잊어버리는 편이 좋다.
d 게임을 하는 시간을 정하는 편이 좋다.

Day 67

이번 주 추천 상품 '한 집에 한 대! 충전기'

태풍이나 지진이 발생했을 때 전기가 끊기는 경우가 있습니다. 컴퓨터나 휴대폰의 배터리가 나가버리면 누구에게도 연락할 수 없어 정말 곤란해집니다. 그럴 때 이 상품이 편리합니다. 이것은 컴퓨터나 휴대폰을 충전할 때 사용하는 것입니다. 이 패널을 열어 밝은 곳에 두면 전기를 만들 수 있습니다. 여기에 휴대폰이나 컴퓨터를 연결하면 충전할 수 있습니다. 강한 태양빛이 있는 곳이 좋지만, 방 안에서도 가능합니다. 집에 한 대 있으면 안심이지요.

퀴즈 도전하기! 추천 상품은 어느 것일까요? (d)

Day 68

7월 5일(일)
나는 장래에 일본에서 일하고 싶어서 지금 일본어학교에서 일본어를 공부하고 있다. 하지만 일본은 우리나라보다 물가가 비싸고 생활이 힘들다. 유학하기 전에 나는 일본에서 아르바이트를 하지 않을 생각이었지만, 지금은 일을 하지 않으면 모국에 있을 때와 같이 생활할 수 없다.
하지만 일본은 급여가 높다. 모국에서 일했을 때 급여는 매월 3만 엔 정도였는데 일본에서는 일주일 동안 아르바이트를 하면 비슷하게 받을 수 있다. 사실은 좀 더 급여를 받고 싶지만, 일하는 시간이 많으면 공부 시간이 줄어들고 피곤해서 공부할 수 없는 날도 있다. 공부도 일도 지금 나는 모두 중요하다. 시간을 잘 쓰고 싶다는 생각이 든다.

퀴즈 도전하기!

필자의 생각과 맞는 것은 어느 것일까요?

a 지금은 아르바이트는 하지 않을 생각이다.

b 아르바이트 시간을 조금만 더 늘리고 싶다.

c 공부와 일 시간을 생각하지 않으면 안 된다.

d 공부인지 일인지 한 쪽을 정하려고 한다.

Day 69

초나구시관광협회 BLOG

7월 16일(월) AM10:28
제39회 초나구강 불꽃축제 어디서 봐?

올해 초나구강 불꽃축제는 7월 28일(토)입니다. 행사장에 유카타로 오시는 분께 선물도 있답니다.
'불꽃놀이는 보고 싶은데 불꽃축제 행사장은 사람이 많아서 가고 싶지 않다'라고 말하는 분! 사람이 적어서 불꽃놀이가 정말 잘 보이는 장소가 있습니다. 미나미역에서 산 쪽으로 곧장 가면 다리가 있습니다. 그곳을 건너 왼쪽으로 돌면 기타마치 공원이 있습니다. 불꽃축제 행사장에서 조금 멀지만, 근처에 높은 빌딩이 없기 때문에 예쁜 불꽃놀이를 볼 수 있습니다. 꼭 가 보세요!

Q 퀴즈 도전하기!

불꽃놀이가 잘 보이는 장소는 어디일까요? (b)

Day 70

간단 COOKING

닭고기 계란덮밥

재료: 밥 닭고기(100g)
양파(절반) 달걀(2개)
물(150CC)
A【설탕(1/2큰술)
간장(2큰술)
미림(2큰술)】

저녁 메뉴가 아직 정해지지 않은 분, 닭고기 계란덮밥은 어떠신가요?
달걀과 닭고기가 있으면 닭고기 계란덮밥을 만들 수 있답니다.
간단하고 맛있기 때문에 꼭 만들어 보세요.

① 먼저 닭고기와 양파를 자릅니다.
② 다음으로 냄비에 A와 물을 넣고서 가스 불을 켭니다.
③ 뜨거워지면 그 냄비에 닭고기와 양파를 넣고 3분 정도 끓입니다.
④ 마지막으로 달걀을 넣고 가스 불을 끕니다. 이것을 밥 위에 올립니다.

Q 퀴즈 도전하기!

어느 순서로 만들까요? b → d → c → a → e

Day 71 정보 검색 문제

Q 퀴즈 도전하기!

오시타 씨는 평일 매일 아침 7시 반에 집을 나와 밤 7시쯤 집에 돌아옵니다. 오시타 씨는 오늘 일에서 돌아와 이 안내문을 봤습니다. 이 짐은 내일모레 아침 사용할 것입니다. (집배원은) 언제 가져와 줄까요?(가져와 받을까요?)

a 13일 1번　　b 13일 4번
c 14일 1번　　d 14일 4번

부재연락표

오시타 님　　5월 12일(화) 15:25

짐을 전해드리러 갔습니다만, 안 계셨기 때문에 다시 가지고 돌아왔습니다. 희망하시는 재배송일과 시간(1~4)을 알려 주십시오.
전화 접수(8:00~19:00)　0120-XX-XXXX
인터넷 접수(24시간)　https://www.humask/xxx

(표 항목)
· 번호
· 희망하시는 재배송 시간
· 접수 시간
1 전일 오후 7시까지/2, 3 그날 오전 10시까지/4 그날 오후 4시까지

주식회사 TSUNAGU운수

Day 72 청독해 문제

Q 퀴즈 도전하기!

시험 전에 담당자가 설명하고 있습니다.
여자는 무슨 시간에 대해 질문했을까요?

a 필기시험　b 작문　c 점심시간　d 면접

초나구무역 입사시험 주의점

필기시험
· 스마트폰, 사전 등은 사용해서는 안 됩니다.
· 끝나더라도 방(시험장)을 나올 수 없습니다.

작문
· 사전을 사용할 수 있습니다.
· 일찍 끝나면 시험장을 나와도 좋습니다.

점심 시간
· 2층 회의실에서 식사할 수 있습니다.
· 무료 와이파이가 있습니다.

면접
· 순서대로 부르겠습니다. 면접 후 당사 홈페이지를 보고 간단한 앙케트에 답해 주세요.

<스크립트>

M1(담당자): 여러분, 오늘 츠나구무역 입사시험을 응시하러 와 주셔서 감사합니다. 우선 여러분 책상 위의 '입사시험 주의사항'이라고 적힌 작은 종이를 봐 주세요. 처음은 필기시험, 다음에는 작문입니다. 점심시간 후 마지막이 면접입니다. 뭐든 질문이 있으시면 말씀해 주세요.
F(응시자): 저, 저기요. 항상 사전 앱을 쓰고 있는데 (사용해도) 괜찮나요?
M1(담당자): 음~ 아 이거군요. 스마트폰 사전은 사용하지 말아 주세요.
F(응시자): 알겠습니다.
M2(응시자): 쉬는 시간에는 스마트폰을 사용할 수 있나요?
M1(담당자): 네, 사용하셔도 됩니다. 무료 와이파이도 있습니다.

Day 73

이번 달 EVENT 　'츠나구시 B급 먹거리 축제'
25일(토) 26일(일)

오사카의 '오코노미야키'나 도치기의 '우츠노미야 만두' 등 싸고 맛있는 'B급 먹거리'는 매우 인기입니다. '츠나구시 B급 먹거리 축제'도 매년 10만 명 이상의 사람이 모이는 인기 이벤트입니다. 일본 전국의 여러 가지 B급 먹거리를 먹을 수 있을 뿐만 아니라 만드는 법을 배우거나 선물을 받을 수 있는 게임도 있어서 어른도 아이도 즐길 수 있습니다. 또 '츠나구시 B급 먹거리 콘테스트'에서는 츠나구시 시민이 생각한 '싸고 맛있는 메뉴' 중에 1위를 선정합니다. 콘테스트에 출전한 요리는 전부 무료로 먹을 수 있습니다. 꼭 참가해 주세요.

【츠나구시청 kanko_xxx@tsunagu-cty.com】

Q 퀴즈 도전하기! 　O일까요? X일까요?

① (O) 이 이벤트에서는 일본 여러 지역의 싸고 맛있는 요리를 먹을 수 있습니다.
② (X) 이 이벤트의 요리는 전부 무료로 먹을 수 있습니다.

Day 74

고민 상담

지난달 친구 A 씨가 차를 샀습니다. 주말에 그 차로 롯코산에 데려가 주었습니다. 산 위에서 예쁜 바다를 보고 저녁을 먹은 후 집까지 데려다주었습니다. '즐거운 하루였다'라는 생각이 들었습니다. 하지만 차를 내릴 때 A 씨가 '언제든 괜찮은데 오늘 기름값을 내줘'라고 말해서 저는 놀랐습니다. 이건 A 씨의 차고 A 씨가 저를 초대했기 때문에 제가 기름값을 지불하는 것은 이상하다고 생각합니다. 저는 돈을 지불해야만 하나요?

(23세 은행원)

【카운슬러: 마에가와 코이치 선생님】
즐거운 하루였는데 안타깝네요. 그치만 왜 A 씨는 그런 말을 했을까요? 그것을 물어보면 어떨까요?

Q 퀴즈 도전하기!

이 상담을 한 사람은 지금 어떻게 생각하고 있나요?

a A 씨의 생각을 모르겠다.
b A 씨의 생각은 모르지만 지불한다.
c A 씨의 생각을 알겠다.
d A 씨의 생각은 알지만 지불하지 않는다.

Day 75

면접

취직 시험에는 99.9% 면접이 있습니다. 면접에서는 다양한 것을 질문받지만, 그 회사에 들어가고 싶은 이유는 반드시 질문받습니다. '회사를 잘 알고 있는가', '정말 입사하고 싶은가', '여기에서 무엇을 하고 싶은가', '장래에 어떻게 되고 싶은가' 등을 질문하여, 다른 사원과 힘을 합쳐 일할 수 있는 사람을 선택하고 싶다고 담당자는 생각하고 있기 때문입니다. 그렇기 때문에 당신은 우선 그 회사에서 하고 싶은 것을 확실하게 말해 주세요. 그렇게 생각한 이유도 말하면 이해하기 쉽습니다. 다른 회사에 대한 것도 잘 조사해서 이 회사가 아니면 할 수 없는 것도 말해 봅시다. 강한 의지를 전달하는 것이 중요합니다.

Q 퀴즈 도전하기!

① 면접 담당자는 어떤 사람을 뽑고 싶다고 생각할까요?

다른 사원과 힘을 합쳐 일할 수 있는 사람

② 면접에서 무엇을 이야기하면 좋을까요?

· 그 회사에서 하고 싶은 것
· 그 회사에서 하고 싶다고 생각한 이유
· 그 회사가 아니면 할 수 없는 것

Day 76

'우리 동네'

마에가와 다이

우리 반에는 다리가 불편해서 휠체어를 타는 사람이 한 명 있다. 이 친구와 함께 외출하면 항상 우리가 살고 있는 마을은 매우 불편하다고 생각한다. 가게 입구가 좁거나 휠체어를 둘 수 없거나 했던 일이 여러 번 있었다. 엘리베이터가 없는 역도 있고 휠체어를 탄 사람이 사용할 수 있는 화장실도 적다. 길에는 조금 높게 되어 있는 곳이 많이 있고, 그곳에서는 휠체어를 탄 사람은 누군가에게 도움을 받지 않으면 앞으로 갈 수 없다. 휠체어로 외출하는 것은 정말 힘들다. 휠체어를 탄 사람뿐만 아니라 눈이 보이지 않는 사람들이나 귀가 들리지 않는 사람들도 분명 곤란함을 느끼고 있을 것이다. 이 마을을 (   ) 곳으로 만들어야 한다고 생각한다.

Q 퀴즈 도전하기!

(   )에는 어떤 문장이 들어갈까요? 가장 알맞은 것을 1개 골라 주세요.

a 모두가 살기 좋은
b 휠체어로 외출할 수 있는
c 편리한 물건이 가득 있는
d 눈이나 귀가 나쁜 사람이 곤란하지 않은

Day 77

초나구시청에서 시민 여러분께 드리는 부탁

곧 태풍의 계절입니다. 작년에는 큰 태풍이 와서 사쿠라 공원의 나무가 쓰러져 버렸습니다. 다친 사람은 없었지만, 공원 옆 길을 지나갈 수 없게 되었습니다.

올해부터는 태풍이 지나간 후 초나구시에 있는 65군데의 공원에서 안전 확인을 합니다. 여러분도 근처 공원에서 나무가 쓰러져 있거나 물건이 부서져 있는 것을 보면 꼭 연락 부탁드립니다.

초나구시청【전화: 0727-22-XXXX】

Q 퀴즈 도전하기!

이 글을 읽은 사람이 할 행동은 어느 것일까요?

a 태풍이 오면 시청에 전화한다.
b 태풍이 지나간 후 공원에서 안전을 확인한다.
c 공원 나무가 쓰러져 있으면 연락한다.
d 공원 옆 길을 지나갈 수 있게 한다.

Day 78

분실물에 주의!

지난주 도서관 책상 아래에 스마트폰이 떨어져 있었습니다. 스마트폰은 여러 정보가 들어있는 중요한 물건입니다. 다음 주 금요일까지 찾으러 오지 않으면 경찰에게 건네주겠습니다.

스마트폰뿐만 아니라 최근 분실물이 매우 많습니다. 교과서나 우산 등 사무국에 많은 물건이 들어와 있습니다. 떨어뜨리거나 잃어버리지 않는 것이 제일이지만, 우선 자신의 소지품에는 이름을 적읍시다. 그리고 만일 무언가를 잃어버렸을 경우에는 사무국에 한번 보러 와 주세요.

초나구대학 사무국

Q 퀴즈 도전하기! 사무국 사람은 왜 이 글을 썼을까요?

a 최근에 분실물이 많기 때문에
b 물건을 잃어버린 사람이 확인하러 왔기 때문에
c 스마트폰이 많이 들어왔기 때문에
d 경찰관이 주의를 주었기 때문에

Day 79

진찰을 받는 분께

- 처음이신 분은 1번 접수처에서 진찰신청서를 건네드리기 때문에 작성해 주세요. 진찰신청서는 보험증과 함께 접수처에 제출해 주세요. 보험증 복사본은 사용할 수 없습니다.
- 예약이 있는 분은 2번 접수처에 진철권을 제출해 주세요.
- 예약이 없는 분은 3번 접수처에 진찰권을 제출하고 수진표를 받아 주세요.
- 진찰권, 보험증을 가지고 있지 않은 분은 우선 4번 접수처에서 확인하겠습니다.
- 매월 처음 진찰을 받을 때에 보험증을 제출해 주세요.

초나구병원

퀴즈 도전하기!

이 씨는 예약 시간에 병원에 왔지만 진찰권을 집에 두고 와 버렸습니다. 어느 접수처에 갈까요?

a 1번 b 2번 c 3번 **d 4번**

Day 80

화분증(꽃가루 알레르기성 비염)

일본인 4명에 1명은 '화분증'이라고 알려져 있습니다. 꽃가루에 알레르기가 있으면 콧물이 멈추지 않고, 재채기가 나오고, 눈이 가려워지는 등 힘듭니다. 벚꽃이 예쁜 봄도 꽃가루가 많이 날아다니는 것을 생각하면 화분증인 사람에게는 싫은 계절이겠지요.

또 지금은 화분증이 아닌 사람도 안심해서는 안 됩니다. 일본에 많은 삼나무나 편백나무 등의 나무는 많은 꽃가루를 만들고 그것이 바람을 타고 날아오기 때문에 매년 화분증인 사람이 늘고 있습니다. 그래서 꽃가루가 날아다니는 시기에는 마스크나 안경으로 꽃가루가 몸속에 들어가지 않도록 하는 것이 좋겠지요.

퀴즈 도전하기! O일까요? X일까요?

① (X) 일본은 벚꽃나무가 많기 때문에 화분증인 사람이 많다.

② (O) 화분증이 아닌 사람도 꽃가루가 몸속에 들어가지 못하도록 하는 것이 좋다.

Day 81

지난주에 산 배낭 주머니 속이 더러워져 있는 걸 지금 발견했어. 아직 사용하지도 않았는데.
바로 교환 받아야지. 영수증을 들고 빨리 가게에 가는 편이 좋아.
어쩌지. 지갑에 없어. 버려버린 걸까?
코트 주머니는? 책상 위라든지 봐 봤어?
찾았다! 배낭을 샀던 가게의 종이봉투 속에 있었어.
다행이다.

퀴즈 도전하기! 알맞은 내용은 어느 것일까요?

a 배낭을 더럽혔다 **b 영수증을 찾았다.**

c 지갑을 버려버렸다 d 가게 종이봉투를 찾았다.

Day 82

약 설명서

이름: 마츠이 카즈키 님

	색·형태	이름·약 효능	복용 방법	주의사항
1		아스크정/열을 내립니다	열이 있을 때 식후 1정	열이 내려가면 먹지 마세요.
2		HA캡슐/콧물을 멈추게 합니다	아침, 점심 식사 후 1개	3일간 먹어도 콧물이 멈추지 않을 때는 담당 의사에게 상담해 주세요.
3		초나구/잘 잘 수 있습니다.	자기 전에 1봉	1봉지보다 많이 드시지 마세요.

퀴즈 도전하기!

마츠이 씨는 어제 병원에서 약을 받았습니다. 오늘 아침 콧물이 심하게 났지만 열은 없습니다. 어젯밤 잠을 별로 못 잤기 때문에 오늘 밤은 잘 잤으면 합니다. 오늘 마츠이 씨는 어느 약을 언제 먹으면 좋을까요?

HA 캡슐을 아침과 저녁 식사 후 1개, 초나구를 밤 자기 전에 1봉

Day 83 정보 검색 문제

이번 학기에 듣고 싶은 일본어 클래스에 ○를 표시하여 제출해 주세요.

이름 : 브리 므사에프

클래스	공부하는 것	레벨 체크 테스트 점수 등
회화A	매일 일상 회화나 간단한 스피치를 연습합니다.	150~199점
회화B	일상 회화와 업무 회화, 경어의 쓰임도 연습합니다.	200~400점/회화A 클래스에서 공부한 사람은 170점 이상이면 선택할 수 있습니다.
비즈니스 문서	업무 메일이나 서류 작성법을 연습합니다.	200~400점
비즈니스 회화	업무 상황에서의 회화를 연습합니다. 취직시험 준비도 합니다.	250~400점

Q 퀴즈 도전하기!

부리 씨는 일본 회사에서 일하고 싶습니다. 회화가 서툴러서 업무에 필요한 회화를 연습하려고 합니다. 레벨 체크 테스트는 230점이었습니다. 어느 클래스가 좋을까요?

a 회화A　　b 회화B
c 비즈니스 문서　　d 비즈니스 회화

Day 84 청독해 문제

Q 퀴즈 도전하기!

남자와 여자가 노래방 홈페이지를 보면서 이야기하고 있습니다. 어느 방을 예약할까요?

a A방 4개　　b A방 1개와 C방 1개
c B방 2개　　d A방 2개와 B방 1개

노래방OK　미도리역앞점

★ 12월 31일까지 20% OFF !

20명 이상 1,000엔 OFF!

시간	월~목/금 5시까지	학생	금요일 밤·주말
AM10:00~PM5:00	200엔/1시간	100엔	300엔
PM5:00~PM11:00	500엔	250엔	750엔

★룸타입　　6세 이하의 어린이는 무료입니다.

A 1~5명 (방 12개)	B 6~10명 (방 5개)	C 11~15명 (방 2개)

<스크립트>

M: 송년회가 끝난 후 노래방을 예약하려고 하는데요, 여기 어떠세요?

F: 오호 저렴하네요. 역에서 가깝고 괜찮을 것 같아요. 송년회에는 몇 명 참가해요?

M: 18명이요. 아, 음… 모두 함께 들어갈 수 있는 방은 없네요. 가토 부장님과 야마모토 과장님과 마에카와 과장님은 이 작은 방으로, 다른 사람은 이 큰 방으로 할까요?

F: 네? 송년회니까 부장님도 과장님도 함께하는 게 좋겠어요. 인원 전체를 반으로 나눕시다.

M: 아 그렇겠네요. 자 그럼 이렇게 되겠어요.

Day 85

사진전 '우리나라는 어디? ~세계 난민의 날~'

매년 6월 20일은 '세계 난민의 날'입니다. 세계에는 여러 가지 이유로 태어난 나라에서 살 수 없는 사람, 난민이 많이 있습니다. 자신의 나라에서 다른 나라로 도망쳐도 그곳에서의 생활은 힘듭니다.

'세계 난민의 날'로부터 일주일간 '우리나라는 어디? ~세계 난민의 날~' 사진전을 문화센터에서 실시합니다. 난민 캠프에서 생활하고 있는 즐거워 보이는 아이들, 슬퍼 보이는 어머니 등의 사진을 통해 평화로운 나라에 살고 있는 우리들이 할 수 있는 것에 대해 생각해 보지 않으시겠습니까?

Q 퀴즈 도전하기!

몇 월 며칠부터 며칠까지, 어디에서, 무엇이 있을까요?

6월 20일부터 6월 26일까지 문화센터에서 「우리나라는 어디?-세계 난민의 날-」 사진전이 있습니다.

Day 86

8:45 AM
Home
나미
버스와 택시 운전사가 경찰과 이야기하고 있어. 버스 승객들은 안에 있어. 어떻게 되는 걸까?
AKC
지금 구급차가 와서 다친 사람이 3명 정도 실려갔어요. 경찰도 왔어요. 사고 무서워.
야마켄
저 교차로에서 또 사고? 지난달에 큰 사고가 나고 얼마 안 됐는데.
아키
나도 봤어. 눈앞에서 사고가 나서 깜짝 놀랐어!
Kei
지금 미나미구 3가 교차로에서 버스와 택시가 부딪혔어요! 다친 사람은 없는 것 같아요.

Q1 퀴즈 도전하기!　O일까요? X일까요?

① (X) 이 사고로 누구도 다치지 않았습니다.
② (O) 이 교차로에서는 자주 사고가 일어납니다.

Q2 퀴즈 도전하기!

5명 가운데 이 사고를 보지 않은 사람은 누구일까요?

a Kei　b 아키　**c 야마켄**
d AKC　e 나미

Day 87

톱 > 뉴스 > 기사

어제 오전 6시쯤 미나미시에서 92세 여성이 남자에게 폭행당해 현금 6만 엔이 들어있는 지갑을 도둑맞았다. 여성은 '아파트 근처에 쓰레기를 버리러 갔다 돌아왔더니 모르는 남자가 방에 있었다'고 말했다. 여성은 얼굴에 가벼운 상처를 입었다. 경찰은 남자를 찾고 있다.

미나미시에서는 지난달부터 노인 집에 도둑이 든 사건이 6건 발생되었다. 지금까지는 집에 있던 사람이 외출하고 있는 낮에 창문을 깨거나 현관 열쇠를 부숴 집에 들어가는 수법이었다. 하지만 전날 사건은 이른 아침 시간에 잠겨있지 않은 문으로 안에 들어갔다. 경찰은 지금까지의 사건과 범인이 같은지 조사 중이다. 경찰은 '짧은 시간이어도 외출할 때에는 문을 잠가 주세요'라고 호소했다.

Q 퀴즈 도전하기!

이 뉴스와 어울리는 제목은 어느 것일까요?

a 방에 모르는 남자, 여성 폭행당해 얼굴에 상처
b 노인 집에 도둑, 낮에 현관 열쇠 부서
c 이른 아침 쓰레기 배출, 현관문은 잠그지 마세요!
d 경찰이 찾고 있는 남성, 미나미시에서 지갑 도둑맞아

Day 88

분실물에 대해서

최민용　　9월 1일(월) PM 09:11
To tsunaguhotel@XXXX.com

TSUNAGU 호텔 재중

8월 30일에 1103호실에 숙박한 최민용이라고 합니다.
신세 많이 졌습니다.
실은 여쭤보고 싶은 게 있습니다.
방에 빨간 파일은 없었는지요?
안에 9월 15일 'MJB' 콘서트 티켓 1장이 들어있습니다.
파일을 찾지 못했더라도 연락 주실 수 있을까요?
잘 부탁드립니다.

최민용

Q 퀴즈 도전하기! 이 사람은 왜 이 메일을 보냈을까요?

a 호텔 서비스가 좋았기 때문에
b 티켓이 없어졌기 때문에
c 이번 달에 또 이 호텔에 숙박하기 때문에
d 호텔의 클리어 파일이 갖고 싶기 때문에

Day 89

우리들 몸에 흐르고 있는 피는 A형, B형, O형, AB형 4개입니다. 자신의 혈액형을 모르는 사람은 적겠지요. 그렇다면 왜 C형이 아니라 O형일까요?

사실 혈액형 연구가 시작되었을 때는 A형, B형, C형 3개였습니다. 나중에 A형과 B형 양쪽의 성질이 있는 AB형이 발견되었습니다. 그러자 C형은 'A형 B형 어느 쪽의 성질도 아니다'라는 의미로 이름이 '0(제로)형'으로 바뀌었습니다. 그러나 '0(제로)형'은 'O(오)형'으로 혼동되는 경우가 많아져 버렸기 때문에 전문가들이 논의하여 1927년에 'O(오)형'이라 부르기로 결정했습니다.

Q 퀴즈 도전하기! 무엇이 어떻게 변했을까요?

C형 이름이 '0(제로)형'이 되고, 그 후 'O(오)형'으로 바뀌었습니다.

Day 90

외국인에게 '일본에서 깜짝 놀란 것은 무엇인가요?'라고 물으면 '전철이 정시에 맞춰 온다', '자동판매기가 아주 많다' 등 이외에 '휴대용 티슈를 무료로 나눠준다'라고 답변하는 사람이 많다. 1960년 말쯤부터 일본에서는 많은 사람에게 무언가를 알리고 싶을 때에 이 방법이 자주 사용되고 있다. 티슈에 들어있는 안내를 보고 근처에 생긴 가게나 편리한 서비스 등 새로운 정보를 알게 되는 사람도 많을 것이다. 인터넷을 사용하면 좀 더 간단하게 그리고 저렴하게 많은 사람들에게 정보를 전달할 수 있다. 그러나 휴대용 티슈는 다 사용할 때까지 몇 번이고 보기 때문에 가게 이름이나 서비스 등을 기억하게 하기 쉽다. 돈도 시간도 들지만 효과가 있는 방법인 것이다.

Q1 퀴즈 도전하기! O일까요? X일까요?

① (X) 일본인이 휴대용 티슈를 사용하는 것에 놀라는 외국인이 많다.
② (X) 일본에서는 1960년쯤부터 휴대용 티슈가 자주 사용되고 있다.
③ (O) 일본에서는 티슈에 들어있는 안내를 보고 새로운 정보를 알게 되는 사람도 있다.

Q2 퀴즈 도전하기!

왜 휴대용 티슈를 무료로 줄까요?

a 인터넷을 사용하는 것보다 간단하기 때문에
b 가게 이름이나 서비스 등을 기억하게 하기 쉽다고 생각하기 때문에
c 정보를 전달하는 데에 돈도 시간도 들지 않기 때문에

Day 91 □

우에다 선생님께

학급회에서 오랜만에 뵐 수 있어서 기뻤습니다. 선생님이 내년 80세 생신에 사모님과 함께 유럽여행을 가신다는 것을 들었을 때에는 정말 놀랐습니다. 하지만 그때 졸업식에서 선생님이 '언젠가 하겠다고 마음먹은 것이 있다면 지금 합시다'라고 해주셨던 말씀이 떠올랐습니다. 스스로 늘 하고 계신 것을 저희들에게 전해주셨던 거네요. 저도 40년 후에 선생님과 같은 80세가 될 수 있도록 여러 가지 일에 도전해 보고 싶습니다.
학급회 사진을 보내드립니다. 다음 학급회에서 뵙는 것을 기대하고 있겠습니다. 선생님, 부디 앞으로도 쭉 건강하세요.

나카지마 히로미

Q1 퀴즈 도전하기!

이 편지를 쓴 사람은 지금 몇 살일까요? 40세

Q2 퀴즈 도전하기!

이 사람은 왜 우에다 선생님에게 편지를 썼을까요?

a 내년에 선생님 생신이 있기 때문에
b 졸업식에서 선생님이 메시지를 주셨기 때문에
c 선생님에게 사진을 보내고 싶었기 때문에
d 다음 학급회에서 또 선생님을 만나기 때문에

Day 92 □

운동화 가게 테쿠테쿠 TSUNAGU NET SHOP점

HASK새 모델 HH520jskm
대인기의 HASK의 최신 모델입니다!!
사이즈 27.5cm 수량 2
상품을 주문하기

'테쿠테쿠' 상품을 봐 주셔서 감사합니다.
- 결제는 신용카드 결제 또는 편의점 결제 중에서 선택하실 수 있습니다.
- 5,000엔 이상 주문은 배송 무료. 4,999엔 이하는 배송료 800엔이 듭니다.
- 상품은 주문하신 후 3~5일 뒤에 보내드립니다. (토, 일, 공휴일은 휴업)
- 빠른 배송 서비스: +500엔으로 주문하신 다음 날에 배송됩니다.
- 주문 후에는 연락을 주셔도 취소하실 수 없습니다.
- 상품 반품, 교환은 일주일 이내에 메일로 알려 주세요.

운동화 가게 테쿠테쿠
도쿄도 신주쿠구○○2-15-36 츠나구빌딩 3F
TEL:03-1192-89XX, E메일: tekuteku_kutsu@HAXX.com

Q1 퀴즈 도전하기! O일까요? X일까요?

① (O) 이 상품의 결제 방법은 한 개가 아니다.
② (X) 이 상품은 집에 배송받기 전이라면 메일로 취소할 수 있다.
③ (X) 배송받은 상품이 별로 좋지 않다고 생각하면 일주일 이내에 상품을 가게에 돌려줘야 한다.

Q2 퀴즈 도전하기!

주말에 이 상품을 한 켤레 주문하고 다음 주 중에 배송받고 싶을 때 전부 해서 얼마 내야 할까요? 5,100엔

Day 93 □

'끝말잇기'는 아이들이 정말 좋아하는 놀이지만 성인이 돼서도 즐길 수 있고, 두뇌 회전을 좋게 합니다. 놀이법을 3가지 소개해 볼게요.

첫 번째는 테마를 정해두는 방법입니다. 예를 들어 '예쁜 것'이나 '먹을 수 있는 것' 등 모두의 생각이 같지 않은 테마로 하면 재미있습니다.

두 번째는 '끝말잇기'의 반대인 '첫말잇기'입니다. '끝말잇기'는 앞사람이 말한 단어의 마지막 글자로 시작하는 단

어를 말하는 것이지만, '첫말잇기'는 그 반대로 앞사람이 말한 단어의 첫 글자로 끝나는 단어를 생각하는 것입니다. 간단해 보이지만 해 보면 매우 어렵습니다.

마지막은 위 두 개의 방법을 섞은 놀이법입니다. 이것을 장시간 하면 좀 피곤하지만 머리를 써서 노는 것은 즐겁기 때문에 꼭 해 보세요.

Q 퀴즈 도전하기! 해 볼까요?

① 끝말잇기 : つくえ(책상) → えいが(영화) → ガラス(유리)

② 끝말잇기(나라 이름): タイ(태국) → イギリス(영국) → スイス(스위스)

③ 첫말잇기 : えいが(영화) → いえ(집) → ケータイ(휴대전화)

④ 첫말잇기(집에 있는 것): いす(의자) → とけい(시계) → パスポート(여권)

Day 94 □

작년 여름 저는 갑자기 배가 아파졌습니다. 열도 났기 때문에 병원에 갔더니 '식중독'이라고 들었습니다. 식중독의 원인은 고기나 생선, 야채 등에 붙어 있는 '살모넬라균' 등의 세균입니다. 의사 선생님에게 '날 것은 먹지 않도록'이라고 주의받아서 조심하고 있었습니다. 그럼에도 겨울이 되어 또 배가 아프고 고열도 났습니다. '또 식중독인 건가'라고 생각해서 병원에 갔더니 이번에는 '인플루엔자'라고 들었습니다. 인플루엔자의 원인은 세균이 아니라 바이러스입니다.

세균과 바이러스는 무엇이 다른 것일까요? 궁금하여 조사해 보았습니다. 그러자, 세균은 한 개의 세포(cell)로 되어 있는 '생물'로 물이나 영양이 있으면 커져 자신의 몸을 반으로 나눠 점점 늘어나는 것을 알았습니다. 바이러스는 세포를 가지고 있지 않지만, DNA를 가지고 있습니다. 동물의 몸에 들어가 그 동물의 세포 안에 자신의 DNA를 보내고 자신의 복제본을 만들어 늘어나는 것입니다.

세균도 바이러스도 사람에서 사람으로 옮겨져 병을 퍼뜨립니다. 손을 잘 씻고 입을 헹궈 몸 안에 들어오지 않도록 조심하며 생활합시다.

Q1 퀴즈 도전하기! O일까요? X일까요?

① (O) 식중독과 인플루엔자의 원인은 같지 않다.

② (X) 세균은 다른 동물의 몸을 반으로 나눠 늘어난다.

③ (O) 바이러스는 동물 몸 안에서 늘어나는 것이 가능하다.

Q2 퀴즈 도전하기!

세균과 바이러스의 가장 큰 차이는 무엇이라고 말하고 있나요?

세균은 한 개의 세포로 되어 있지만, 바이러스는 세포를 가지고 있지 않습니다.

Day 95 Q 정보 검색 문제 □

Q 퀴즈 도전하기!

집 근처 헬스장에 다니고 싶습니다. 기계 운동뿐만 아니라 요가도 하고 싶습니다. 그리고 수영도 배워 보고 싶습니다. 매달 15,000엔까지로 평일 밤이나 주말에 갈 생각인데, 어느 코스가 좋을까요?

a 플랜A　　b 플랜B

c 플랜C　　d 플랜D

TSUNAGU 스포츠 체육관 입회안내

플랜	이용 시간	요금	
A	평일 · 주말 10:00~23:00	20,000엔/월	언제든 확실하게 트레이닝할 수 있습니다.
B	평일 밤 18:00~23:00	10,000엔/월	일 끝난 후 몸을 움직입시다.
C	주말 10:00~23:00	12,000엔/월	평일에는 바쁜 분, 주말에 이용해 보세요!
D	월 2회까지 (플랜A와 동일)	4,000엔/월	계속할 수 있을지 걱정되는 분, 일단은 해 봅시다!

기계 운동　수영　에어로빅　요가

Day 96 청독해 문제 □

Q 퀴즈 도전하기!

여자와 남자가 메모를 보면서 이야기하고 있습니다.
어느 메모를 보고 있을까요?

a

부재중 메모

마에다 씨/접수(응대): 야마카와
11월 5일(목) PM2:00

인사부 하나다 씨가
서류를 가지고 오셨습니다.
책상 위에 올려져 있습니다.

b

부재중 메모

마에다 씨/접수(응대): 야마카와
11월 5일(목) PM1:15

시스템부 아리타 씨로부터
연락이 있었습니다.
다음 주 미팅은 목요일
2시부터입니다.

c

부재중 메모

마에다 씨/접수(응대): 야마카와
11월 5일(목) AM11:30

츠나구사 우에노 님으로부터
전화가 있었습니다.
저녁때 다시 한번 전화 주실 겁니다.

d

부재중 메모

마에다 씨/접수(응대): 야마카와
11월 5일(목) PM3:25

HASK사 야마구치 님으로부터
전화가 있었습니다.
내일 전화해 주시기 바랍니다.

<스크립트>

F: 다녀왔습니다.
M: 어서 오세요. 고생하셨습니다.
F: 아 야마카와 씨, 많은 메모 감사드려요.
M: 아니에요. 아, 이거인데요…
전화번호 묻는 것을 잊어버렸어요. 죄송해요. 아세요?
F: 아 이분이네요. 괜찮아요. 알아요.
M: 죄송합니다. 잘 부탁드릴게요.

Day 97 ☐

긴장

처음으로 무언가를 할 때나 많은 사람 앞에 섰을 때, 또 큰 시험이나 시합 전이되면 긴장해 버릴 때가 있습니다. 잘 하고 싶다는 마음이 강하면 실패했을 때를 생각하여 걱정이 되고 몸도 마음도 굳어져 버리는 것입니다.

자주 긴장하는 사람은 우선, 확실하게 준비를 합시다. 그렇게 하면 준비했기 때문에 괜찮을 거라는 생각으로 조금은 안심할 수 있습니다. 그럼에도 긴장했을 때는 크게 숨을 들이 마시고 천천히 내쉬세요. 목과 어깨를 돌려 봅시다. 조금 편안해질 거예요. 긴장되니까 안 하고 싶다고 생각하지 말고 자꾸 해 봅시다. 몇 번이고 긴장하면 긴장하는 것에 익숙해집니다. '준비'와 '릴랙스' 그리고 '긴장에 적응하는 것' 이 세 가지가 가능하다면 기분이 훨씬 편해질 거예요.

Q1 퀴즈 도전하기! O일까요? X일까요?

① (O) 긴장해 버리는 것은 잘 하고 싶다는 생각이 강하기 때문이다.
② (X) 긴장하기 전에 크게 숨을 들이쉬거나 몸을 움직여 두는 편이 좋다.
③ (X) 몇 번이고 긴장해도 긴장하는 것에 익숙해지지 않는다.

Q2 퀴즈 도전하기!

'긴장되니까 안 하고 싶다'라고 생각하지 말고 자꾸 해 본다면 어떻게 될까요?

긴장하는 것에 익숙해집니다.

Day 98 ☐

건강 세미나 스케줄 변경 안내

HA사 아사다 에이이치 11월 5일(화) AM10:47
To tsunaguhotel@XXXX.com

야스다 타다시 님

건강 세미나(2주 코스)를 신청해 주셔서 감사드립니다.
대단히 죄송합니다만, 안내해 드렸던 세미나 내용이
조금 변경되어 연락드렸습니다.
2일차는 아래 프로그램이 진행되기 때문에 확인 부탁드리겠습니다.

■변경 전: 요가
■변경 후: 스트레칭(TV에서 큰 인기를 얻고 있는 마크 오시마 선생님이 담당해 주십니다.)
※취소에 대해
2일차를 취소하실 경우에는 세미나 참가비(1만 엔)의 절반을 돌려 드립니다. 11월 30일(월)까지 전화 혹은 메일로 연락 바랍니다.
잘 부탁드립니다.

HA사 건강 세미나 담당 모리

Q1 퀴즈 도전하기! O일까요? X일까요?

① (X) 세미나 1일차는 요가, 2일차는 스트레칭이 예정되어 있었습니다.
② (X) 세미나는 이틀로 예정되어 있었으나, 하루로 변경되

었습니다.

③ (O) 요가 수업은 없어지고 스트레칭 수업으로 변경되었습니다.

Q2 퀴즈 도전하기!

야스다 씨는 2일차를 취소하려고 합니다. 요금은 어떻게 될까요?

5,000엔(반액)을 돌려 받습니다.

Day 99

비즈니스 일본어 클래스 개강 안내

'일본에서 취직하고 싶은데 어떻게 하면 좋을지 모르겠다', '귀국해서 일본계 회사에 취직하고 싶은데 걱정이다'라는 말을 자주 듣습니다. 아직 취직 준비를 하고 있지 않은 분은 다음 달부터 시작되는 비즈니스 일본어 클래스에 꼭 참가해 주세요.

기간: 5월 12일~7월 21일(매주 토요일 오전 10시~오후 2시 반) 총 10회

내용: 비즈니스 회화, 비즈니스 매너, 비즈니스 문서 작성법, 면접 연습 등

학비: 20,000엔 ※이전 학기에 비즈니스 일본어 클래스를 수강한 경우 18,000엔

신청: 10월 4일까지 접수처에 신청서와 학비를 가져와 주세요.

츠나구일본어학교 사무국

Q1 퀴즈 도전하기!

이 클래스에서 공부하면 좋은 사람은 누구일까요?

a 일본 회사에서 일하면서 일본어학교에서 공부하고 있는 사람

b 취직할 수 있는 일본 회사를 소개받고 싶은 사람

c 향후 일본 회사에서 일하려고 하는 사람

Q2 퀴즈 도전하기!

처음 이 클래스에서 공부하려는 사람은 무엇을 해야 할까요?

10월 4일까지 접수처에 신청서와 학비 20,000엔을 가지고 갑니다.

Day 100

펫로스

살면서 가장 괴로운 것은 '소중한 사람의 죽음'이지요? 그것은 애완동물이 죽었을 때도 마찬가지입니다.

회사원 A 씨는 12년간 함께 생활했던 애견 '코코'를 사고로 떠나보냈습니다. A 씨는 일하는 중에 가끔 코코를 떠올리며 울어 버리곤 했지만, 동료에게 '다음 애완동물을 키우면 어때? 얼른 기운 내'라는 말을 들으며 울어서는 안 된다고 생각했다고 합니다. A 씨는 그날부터 잠에 들지 못해 점점 컨디션이 나빠져 버렸습니다. 하지만 어느 날 애묘를 병으로 잃은 친구를 만나 둘이서 울면서 애완동물 이야기를 했더니 마음이 조금 가벼워졌다고 합니다. 그리고 그로부터 A 씨는 점점 건강해졌습니다.

소중한 애완동물을 잃고 슬프고 괴로운 마음이 드는 것을 '펫로스'라고 합니다. 슬픈 마음이 강하면 마음의 병을 얻고 이후에 몸의 병을 얻고야 마는 사람도 적지 않습니다. 때문에 애완동물이 세상을 떠나버리게 되면 무리하지 말고 애완동물을 따뜻한 마음으로 떠올릴 수 있을 때까지 슬퍼하는 것이 중요합니다. 만일 가까운 곳에 펫로스에 해당되는 사람이 있다면 어떤 조언을 하는 것이 아닌, 함께 슬퍼해 주세요.

Q1 퀴즈 도전하기! O일까요? X일까요?

① (X) A 씨는 동료에게 '얼른 기운 내'라는 말을 듣고 기뻤습니다.

② (O) 같은 마음인 친구와 울면서 이야기하고 A 씨는 기분이 조금 편해졌습니다.

③ (X) 펫로스 상태가 되면 애완동물을 가능한 떠올리지 않는 편이 좋습니다.

Q2 퀴즈 도전하기!

왜 A 씨는 잠들지 못해 점점 컨디션이 나빠지게 된 걸까요?

슬픈 기분이 강한데 '울어서는 안 된다'고 생각했기 때문입니다.

Day 101 ☐

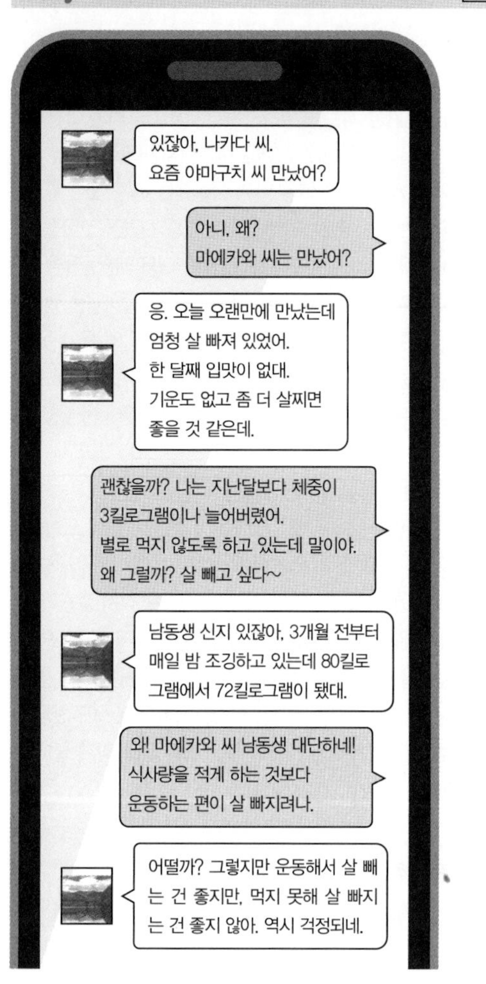

있잖아, 나카다 씨.
요즘 야마구치 씨 만났어?
아니, 왜?
마에카와 씨는 만났어?
응. 오늘 오랜만에 만났는데
엄청 살 빠져 있었어.
한 달째 입맛이 없대.
기운도 없고 좀 더 살찌면
좋을 것 같은데.
괜찮을까? 나는 지난달보다 체중이
3킬로그램이나 늘어버렸어.
별로 먹지 않도록 하고 있는데 말이야.
왜 그럴까? 살 빼고 싶다~
남동생 신지 있잖아, 3개월 전부터
매일 밤 조깅하고 있는데 80킬로
그램에서 72킬로그램이 됐대.
와! 마에카와 씨 남동생 대단하네!
식사량을 적게 하는 것보다
운동하는 편이 살 빠지려나.
어떨까? 그렇지만 운동해서 살 빠
는 건 좋지만, 먹지 못해 살 빠지
는 건 좋지 않아. 역시 걱정되네.

Q1 퀴즈 도전하기! 누구일까요?

① 야마구치 씨를 만난 사람 **마에카와 씨**

② 요즘 살 빠진 사람 **야마구치 씨와 마에카와 씨의 남동생**

③ 별로 먹지 않도록 하고 있는 사람 **나카타 씨**

Q2 퀴즈 도전하기!

'역시 걱정되네'는 누가 누구를 걱정하고 있는 걸까요?

마에카와 씨가 야마구치 씨를 걱정하고 있습니다.

Day 102 ☐

사자가 도망쳤다!

2016년 4월에 구마모토현에서 큰 지진이 일어났다. 모두가 걱정하며 아침이 오기를 기다리고 있을 때 SNS에 '사자가 동물원에서 도망쳤다'라는 정보가 올라왔다. 사자가 밤거리를 걷고 있는 사진도 있었다. 그것을 본 사람들은 놀라서 '사자가 동물원에서 도망친 것 같다!', '조심해!' 라며 그 정보를 계속해서 다른 사람에게 전했다. 그러자 '사자를 빨리 동물원에 돌려보내라!', '도와주러 와줘!' 등의 전화가 동물원과 경찰에게 빗발쳐 정말 힘들었다고 한다.

그러나 동물원이 홈페이지에 '도망간 동물은 없습니다'라고 발표하고서 이것은 거짓이라는 것이 밝혀졌다. 모두 '지진으로 모두 곤경에 처해 있을 때 이런 행동을 하는 것은 심하다'며 분노했다.

3개월 후, 이 거짓을 SNS에 올린 남자가 경찰에 붙잡혔다. 남자는 재밌다고 생각해서 해버렸다고 한다. 물론 이 남자가 가장 나쁘지만, 정말인지 어떤지 모르는 SNS상의 정보를 100% 믿고 다른 사람에게 전달한 사람이 많았던 것도 이 문제가 커진 원인 중 하나다. 이 사건은 SNS의 안 좋은 사용법의 예시가 되어 버렸다.

Q1 퀴즈 도전하기! O일까요? X일까요?

① (X) 지진이 일어났을 때 동물원에서 사자가 도망쳐 버렸습니다.

② (X) 많은 사람이 도망친 사자의 사진을 찍고 경찰에 전화했습니다.

③ (O) 이 정보를 보고 다른 사람에게 전달한 사람이 많이 있었습니다.

Q2 퀴즈 도전하기!

왜 이것이 SNS의 안 좋은 사용법의 예시일까요?

정말인지 어떤지 모르는 정보를 다른 사람에게 전달한 사람이 많이 있기 때문입니다.

Day 103 ☐

에어컨, 어떻게 사용할까?

일본의 여름은 무더워서 하루 종일 에어컨을 켜 둔 채로 있고 싶어집니다. 하지만 에어컨을 켜면 전기세가 비싸지기 때문에 방이 시원해지면 끄고 더워지면 켜도록 하고 있지 않습니까? 또 더워서 잘 수 없기 때문에 2, 3시간 후에 에어컨이 꺼지도록 타이머를 설정하여 잠에 드는 사람도 많겠지요.

하지만 실은 켜거나 끄거나 하는 것보다 켠 채로 두는 편이 전기세는 저렴해지고 몸에도 좋다고 합니다. 에어컨은 방 온도를 설정한 온도로 낮추는 동안 가장 많은 전기를 사용합니다. 그렇기 때문에 설정한 온도가 낮을수록 전기를 쓰는 양이 많아지게 됩니다. 켠 채로 두는 편이 방의 온도가 변하지 않기 때문에 전기를 쓰는 양은 적다는 것입니다. 또 에어컨을 켠 채로 자는 편이 시원하고 잠을 잘 잘 수 있어서 좋다는 의사 선생님도 있습니다.

올해 여름도 더워질 것으로 보이는데, 이 방법으로 생활해 보는 건 어떨까요?

Q1 퀴즈 도전하기! O일까요? X일까요?

① (X) 일본의 여름은 무덥기 때문에 에어컨을 켜거나 끄거나 하는 편이 좋다.

② (X) 38도 방을 20도로 할 때보다 27도로 할 때가 전기세가 더 든다.

③ (O) 방 온도가 변하지 않도록 하면 전기를 쓰는 양이 적어서 좋다.

Q2 퀴즈 도전하기!

'이 방법으로 생활해 보는 건 어떨까요?'에서 '이 방법'은 무엇일까요?

a 하루 종일 에어컨을 켠 채로 두는 것

b 더운 낮에는 켜거나 끄거나 하는 것

c 밤에 에어컨을 켜지 않고 자는 것

Day 104 □

계속하자 '아침 활동'!

어느 앙케트에 따르면 아침 활동을 하고 싶다고 생각하는 사람은 전체 중 약 70%, 그중에서 한 적 있는 사람은 약 45%였습니다.

'일이 바쁘고 내 시간이 없어서 아침 활동을 시작했다. 외국어 공부를 하고 있는데 일어나자마자 바로 공부하면 잘 외워진다고 생각한다' (28세/여성/점원), '아침에 1시간 정도 달리면 하루 종일 몸이 가볍고 잘 움직일 수 있다' (19세/남성/학생), '전에는 인터넷 뉴스를 잠깐 읽는 것뿐이었지만, 지금은 1시간을 들여 신문을 다 읽고 있다. 경제나 정치뿐만 아니라, 여러 가지 정보가 있어서 재미있다' (45세/남성/회사 경영자) 등, 시간을 잘 사용해서 아침 활동을 하고 있는 사람의 의견을 들으면 아침 활동은 매우 좋다는 것을 알 수 있습니다.

그렇지만 아침 활동을 한 사람 중에서 반 년 이상 계속한 사람은 30% 정도였습니다. 계속할 수 없는 이유 중 가장 많았던 것은 '아침에 일어날 수 없어서'라는 답변이었습니다. 그런 사람은 우선 아침에 정한 시간에 일어나는 것부터 시작하는 것은 어떨까요?

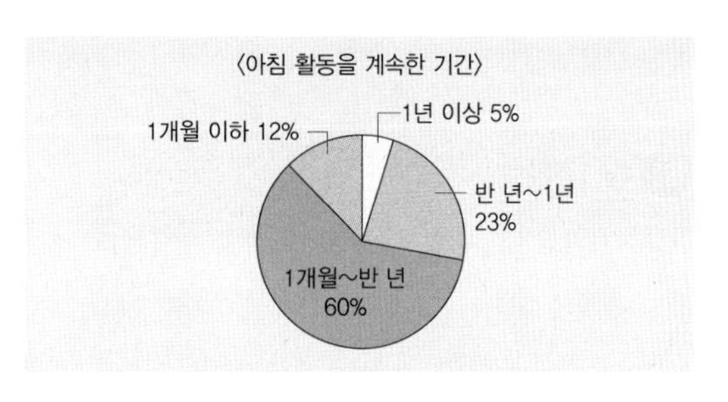

Q1 퀴즈 도전하기! '아침 활동'은 무엇일까요?

a 아침에 일어나 수업 전에 공부하거나 운동하거나 하는 것

b 매일 아침 정한 시간에 일어나는 것

c 하루의 시간을 잘 쓰는 것

Q2 퀴즈 도전하기! O일까요? X일까요?

① (O) 아침 활동을 하고 싶다고 생각해도 그중 절반 정도의 사람은 시작하지 않았다.

② (X) 아침 활동을 시작해도 30%의 사람들은 계속하지 못한다.

③ (O) 아침 일찍 일어날 수 없어서 아침 활동을 시작할 수 없는 사람이 많다.

Day 105 □

8명의 한가운데

옛날 어느 곳에 '히코이치'라는 사람이 있었습니다. 히코이치는 정말 머리가 좋아서 유명했습니다. 어느 날 군주로부터 '아들 생일잔치를 할 것이다. 친구를 7명을 데리고 성으로 오거라'라는 편지가 도착했습니다. 그래서 히코이치는 친구들과 함께 군주가 살고 있는 성에 갔습니다.

군주는 '히코이치, 잘 왔다. 오늘은 마음껏 먹거라'라고 말했습니다. 맛있어 보이는 요리가 방에 옮겨져 왔습니다. 그런데 군주는 '히코이치, 함께 온 친구들 한가운데에 앉거라. 물론 친구들의 무릎 위에 앉는 것은 안 된다. 한가운데에 앉지 못한다면 밥을 먹지 못하게 할 것이다'라고 말했습니다. 친구들이 8명이라면 히코이치 왼쪽에 4명, 오른쪽에 4명으로 한가운데 앉을 수 있습니다. 그러나 지금 친구는 7명입니다. 한가운데는 없습니다. 친구들은 요리를 먹을 수 없다고 생각해 슬퍼졌습니다.

하지만 히코이치는 '간단한 문제입니다. 모두 제 옆이 아니라 주변에 둘러 앉아 봐요'라고 말했습니다. 그리고 큰 원 형태로 앉아 있는 7명의 친구들 한가운데에 앉았습니다. 군주는 '과연! 역시 히코이치구나! 친구들 한가운데에 앉아 있는 것이 말이다. 좋다, 먹거라'라고 말했습니다. 모두 배가 부를 때까지 맛있게 요리를 먹었습니다.

Q1 퀴즈 도전하기!

이 이야기의 순서는 어떻게 될까요? c → b → d → a

a 히코이치와 친구들은 맛있는 요리를 많이 먹었습니다.
b 군주는 히코이치에게 어려운 문제를 냈습니다.
c 히코이치는 군주에게 초대되어 친구들과 함께 성에 갔습니다.
d 히코이치는 군주가 낸 문제에 답을 할 수 있었습니다.

Q2 퀴즈 도전하기!

히코이치는 어떻게 앉았을까요? 그림을 그려 설명해 보세요.

Day 106 □

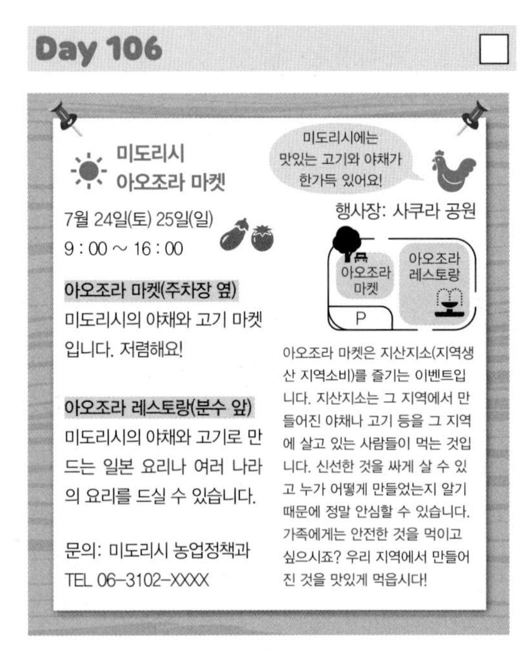

Q1 퀴즈 도전하기! 이것은 어떤 행사일까요?

a 저렴하고 맛있는 외국의 고기나 야채를 사거나 먹거나 할 수 있는 행사
b 지역에서 만든 고기나 야채 등을 지역 사람들이 먹는 행사
c 미도리시의 슈퍼나 레스토랑을 소개하는 행사

Q2 퀴즈 도전하기!

지산지소(지역생산 지역소비)에는 어떤 좋은 점이 있나요?

· 신선한 것을 싸게 살 수 있습니다.
· 어떤 사람이 어떻게 만들었는지 알 수 있어서 안심할 수 있습니다.

Day 107 정보 검색 문제 □

Q 퀴즈 도전하기!

미도리 공원 앞에서 포스터를 봤습니다. 콘서트는 1시간 후에 시작되는 것 같아 가 보고 싶습니다. 먼저 무엇을 하면 될까요?

a 티켓을 산다.
b 티켓을 받는다.
c 콘서트장 입구로 간다.
d 콘서트장에 들어간다.

제28회 미도리시 오케스트라
야외 콘서트
~봄바람 속에서 음악을 즐겨요~

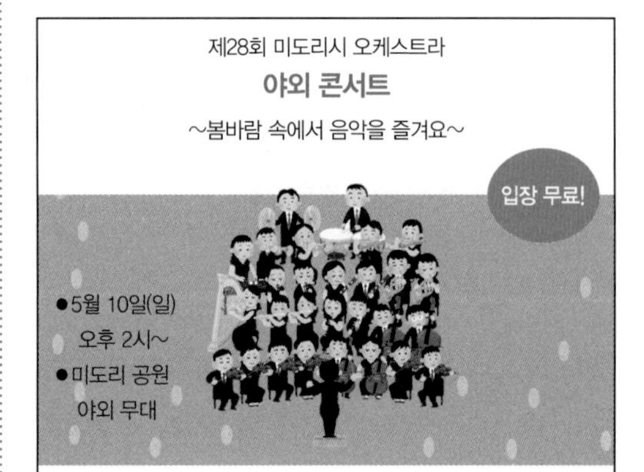

- 당일 오전 11시부터 오후 12시까지 공원 사무소에서 티켓을 나눠 줍니다.
- 티켓을 소지하신 분은 1시부터 번호 순서대로 입장하실 수 있습니다.
- 티켓을 소지하지 않은 분은 콘서트장 입구에 줄 서서 기다려 주세요.
- 콘서트장은 120석이기 때문에 빨리 와 주시기 바랍니다.

Day 108 청독해 문제 □

Q 퀴즈 도전하기!

여자와 남자가 발표 자료를 보면서 이야기하고 있습니다.
여자는 이 다음 어느 부분을 고칠까요?

a 상품 사진
b 행사장에 온 인원수 그래프
c 앙케트 답변
d 손님이 행사장에 온 시간과 인원수 그래프

신상품 발표 이벤트 보고

■ 상품 '주얼리' 시리즈

■ 방문자 253명

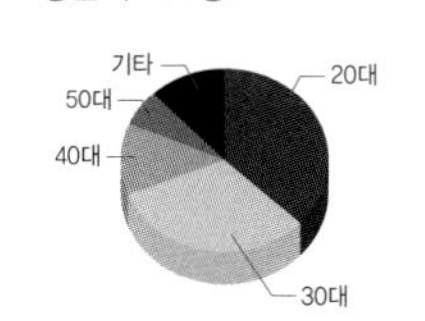

■ 앙케트 답변
① 행사장은 편리한 장소였다.
② 상품 설명을 천천히 들을 수 있었다.
③ 상품에 대해 잘 알았다.
④ 상품을 사용하고 싶다고 생각했다.

■ 손님이 방문한 시간과 인원수

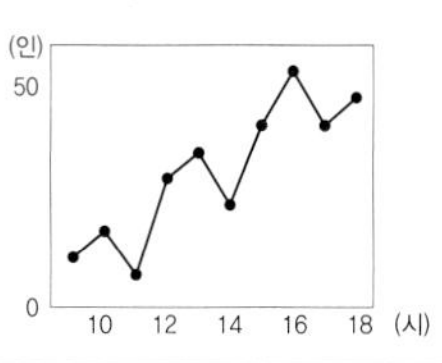

<스크립트>

F: 과장님, 자료를 고쳤는데 봐 주셨으면 해요.
M(과장): 네, 좋아요. 음… 손님이 행사장에 오신 시간과 인원수 그래프를 고친 거네요. 전보다 훨씬 보기 쉬워졌어요.
F: 감사합니다.
M(과장): 이벤트도 상품도 좋았다는 답변이 많았네요. 숫자로 어느 정도 되는지 알고 싶네요.
F: 그럼 이것도 그래프로 만들겠습니다. 상품 사진이 좀 작은가요?
M(과장): 아니요, 그렇지는 않은 것 같아요. 그럼 잘 부탁해요.
F: 네, 알겠습니다.

Day 109 □

장거리 버스 이용 안내

● 승차권 예약·구입
· 승차 1개월 전부터 버스 센터·편의점·인터넷에서 예약하실 수 있습니다.
· 인터넷에서 예약하신 승차권은 예약하신 날부터 3일 이내에 신용카드 혹은 편의점에서 요금을 지불하시기 바랍니다. 기한이 지나면 취소됩니다.

● 승차권 변경·취소
· 버스 출발시간 전이라면 예약을 변경할 수 있습니다. 인터넷이나 버스 센터에서 신청해 주세요. 전화 신청은 받지 않습니다.
· 출발시간 30분 전까지 취소 신청을 받습니다. 그 경우 출발 예정일 2일 전부터 취소 수수료를 받습니다.
(2일 전: 요금의 10%, 전일: 20%, 당일: 30%)
· 출발시간 30분 전을 넘긴 경우 취소할 수 없으니 주의하시기 바랍니다.

●버스 주행 전 및 주행 중 주의사항
· 안전을 위해 차량 내 통로에 짐을 두지 마시기 바랍니다. 큰 짐은 버스 바닥 아래의 트렁크를 이용해 주시기 바랍니다. (짐은 1인당 1개까지 맡기실 수 있습니다.)
· 주행 중에는 반드시 안전벨트를 착용해 주시기 바랍니다.
· 차량 내부는 금연입니다.
· 휴대전화는 매너 모드로 설정해 주시고 통화는 삼가 주시기 바랍니다.

Q 퀴즈 도전하기!

이 장거리 버스에서 할 수 있는 것에 O, 할 수 없는 것에 X를 표시해 보세요.

① (X) 8월 12일 버스를 7월 2일에 예약한다.
② (X) 10월 3일에 예약한 티켓 요금을 10월 10일 버스 센터에서 지불한다.
③ (O) 1시 반 버스를 탈 수 없기 때문에 1시 20분에 인터넷으로 2시 버스로 변경한다.
④ (O) 큰 짐은 좌석 근처에 두지 않고 맡긴다.
⑤ (X) 버스 안에서는 매너 모드로 설정하고 가족에게 전화를 건다.

Day 110 □

이모티콘

일본에서 이모티콘이 사용되기 시작하고 30년이 넘게 흘렀다. 다양한 디자인이 있어 문자만으로 전달하기 힘든 것이 있어도 이것을 사용하면 간단하게 해결된다. 예를 들어 'A 씨는 안 간대'라는 문장은 A 씨가 안 간다는 것을 전하는 것뿐이지만
'A 씨는 안 간대Σ (°Д° ;)'
'A 씨는 안 간대ヾ(*｀Д´*)ﾉ"'
'A 씨는 안 간대(😲)'
'A 씨는 안 간대(😁)'
이렇게 라면 문자로 쓰지 않은 것도 잘 알 수 있다. 가족이나 친구 등에게 보내는 메시지에는 자신의 기분을 좀 더 잘 이해 받을 수 있도록 이모티콘을 사용하는 사람이 많다.

그렇다면 비즈니스를 할 때는 어떨까? 한 앙케트에서는 '(이모티콘을) 쓰는 편이 좋다', '써도 좋다'라는 의견이 반대 의견보다 많았다고 한다. 그러나 '비즈니스 연락에 이모티콘은 맞지 않는다'고 생각하는 사람도 적지 않기 때문에

쓰지 않는 편이 좋을지도 모른다.

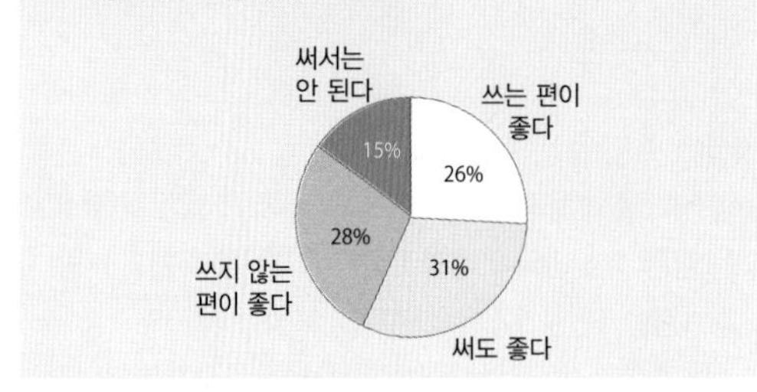

Q1 퀴즈 도전하기!

필자는 이모티콘으로 어떤 것을 전달할 수 있다고 말하고 있나요?

a 자신의 생각 **b 자신의 기분** c 자신의 의견

Q2 퀴즈 도전하기!

① 필자는 업무 메일에 이모티콘을 사용하는 것을 어떻게 생각하고 있나요? **사용하지 않는 편이 좋다고 생각하고 있습니다.**

② 그 이유는 무엇인가요? **'비즈니스 연락에 이모티콘은 맞지 않는다'고 생각하는 사람이 적지 않기 때문입니다.**

Day 111 □

에도시대의 패스트푸드

햄버거나 치킨 등 가격이 저렴하고 바쁠 때 빨리 먹을 수 있는 패스트푸드는 매우 편리한 존재입니다. 사실 일본에는 350여 년 전 에도시대부터 패스트푸드가 있었습니다. 그것은 초밥과 메밀국수와 튀김입니다. '초밥은 비싼데 패스트푸드?'라고 생각할 수도 있지만 옛날 에도(지금의 도쿄)에서는 근처 바다에서 생선이 많이 잡혔기 때문에 초밥의 가격은 매우 저렴해서 지금의 물가로 따지면 편의점 주먹밥과 비슷했다고 합니다. 크기도 지금 초밥 2개 분량 정도로 주먹밥과 비슷했던 것 같습니다. 튀김은 요즘 튀김과는 모양이 달라서 생선을 꼬치에 꽂아 기름에 튀겼었다고 합니다. 메밀국수는 간장으로 만든 쯔유(면을 찍어 먹는 국물)와 함께 먹는 것이 일반적이지만 에도시대에는 된장 맛의 쯔유도 있었습니다.

왜 에도시대에 패스트푸드가 있었을까요? 그 이유 중 하나는 에도에서 큰 화재가 있었던 것입니다. 이 화재로 마을이 거의 불에 타 버려 집을 짓거나 수리하기 위해 먼 마을에서 남자들이 많이 왔습니다. 혼자 사는 경우 스스로 요리하는 것보다 밖에서 먹는 편이 돈이 덜 들고 편리하기 때문에 메밀국수나 초밥을 가게에서 먹는 사람이 많았다고 합니다. 따라서 에도시대에 가게가 늘어나 마을 사람들도 패스트푸드를 자주 이용하게 되었습니다.

Q1 퀴즈 도전하기! O일까요? X일까요?

① (O) 일본에서는 에도시대부터 패스트푸드가 있었습니다.

② (X) 지금의 패스트푸드와 에도시대의 패스트푸드는 다르지 않습니다.

③ (X) 화재로 집이 없어진 남자들은 에도에서 먼 마을로 집을 지으러 갔습니다.

Q2 퀴즈 도전하기!

왜 에도시대에 메밀국수나 초밥 등을 파는 가게가 늘었나요?

집을 짓거나 수리하기 위해서 많은 남자들이 에도로 와서 메밀국수나 초밥을 가게에서 먹었기 때문입니다.

Day 112 □

톱 > 뉴스 > 기사 내년 여름, 미야마시에 쇼핑 센터

HASK그룹은 이달 8일, 미야마시에 쇼핑센터 'HASK 쇼핑 MALL 미야마공원점'을 내년 7월에 오픈한다고 발표했다.

미야마시는 '사람이 모이는 동네·미야마'를 목표로 3년 전에 미야마 공원 근처에 '미야마공원역'을 만들었다. 그 후 역 앞에 맨션(우리나라 '아파트'와 유사한 일본의 주거 형태)이 많이 들어서고 인구가 늘어나고 있다. 그러나 주민들로부터 '미야마시는 작은 슈퍼마켓밖에 없어서 장 보는 것이 불편하다'라는 목소리가 나왔다. 또 미야마 공원은 벚꽃 명소지만 공원 근처에 식사나 쇼핑을 할 수 있는 가게가 별로 없어서 관광객이 적다. 미야마시도 '대형 쇼핑센터가 오픈한다면 관광객이 늘어날지 모른다'라는 생각이다.

HASK그룹은 '미야마시 여러분의 생활이 좀 더 편리하고 즐거워지도록 밝은 가게를 만들고 싶다. 시외에 사시는 분들도 많이 와 주셨으면 좋겠다'라고 전했다.

Q1 퀴즈 도전하기! O일까요? X일까요?

① (O) 미야마 공원 근처에는 3년 전까지 역이 없었다.

② (X) 미야마 시에는 슈퍼마켓이 없다.

③ (O) 지금 미야마 공원 근처에는 많은 사람들이 살고 있다.

Q2 퀴즈 도전하기!

새로운 쇼핑몰이 오픈한다면 무엇이 어떻게 바뀐다고 여겨지고 있나요?

· **쇼핑이 편리해집니다.**
· **관광객이 증가합니다.**

Day 113 □

심리적 반발심

'하지 말라고 하니 하고 싶어졌다', '하려고 했었는데 하라고 해서 의욕이 사라졌다'와 같은 경험 없으신가요? 이러한 마음의 작용을 '심리적 반발심'이라고 합니다. (상대에게 그런 말을) 듣지 않았더라면 별생각 하지 않았을 것을 막상 하지 말라는 말을 들으면 '왜 못하게 하는 걸까? 이걸 하면 어떻게 되는 걸까? 해 보고 싶다'와 같은 기분이 듭니다. '해!'라는 말을 들으면 '이 사람이 내가 할 일을 결정하게 하고 싶지 않다'라는 좋지 않은 기분이 들게 됩니다. 그렇기 때문에 타인에게 무언가를 부탁하거나 주의를 줄 때는 '심리적 반발심'이 들지 않도록 말투를 조심합시다.

또 '없어'라는 말을 들으면 갑자기 갖고 싶어질 때가 있는데 이것도 '심리적 반발심'입니다. 예를 들어 점원에게 'OO는 품절입니다'라고 들으면 갑자기 먹고 싶어진다거나, 'OO을 구매하실 수 있는 것은 이번 달 말까지입니다'라는 말을 듣고는 갖고 싶지 않았는데 사 버린 경험도 있으시지요? 그럴 때 '심리적 반발심'을 떠올리며 정말 필요한 것인지 아닌지 잘 생각해 보도록 한다면 쓸데없는 물건을 사는 일은 없을지 모르겠네요.

Q1 퀴즈 도전하기! O일까요? X일까요?

① (O) '심리적 반발심'은 인간의 마음의 작용이다.
② (X) 인간은 다른 사람에게 어떤 말을 들을 경우 그것을 해야 한다고 생각한다.
③ (O) 쇼핑을 할 때 심리적 반발심이 일어날 때가 있다.

Q2 퀴즈 도전하기!

'심리적 반발심'의 올바른 예는 어느 것일까요?

a 여자친구와 결혼하고 싶다고 말했더니 부모가 반대를 했다. 무조건 결혼할 생각이다.
b 아파트 월세가 2만 엔 비싸진다고 집주인에게 들었다. 낼 수 없기 때문에 이사 갈 생각이다.
c 내일 친구가 스키 타러 간다. 하지만 나는 추운 게 싫기 때문에 안 간다.

Day 114 □

【재밌는 이야기】 교토의 개구리와 오사카의 개구리

옛날 옛적 교토에 한 마리의 개구리가 있었습니다. 줄곧 교토에서 살아왔기 때문에 다른 곳을 보고 싶었고, 어느 날 오사카는 번화하고 멋진 곳이라는 말을 듣고는 가 보기로 했습니다.

그런데 오사카에도 한 마리의 개구리가 있었습니다. 줄곧 오사카에서 살아왔기 때문에 다른 곳을 보고 싶었고, 어느 날 교토는 깨끗하고 멋진 곳이라는 말을 듣고는 가 보기로 했습니다.

이 두 마리의 개구리는 교토와 오사카 사이에 있는 덴노산 제일 꼭대기에서 만났습니다. '안녕하세요. 어디에 가나요?'라고 교토의 개구리가 물었습니다. '교토요'라고 오사카의 개구리가 말했습니다. 그 말을 듣고 교토의 개구리는 '그만두는 게 좋아요. 교토는 별 볼일 없는 곳이에요. 그래서 저는 오사카에 간답니다'라고 말했습니다. 그러자 오사카의 개구리는 '오사카요? 아무것도 없는 곳이에요. 좀 봐 보면 어때요? 일어서면 여기에서 잘 보인답니다'라고 말했기 때문에 교토의 개구리는 일어서서 (오사카를) 둘러봤습니다. '정말이네. 오사카는 교토와 똑같네요'. 오사카의 개구리도 일어서서 (교토를) 둘러봤습니다. '교토도 오사카와 다르지 않네요. 그렇다면 갈 의미가 없어요. 돌아갑시다'. 두 마리의 개구리는 산을 내려와 각자의 마을로 돌아갔습니다.

그러나 산 위에서 두 마리의 개구리 본 것은 실은 자신들의 마을이었던 것입니다. 개구리의 눈은 머리 위에 있기 때문이지요.

Q 퀴즈 도전하기! 이 이야기는 왜 '재밌는 이야기'일까요?

a 자신들의 마을을 보고 있다는 것을 눈치채지 못했기 때문에
b 자신들이 살고 있는 마을에 대해 나쁘게 말했기 때문에
c 작은 개구리가 높은 산을 올랐기 때문에
d 개구리가 일어서는 것은 드문 일이기 때문에

Day 115 □

『외국어 학습과 번역기』

다카다 소라

인공지능(AI) 연구가 진행되어 우리들의 생활은 점점 편리해졌습니다. 앞으로는 분명 멋진 번역기가 생길 것이기 때문에 외국어를 공부하지 않아도 될 것이라고 생각하는 사람도 적지 않은 듯합니다. 지금도 사람이 이야기하는 말

을 외국어로 번역해서 문자와 소리를 내는 기계가 그다지 비싸지 않은 가격으로 판매되고 있습니다.

그러나 정말 외국어 공부는 필요하지 않게 될까요? 예를 들어 외국에 일주일 정도 여행을 가 있을 때 길을 묻거나 추천 요리를 안내받는 정도라면 번역기는 편리하다고 생각합니다. 하지만 외국인 친구들과 함께 외출하거나 업무로 회의에 출석하는 등의 상황은 어떨까요? 생각해 보세요. '기계에 무언가를 이야기하고 그것을 기계가 통역한다. 그것을 들은 상대도 기계에 무언가를 이야기하고 이번엔 내가 기계가 내는 소리를 듣는다…' 이것은 커뮤니케이션일까요? 게다가 자신이 말하고 싶은 것을 기계가 올바르게 번역해 주는지 확인할 수도 없습니다.

정말 말하고 싶은 것이나 마음을 전달하기 위해서는 스스로의 입을 통해 직접 이야기하는 것이 맞지 않을까요? 기계는 훌륭한 것이지만 인간 밖에 할 수 없는 것도 있다고 생각합니다.

Q1 퀴즈 도전하기! 필자의 생각과 맞는 것은 무엇일까요?

a 편리한 번역기가 판매되고 있기 때문에 외국어 공부는 필요 없다.

b 업무 상 커뮤니케이션을 할 때 번역기를 사용하는 것이 좋다.

c 기계가 번역한 경우 올바르지 않을 수 있기 때문에 불안하다.

Q2 퀴즈 도전하기!

왜 '스스로의 입을 통해 직접 이야기해야 한다'라고 말할까요?

기계에 무언가를 이야기하거나 기계에서 나온 소리를 듣는 것은 커뮤니케이션이라고 할 수 없기 때문입니다.

Day 116

일본은 '안전한 나라'라고 하지만 정말 그럴까요? 어느 조사에 따르면 '최근 일본은 안전하지 않게 되었다'라고 답변한 사람이 전체의 60%였습니다. 또 다른 조사에서는 90% 이상의 사람들이 '방범 카메라를 좀 더 늘리는 것이 좋다'라고 생각하고 있다는 것이 밝혀졌습니다.

2000년쯤부터 일본에서는 동네 한가운데, 병원, 은행, 공원, 가게, 맨션 등 여러 곳에 방범 카메라가 놓이게 되었습니다. 방범 카메라를 두는 목적 중 하나는 '범죄를 그만두게 하는 것'입니다. 나쁜 행동을 하려고 해도 방범 카메라를 발견하면 그것을 멈추는 경우도 있는 것입니다. 그래서 방범 카메라가 있으면 안심하는 사람도 많겠지요. 하지만 반대로 방범 카메라가 이곳저곳에 있으면 '언제 누구와 어디에서 무엇을 했는지를 다른 사람이 알아 버린다'라고 걱정하는 사람도 적지 않습니다. 나쁜 행동을 하고 있지 않아도 자신을 둘러싼 일이 다른 사람에게 알려지지 않았으면 하는 생각도 있는 것입니다. 모두가 안심하고 살 수 있도록 하려면 어떻게 해야 하는지 고민해야 합니다.

Q1 퀴즈 도전하기! O일까요? X일까요?

① (O) 일본은 지금보다 예전이 더 안전했다고 생각하는 사람이 많다.

② (X) 많은 사람들이 일본은 방범 카메라가 충분하다고 생각하고 있다.

③ (O) 방범 카메라가 있으면 나쁜 행동을 하는 사람이 줄어들 거라고 여겨지고 있다.

Q2 퀴즈 도전하기!

왜 방범 카메라를 두는 것에 반대하는 사람이 있을까요?

방범 카메라가 여기저기에 있으면 언제 누구와 어디에서 무엇을 했는지가 다른 사람에게 알려지고 말기 때문입니다.

Day 117

가스기기 안전 점검 안내

TGS 츠나구가스 서비스 센터

207호실 야마구치 님

츠나구가스 서비스는 고객 여러분이 가스를 안전하게 사용하실 수 있도록 가스기기 점검차 고객님 댁에 방문할 예정입니다. 아래 일시에 담당자가 고객님 댁에 들어가 가스기기를 살펴볼 예정이므로 바쁘시겠지만 댁에 계셔 주시기 바랍니다.

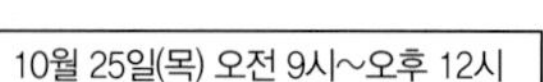
10월 25일(목) 오전 9시~오후 12시

※ 점검은 15분 정도면 끝납니다. 이 점검은 무료입니다.

※ 다른 날로 변경 가능합니다. 희망하시는 날짜와 시간을 서비스 센터에 연락해 주시기 바랍니다.

츠나구가스 서비스 센터(안전 점검 담당)

0120-111-XXXX

【당사 홈페이지】 http//:www.tsunagugas.com

Q1 퀴즈 도전하기! O일까요? X일까요?

① (O) 10월 25일 오전 중에 야마구치 씨는 집에 있어야 한다.

② (X) 가스를 안전하게 사용할 수 있도록 야마구치 씨가

점검해야 한다.

③ (X) 이 점검은 3시간 정도 걸린다.

Q2 퀴즈 도전하기! 누가 어디에서 무엇을 할까요?

초나구 가스 서비스 담당자가 야마구치 씨 방에서 가스 기기 점검을 합니다.

Day 118

일본 최초의 국제인 존 만지로

1841년 1월 도사(지금의 일본 고치현)의 바다에서 어획을 하고 있던 배가 강풍으로 500킬로미터나 떠내려가 무인도에 표류(도착)하게 되었다. 배에서 내린 5명은 빗물을 마시거나 생선이나 새를 먹거나 하며 구조의 손길을 기다리고 있었다. 그리고 5개월 후 미국 배가 이 섬에 와 5명은 구조되었다. 그러나 이때 일본에는 '일본인은 외국에 가서는 안 된다. 외국인이 일본에 들어와서는 안 된다'라는 법이 있었기 때문에 선장은 일본이 아닌 하와이에서 5명을 배에서 내리게 했다.

그런데 14세의 만지로는 배 안에서 영어를 조금 배워 선장에게 '미국에 데려가 줘'라고 부탁했다. 만지로는 선장이 '존 만'이라는 이름을 붙여 주었고 그대로 배를 타고 미국으로 건너가 선장의 집에 살게 되었다. 그리고 학교에도 다니게 해 주었다. 만지로는 열심히 공부하여 영어를 할 수 있게 되었다. 대학을 졸업하고 나서는 배를 타고 전 세계 바다에서 고래를 잡는 일을 했다. 그리고 1850년에 자신의 배를 사서 그 배를 타고 일본으로 돌아갔다.

귀국한 만지로는 나가사키에서 1년 반 동안 미국에서 무엇을 했는지 조사받았지만 1852년에 집에 돌아올 수 있었다. 그 후 영어 교사가 되었다.

그러나 그다음 해 만지로는 에도(지금의 도쿄)에 불려 갔다. 미국에서 '흑선(검은 배)'이라고 불리는 배가 왔기 때문에 통역을 하게 된 것이다. 그 후에도 만지로는 대학에서 영어를 가르치는 등 72세에 도사에서 생을 마감할 때까지 나라를 위해 여러 가지 일을 했다.

Q 퀴즈 도전하기!

만지로가 생활했던 장소는 어디일까요? 순서대로 적어 보세요.

도사 → 무인도 → 미국 → 나가사키 → 도사 → 에도 → 도사

Day 119 정보 검색 문제

Q 퀴즈 도전하기!

오늘 하루는 '일본 요리' 세미나에 참가합니다. '일본 요리 만들기' 강좌에는 신청을 해 두었지만 수강할 다른 강좌는 세미나장에 가서 정할 계획입니다. 10시 10분에 세미나장에 도착했습니다. 앞으로 참가할 수 있는 강좌는 어느 것인가요?

a 일본 요리와 건강　　b 에도시대의 요리

c 일본 요리의 역사　　d 일본 요리 만들기

'일본 요리' 세미나
프로그램

A세미나장	B세미나장
'일본 요리와 건강' 10 : 15 ~ 11 : 00 일식이 몸에 좋은 이유를 알아봅시다. 강의는 요리 연구가 아오키 하나 선생님이 담당하십니다. ※전일까지 신청해 주세요.	'정월 요리의 의미' 10 : 00 ~ 11 : 00 정월에 먹는 요리 하나 하나의 의미를 알아봅시다. ※도중에 들어오실 수 없습니다.
'에도시대의 요리' 11 : 15 ~ 13 : 00 지금으로부터 약 200년 전의 요리를 먹어봅시다. ※오전 9시부터 10시까지 접수처에서 티켓을 배부합니다(30명). 티켓이 없으면 참가하실 수 없습니다.	'일본 요리의 역사' 11 : 30 ~ 13 : 15 일본에서는 어떤 요리를 먹어왔는지 알아봅시다.
'일본 요리 퀴즈' 14 : 30 ~ 16 : 00 퀴즈를 즐기며 일본 요리를 알아봅시다. 선물도 있어요!	'일본 요리 만들기' 13 : 30 ~ 16 : 30 간단한 일본 요리를 만들어봅시다. ※전일까지 신청해 주세요.

Day 120 청독해 문제

Q 퀴즈 도전하기!

여자와 남자가 서점에서 책 소개를 읽으며 이야기하고 있습니다. 여자는 어느 책을 살까요?

a

'즐거운 우리 가족'
저자: 야마시타 코타로

올해 가장 재미있는 책!
웃고 개운해집시다!

b

'아침의 조용한 바다'
저자: 오모리 유이치

읽으면 당신도 울게 되겠지요.
그리고 마음이 따뜻해질 겁니다.

c

'이 선물을 줄게'

저자: 마에카와 하루

즐거운 파티에 아무도 모르는 사람이 한 명… 이 남자는 누구?
조금 무서운 이야기입니다.

d

'약속했는데'

저자: 고야마 나오코

축구 선수가 되는 것이 꿈이었다… 16세에 하늘나라에 가버린 소중한 아들 노조미의 이야기

<스크립트>

F: 최근에 읽은 책 중에 재미있는 거 있었어?
M: 응. 어떤 책이냐면 이거하고 이거하고… 또 이거하고 이거. 추천할게. 이 가족 이야기는 정말 재미있어서 웃으면서 읽었어.
F: 오~ 재미있는 이야기 좋네. 난 무서운 이야기나 슬픈 이야기는 안 좋아해.
M: 자 그럼 이건 안 되겠네. 이 파티 이야기 좀 무섭거든.
F: 이 책은 어때? 소설 제목은 예쁜데, 슬픈 이야기야?
M: 아니, 슬퍼서 울게 되는 게 아니라 행복한 기분이 드는 이야기야.
F: 와, 재밌겠다. 자 그럼 이걸로 할래.